杭叉集团
HANGCHA
GROUP CO., LTD.

杭叉新一代
高性能电叉

高行驶速度，高起升速度，大容量蓄电池，
更环保、更节能、更高效

浙江诺力机械股份有限公司是国内A股主板上市企业，拥有十余年的仓储物流搬运车辆研发和生产经验。自设立以来，公司通过不断的技术创新和有计划的规模扩张，市场逐年扩大，行业地位不断提高。主要产品市场占有率和销量已连续多年排名国内同行业的前茅，形成了强有力的核心竞争力和品牌影响力。

公司主要从事轻小型搬运车辆及电动仓储车辆的研发、生产和销售，主营业务归属于工业车辆行业。工业车辆是工程机械的重要分支，是物流行业的重要装备，是以内燃机、蓄电池或人力为动力的搬运、仓储和装卸类的机械产品。不同于其他工程机械车辆，工业车辆应用领域非常广泛，其下游用户覆盖制造业、物流业、建筑业、军工系统、纺织业、化学工业、冶金业、能源业等众多行业。工业车辆可大大节约人力成本，提高劳动效率，市场空间广阔。

目前，公司已成长为国内知名的仓储物流搬运车辆制造企业，产品线从轻小型搬运车辆扩大至电动仓储车辆，在工业车辆中端及中高端市场占据了先锋的地位。未来几年，公司将以品质差异化、服务差异化、品牌差异化为核心，进一步利用自身规模优势、技术优势和渠道优势，在巩固轻小型搬运车辆行业龙头地位的基础上，通过借鉴轻小型搬运车辆的成功轨迹，进一步谋求在电动仓储车辆领域的全面领先，实现产品结构高端化、差异化，争取成为世界级仓储物流设备创新者与服务提供商。

高频MOSFET集成控制器，具有再生制动、反接制动等功能，实现能量回收，先进的他助控制系统实现了坡道防下滑功能，能有效防止在坡道停车后重新启动时的溜坡现象，保证了安全运行。

FE4P20

代表车型

FE4P30是多班作业的一个理想选择

FE4P30

代表车型

代表车型

PT25P

PT 25P是一款适合货车装卸及高载荷远程快速运输的高性能搬运车。使用它进行运搬作业可为您充分节约时间。

OPL 25

代表车型

PTE15是一种经济型电动步行式搬运车，适用于多种狭窄型仓库或带有起重尾板的卡车上进行运输应用

PT E15

PT20是款适用于中长距离下货物输送车辆(选配可折叠式踏板)。是可满足大多数应用场合的理想选择。

PT 20

代表车型

PS 13RM

PS13RM是前移堆高叉车的完美选择，在狭窄区域有更高的提升能力。

代表车型

AC25B

可靠，安全，高强度C型钢货叉长久耐磨轻巧但是强悍，同比于其他车型更加经济实惠。

代表车型

美观的外形、流线型的轮廓使其显得异常出众，高质量的钢材确保车辆拥有出色的稳定性和强度

SPM15

科学、公正、便捷、高效地提供检验检测服务

国家起重运输机械质量监督检验中心是早批113个国家级检测中心之一、早批特种设备型式试验机构和鉴定评审机构、全国工业车辆标准化技术委员会秘书处挂靠单位。承担场内专用机动车辆和各类起重机械的型式试验、仲裁检验、事故鉴定、产品科技成果鉴定和制造许可的鉴定评审工作，组织制修订工业车辆国家标准和行业标准及标准的宣贯工作，负责与国际标准化组织ISO/TC110“工业车辆技术委员会”对口业务工作。

中国合格评定国家认可委员会
实验室认可证书
（注册号：CNAS L0150）
北京科正平机电设备检验所
中国合格评定国家认可委员会授权人

China National Accreditation Service for Conformity Assessment
LABORATORY ACCREDITATION CERTIFICATE
(Registration No. CNAS L0150)
Beijing Cogent Electromechanical Equipment Quality Inspection Institute
is accredited to ISO/IEC 17025:2005 General Requirements for the Competence of Testing and Calibration Laboratories(CNAS-CL01 Accreditation Criteria for the Competence of Testing and Calibration Laboratories) for the competence of testing.
The scope of accreditation is detailed in the attached appendices bearing the same registration number as above. The appendices form an integral part of this certificate.

检验检测机构
资质认定证书
名称：国家起重运输机械质量监督检验中心
地址：北京市东城区雍和宫大街52号（100007）
许可使用标志

资质认定
授权证书
名称：国家起重运输机械质量监督检验中心
地址：北京市东城区雍和宫大街52号（100007）
准许使用标志

已完成的各类型型式试验产品

FD480
GOODSENSE
浙江吉鑫祥叉车制造有限公司
GOODSENSE

TOYOTA
丰田叉车
从室内到室外
物料搬运的卓越组合方案就在丰田叉车!

开创引领

厦工 XGMA

2013年

中国早批LNG天然气挖掘机交付使用。

2012年

厦工再次入选“中国500最具价值品牌”位居中国中国工程机械行业第一位。

2009年

厦工早批工程机械直航中国台湾开大陆工程机械产品销售先河。

2010年

厦工叉车助力北极科考。

2010年

2010年全球早批CNG天然气装载机在厦工诞生，并批量生产。

2008年

厦工北方生产基地正式在焦作投产，构筑了厦工一南一北两大生产基地。

2007年

厦工挖掘机远征南极。

2003年

厦工很早在行业内突破年产销装载机双超万台的大关。

2001年

厦工在厦门市灌南工业园举行“厦工工业园”奠基仪式。

1964年

我国早批铰接轮式装载机——Z435在厦工诞生。

1992年

厦工机械作为国内早批工程机械品牌开始远征南极。

1993年

1993年12月，厦工股份在上海证券交易所挂牌上市。

1997年

总装备部每年选择装备随驻港部队进驻中国香港。

1962年

中国早批压路机在厦工三明重机诞生。

1991年

“厦工杯”国际足球邀请赛。

XGMA HISTORY 光辉历程

1951年

厦门工程机械厂成立。

厦工生产的轮式推土机。

厦工生产的6~8立方米铲运机。

厦工人以特有的“敢为”精神

攀越一座又一座高峰

实现一个又一个跨越

cascade
卡斯卡特
与中国工业车辆行业共同发展
2年质量保证
官方微信号
天猫旗舰店
卡斯卡特(厦门)叉车属具有限公司
福建省厦门市海沧区阳光路668号 www.cascorp.com.cn
服务热线 40088 57315

性能 质保项目
cascade
卡斯卡特
勤奋、敬业、严谨、诚信，奉献先进
货叉产品，争创先进货叉伟业！
环境管理体系认证证书
质量管理体系认证证书
职业健康安全管理体系认证证书
INTERNATIONAL INSTITUTE OF WELDING

CURTIS

广泛应用于高尔夫、观光车领域

广泛应用于医疗康复领域

JIACHEN
嘉晨电器
我们一直在努力！
服务 品质
快速响应 个性化定制
电机速度控制系统
加速器
仪表
SPE
10 km/h
加速器
加速器
手指开关
起升传感器
连接器
郑州嘉晨电器有限公司
ZHENGZHOU JIACHEN ELECTRIC CO.,LTD
郑州市经济技术开发区经南三路12号二楼
电话：0371-67896711 传真 0371-67896701
更多产品信息敬请咨询 www.jiachenin.com

中国工业车辆年鉴

（2013—2014）

中国工程机械工业协会工业车辆分会　编

煤炭工业出版社

·北　京·

《中国工业车辆年鉴（2013—2014）》编辑委员会

《中国工业车辆年鉴（2013—2014）》

主办　中国工程机械工业协会工业车辆分会
主编　张　洁
编辑　高　山　郑旭冉

创新发展

基业永续

中国工程机械工业协会　副会长

工　业　车　辆　分　会　会　长

写在《中国工业车辆年鉴(2013—2014)》出版之际

刚刚完成《中国工业车辆行业发展史》一书的编撰出版，《中国工业车辆年鉴(2013—2014)》又将同大家见面了。这本记录年度中国工业车辆经济运行状况的年鉴的出版，将成为中国工业车辆行业具有一定权威性的参考资料，其作用将会逐渐显现出来，这是中国工业车辆行业的一件大事，对中国工程机械行业的发展将起到积极的作用。

工业车辆是工程机械领域的重要行业，是物料搬运设备行业的主要产品，是装备制造业的重要组成部分，也是代表国家综合技术水平的重要装备。中国工业车辆行业经过几十年的建设和发展，保持着稳健、持续的高速增长。虽然受到国内经济增速放缓及市场竞争日趋激烈的影响，但在行业企业和全体同仁的共同努力下，夯实基础，苦练内功，着力在“强科技、保生态、重质量、促发展”和促进行业提质增效升级等重点工作上取得突破，扎扎实实地推动行业的转型升级和技术创新，始终保持着工业车辆世界第一大生产国和销售市场的地位。即使是在近年来工程机械行业处于市场调整期、经济下行压力加大的情况下，中国工业车辆行业逆市增长，仍保持着强劲的增长势头，为整个工程机械行业的快速发展做出了不可磨灭的贡献。

中国工程机械行业的发展正面临国内外环境发生极为深刻而重大的变化。制造业竞争格局愈发复杂，新一轮的国际分工使重大技术装备发展主动权的争夺更加激烈，以信息技术与制造技术深度融合为主要特征的新一轮科技革命和产业变革，将给世界范围内的制造业带来翻天覆地的变化，也为中国工程机械行业的创新发展提供了新的发展机遇。《中国制造2025》战略规划的发布实施对承担着国家基本建设重任和国家实施“一带一路”战略规划的重要行业——工程机械行业提出了更高的发展要求。工业车辆是物流行业的重要装备，也是工程机械行业重要组成部分，当下要着力抓好创新驱动、基础支撑、高端引领、绿色发展和走出去等一系列战略任务，加快企业创新发展和重大技术装备研发的自主化步伐，实现核心技术的突破和重大技术装备的产业化，提升产品质量，打造世界知名品牌，提高企业核心竞争力，为实现工程机械行业的跨越式发展和我国从装备制造大国向装备制造强国的转变奠定坚实的基础。

在目前经济高速发展、建设日新月异的时代，工业车辆领域内每天都会发生许许多多的事情，《中国工业车辆年鉴》的出版，为从业者提供了系统、连贯的信息，具有资料来源准确、权威、实效等特点，有利于行业同仁更好地了解过去，把握现在，探索未来。

由中国工程机械工业协会工业车辆分会组织编撰的《中国工业车辆年鉴》经过一年多的酝酿筹备、资料搜集、编辑加工、设计印刷，终于与大家见面了。虽说第一次出版困难重重，但专家学者和工作人员不畏艰难，勇于探索开拓，完成了这一艰巨的任务，在此对他们付出的辛勤劳动表示由衷的赞许。

我们相信《中国工业车辆年鉴》作为全面记载中国工业车辆发展轨迹的大型史实性、信息性年度刊物，以翔实的数据、权威的资料，成为业界人士案头必备的参考书、工具书，为促进工程机械行业的发展发挥重要的作用。

祝愿《中国工业车辆年鉴》越办越好！

中国工程机械工业协会

2015年秋

编 写 说 明

随着中国经济的快速发展，工业车辆在现代社会物流系统中扮演着非常重要的角色。21世纪以来，经济的高速运行带动了物流行业的发展，促进了物流装备中最基础的工业车辆需求。2009年至今，我国已连续五年成为工业车辆制造和销售大国，并已跨入世界先进行列，正在向世界工业车辆制造强国迈进。

为了记载工业车辆行业的发展历程，总结行业的成功经验，记录企业成长的每一阶段，《中国工业车辆行业发展史》一书在各会员单位及各编委会成员的大力支持和帮助下完成了出版，并在出版后得到了很好的反响。就此，中国工程机械工业协会工业车辆分会常务理事会决定，开启《中国工业车辆年鉴》（以下简称《年鉴》）的编纂工作。首刊于2015年出版，记录2013年和2014年行业的总体情况，此后每两年将出版一期。

《年鉴》将以翔实的资料和准确的统计数据，客观真实地反映我国工业车辆行业的发展情况，成为中国工业车辆行业系统、权威的大型史料性工具书。《年鉴》设置行业综述，市场情况，统计资料，企业概况，法律、法规与标准，大事记和附录7章，集中反映近两年内工业车辆行业的发展情况，详细记载行业的现状与趋势，介绍行业骨干企业现状，分析行业市场销售情况，系统公布工业车辆行业各项经济技术指标和行业统计数据，报道行业企业的创新发展情况。

《年鉴》重点关注企业的创新和发展，为在创新发展方面取得突出成果的企业提供更好的宣传推广和展示平台。本期《年鉴》将公布分会评选的“中国工业车辆优秀供应商”名单，下一期将刊登“中国工业车辆创新成果奖和创新产品奖”的获奖企业名单，并加设“品牌故事”、“名优新特产品”等专栏，重点为企业提供品牌推广、形象宣传和产品展示。

本次《年鉴》的出版，得到了中国工程机械工业协会和工业车辆分会常务理事会企业单位的大力支持，在此表示衷心感谢。由于水平有限，难免出现错误和疏漏，敬请批评指正，以便将《年鉴》的编写工作做得更好。

中国工程机械工业协会工业车辆分会

2015年9月

目　　录

第一章 行业综述

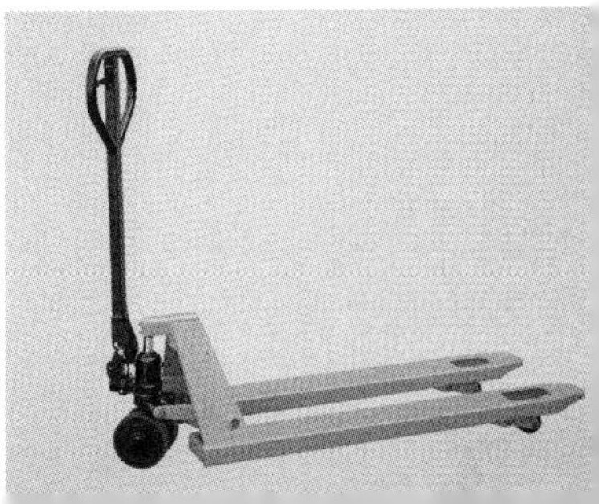

一、2013 年和 2014 年工业车辆行业的运行情况

（一）市场调整过后，再现良好增长态势

经历了本世纪初的市场调整后，中国工业车辆市场率先反弹，在国家对物流行业利好政策的推动下，国内市场在 2010 年和 2011 年实现较大幅度增长。同时，虽然世界范围内主要经济体国家市场恢复缓慢，但新兴经济体国家市场需求增加，使得我国工业车辆的出口继续保持稳定增长。

2012 年市场进行了短暂的调整，出现金融危机后的首个负增长。

进入 2013 年，沉寂了一年的国内市场再次爆发，虽然新兴经济体国家市场波动继续加大，但美国、欧盟等主要经济体市场逐步恢复，使得 2013—2014 年机动工业车辆销售量连续两年刷新历史纪录。

根据中国工程机械工业协会工业车辆分会的统计，2010—2014 年机动工业车辆行业各类产品年度销量情况见表 1－1。

表 1－1　2010—2014 年机动工业车辆行业各类产品年度销量情况

项　目	2010 年	2011 年	2012 年	2013 年	2014 年
电动平衡重乘驾式叉车（台）	22903	29990	29909	33339	42002
电动乘驾式仓储车辆（台）	7493	11846	13094	9713	6177
电动步行式仓储车辆（台）	20411	38662	37030	45890	62040
内燃平衡重式叉车（台）	178791	229691	208629	239822	249403
行业总销量（台）	229598	310189	288662	328764	359622
同比（%）		+35.10	－6.94	+13.89	+9.39

（二）国内市场保持良好增长态势，继续保持全球第一大销售市场

中国正处于物流行业发展关键期，对物流装备的需求呈现出多样化、规模化、智能化的趋势。近年来由于人工成本的增加及物流效率的提升，用机器代替人工的趋势更加迫切。工业车辆是物流装备最基本的配置，是推动市场需求的最基本因素之一。虽然平衡重式叉车目前仍占据主要市场份额，但随着工业车辆的广泛使用、电子商务及物流配送的快速发展，近年来仓储叉车的增长速度明显加快。其他特殊用途的防爆叉车、新能源叉车、大吨位港口搬运车辆及特殊的越野叉车、侧面叉车、冷链叉车等产品的生产也随着用户的需求量增加而逐渐扩大。根据中国工程机械工业协会工业车辆分会的统计，2010—2014 年机动工业车辆行业各类产品国内市场年度销量情况见表 1－2。

表 1－2　2010—2014 年机动工业车辆行业各类产品国内市场年度销量情况

项　目	2010 年	2011 年	2012 年	2013 年	2014 年
电动平衡重乘驾式叉车（台）	19009	23748	23567	25621	33998
电动乘驾式仓储车辆（台）	5804	7338	6212	5480	5214
电动步行式仓储车辆（台）	10803	17033	20362	24124	31670
内燃平衡重式叉车（台）	156517	185996	162817	186992	196046
行业总销量（台）	192133	234115	212958	242217	266928
同比（%）		+21.85	－9.04	+13.74	+10.20

在2010—2014年的世界机动工业车辆市场中，除了2012年外，中国市场机动工业车辆销售量一直占世界总销量的1/4，占亚洲总销售量的1/2以上。根据世界工业车辆统计协会的数据，2010—2014年机动工业车辆中国市场所占比重的情况见表1－3。

表1－3 2010—2014年机动工业车辆中国市场所占比重的情况

年　份	全世界（台）	亚洲（台）	中国（台）	中国占世界（%）	中国占亚洲（%）
2010	740690	314307	193531	26.13	61.57
2011	941808	373697	236257	25.09	63.22
2012	943724	363816	214119	22.69	58.85
2013	988781	394054	243802	24.66	61.87
2014	1063029	432098	268910	25.30	62.23

在车型方面，内燃叉车与电动叉车的占比在发生变化，特别是2014年，电动叉车占比的升幅加大。其主要原因一是电子商务的蓬勃兴起，带动了仓储设施建设，电动仓储叉车需求量释放明显；二是社会对使用低碳环保车型的意识加强，由内燃叉车向电动叉车转化的愿望有所提升；三是经济增速放缓，部分大量使用内燃叉车行业景气度有所下降。根据世界工业车辆统计协会的数据，2010—2014年国内市场内燃叉车和电动叉车销量和占比情况见表1－4。

表1－4 2010—2014年国内市场内燃叉车和电动叉车销量和占比情况

项　目	2010年	2011年	2012年	2013年	2014年
电动叉车（台）	36735	49860	51061	56590	72638
内燃叉车（台）	156796	186397	163058	187212	196272
国内市场总销量（台）	193531	236257	214119	243802	268910
电动叉车占比（%）	18.98	21.10	23.85	23.21	30.40
内燃叉车占比（%）	81.02	78.90	76.15	76.79	69.60

在国内机动工业车辆销售中，平衡重式叉车销售数量一直占有非常高的比例，但近年来随着物流行业和电子商务的快速发展，电动仓储叉车的需求呈现快速增长，仓储叉车比重在逐年加大，但距离欧洲、美国、日本等国家和地区的比例还相差甚远。2010—2014年国内市场平衡重式叉车与仓储叉车销量和比重情况见表1－5。

表1－5 2010—2014年国内市场平衡重式叉车与仓储叉车销量和比重情况

项　目	2010年	2011年	2012年	2013年	2014年
平衡重式叉车（台）	175526	209744	186384	212613	230585
仓储叉车（台）	16607	24371	26574	29604	38325
总销量（台）	193531	236257	214119	243802	268910
平衡重式叉车比例（%）	91.36	89.59	87.52	87.78	85.75
仓储叉车比例（%）	8.64	10.41	12.48	12.22	14.25

（三）出口增长速度放缓，国产品牌竞争力有待提升

近年来，由于美国、欧盟等主要经济体市场在逐步恢复以及新兴市场活力的加强，工业车辆行业出口总体走势较好，除2012年略微下降外，整个行业一直呈现增长趋势，但增长速度明显放缓。受汇率和人工成本等因素的影响，当前和未来国产品牌叉车的出口会遇到诸多困难。根据中国工程机械工业协会工业车辆分会统计报告显示，由于外资企业在境内生产规模进一步加大，出口车型品种进一步增加，外资品牌的世界知名度加上其在中国生产成本降低的优势，使得外资企业在境内生产的产品的市场竞争力进一步提升，出口销售量增速明显。以2014年为例，行业机动工业车辆出口整体增长7.10%，其中国产品牌出口相比2013年同期仅增长了1%，而在中国的外资企业实现了28%的增长。由此可以看出，面对新的全球市场竞争环境，国内叉车产品需要由过去单一的成本优势向提升综合竞争力的方向努力。2010—2014年机动工业车辆行业年度各类产品累计出口情况见表1-6。

表1-6 2010—2014年机动工业车辆行业年度各类产品累计出口情况

项 目	2010年	2011年	2012年	2013年	2014年
电动平衡重乘驾式叉车（台）	3894	6242	6342	7718	8004
电动乘驾式仓储叉车（台）	1689	4508	6882	4233	963
电动步行式仓储叉车（台）	9608	21629	16668	21766	30370
内燃平衡重式叉车（台）	22274	43695	45812	52830	53357
行业总销量（台）	37465	76074	75704	86547	92694
同比（%）		+103.05	-0.49	+14.32	+7.10

从机动工业车辆出口去向来看，电动叉车主要出口美国、德国、俄罗斯、土耳其、法国和泰国等国家，内燃叉车主要出口俄罗斯、土耳其、巴西、阿根廷、德国和美国等国家。

非机动工业车辆的主要生产国为中国，每年出口量在150万~180万台，但在2011年欧盟对原产于中国的手动叉车及其主要配件作出反倾销期中复审终裁，反倾销税达到76.8%，在原有基础上关税进一步增加。欧盟是中国手动搬运车的主要出口地区，关税的增加使得整体非机动工业车辆出口量逐年减少。2010—2014年非机动工业车辆行业年度累计出口情况见表1-7。

表1-7 2010—2014年非机动工业车辆行业年度累计出口情况

项 目	2010年	2011年	2012年	2013年	2014年
非机动工业车辆（万台）	153.3	178.6	168.6	168.0	157.6
同比（%）		+16.50	-5.60	-0.39	-6.18

非机动工业车辆主要出口美国、德国、俄罗斯、巴西、荷兰和英国等国家。

二、工业车辆行业主要企业生产经营情况

以安徽叉车集团有限责任公司、杭叉集团股份有限公司、龙工（上海）叉车有限公司、台励福机器设备（青岛）有限公司、柳州柳工叉车有限公司和安徽江淮银联重型工程机械有限公司为代表

的内燃叉车主要生产企业，以浙江中力机械有限公司、浙江诺力机械股份有限公司、安徽叉车集团有限责任公司、宁波如意股份有限公司、杭叉集团股份有限公司、林德（中国）叉车有限公司为代表的电动叉车生产企业，通过提高产能、注重研发、加强管理和扩大销售服务网络等措施，使得整体在生产规模和市场营销能力方面均迈上新的台阶，整机与配件的技术水平和质量稳定性不断提高，产品覆盖范围进一步扩大，市场竞争力在逐步加强。在新能源叉车领域，新进入行业的比亚迪叉车以铁锂电池的概念在国内外市场得到好评。在仓储叉车生产企业中，浙江中力机械有限公司通过客户调研，其精心设计的解放系列和小金刚系列产品的市场接受度非常高。浙江诺力机械股份有限公司在夯实欧洲市场的同时，积极开拓美洲及其他新兴市场，继续保持仓储叉车在行业内的市场地位。宁波如意股份有限公司经过五年的磨炼，于2013年和2014年为打开市场销路推出一系列仓储叉车新产品，取得很好的成绩，增长速度明显。

在内、外资企业市场占有率方面，虽然国内市场近年来外资企业收购的现象时有发生，但内资企业整体销售占比一直保持在85%左右。主要企业市场集中度变化不大，前三家企业占比一直维持在55%～59%之间，前五家占比在65%～70%之间，前十家占比在73%～78%之间。

2013年和2014年行业内主要企业生产经营和市场营销情况反映出以下特点。

1. 产品种类覆盖更加全面

物流行业发展速度的加快，尤其是电子商务的蓬勃兴起，带动了仓储建设需求的增加。为适应市场的需要，仓储叉车的设计、研发、销售越来越多，在整个机动工业车辆中所占比例有明显增加。另外，叉车产品系列更加丰富，尤其是仓储叉车、大吨位叉车、防爆叉车在逐渐弥补国内市场空白。

2. 市场竞争激烈，企业收购兼并加快

“十二五”期间，全行业企业数量仍然庞大，市场竞争进一步加剧，主机和配套件企业利润空间仍然较小。虽然内资企业依然保持85%的市场占有率，但工业车辆行业企业尤其是外资企业为扩大在中国市场的优势、弥补产品在中低端市场的缺失而进行收购兼并的速度在进一步加快。国内企业尤其是业内主要企业通过产品结构优化调整，不断进行技术开发创新，竞争能力进一步提高，龙头企业继续保持优势。

3. 技术水平不断提升，产品转型升级已经开始呈现

仓储叉车、大吨位叉车、新能源叉车产品的研发与生产取得成效，不断有新品推向市场。随着国家非道路移动机械排放标准的提高和北京等城市出台更严格的地方标准，以及仓储物流在全国范围内需求的增加，机动工业车辆市场中电动叉车与内燃叉车比例呈现出明显的变化。

4. 工业车辆租赁、后市场服务等进展明显

虽然我国工业车辆租赁市场起步较晚、市场规模相比世界其他主要工业车辆市场有较大差距，但近年来已走过起步阶段，在行业内和部分客户中得到认可和使用。工业车辆后市场已成为新的利润增长点，受到主要企业的关注。在未来发展中还需要进一步完善法律、税收、规模、品牌、管理等软硬件，提高服务能力以适应市场需求。

三、行业取得的成果

我国工业车辆行业在近十年来进入快速发展阶段，产业规模不断扩大，随着我国工业车辆行业自身技术水平的提升，越来越多的企业进入国际市场，在全球市场份额稳步提升。产品品种更加齐全，工业车辆行业发展取得了众多成果。行业内企业不断推陈出新，开发新产品、研发新技术，以顺应市场多样化需求。

2013年和2014年，国内主要生产企业中安徽叉车集团有限责任公司承担的国家火炬计划项目12~46吨高端搬运装备研发、国家重点新产品CPC(Q)D2-4.5吨内燃平衡重式叉车研发，杭叉集团股份有限公司承担的国家科技支撑计划课题“典型工程机械轻量化设计技术及应用——叉车轻量化设计技术研究及应用”、大吨位XF系列叉车；宁波如意股份有限公司的“智能拣选设备技术引进及在工业车辆上应用和产业化项目、高效托盘堆垛车关键技术的研发及产业化和托盘搬运车核心技术研发及产业化”；浙江中力机械有限公司的“适用于狭小通道的1.5吨超小型轻量化电动搬运车”、1.8吨全交流双驱电动四支点叉车和面向楼层仓库的轻小型自动搬运车；安徽江淮银联重型工程机械有限公司的J系列CPD20~25和J系列CPD30蓄电池平衡重式叉车等主机项目在国家和省级获得多项科技成果奖。

浙江新柴股份有限公司的工程机械用节能环保型系列柴油发动机的研发与产业化、柴油机欧Ⅲ排放和噪声的研发；合肥长源液压股份有限公司的CMZ系列双向齿轮马达、DLT/5-50整体阀和HSG90/70-80/63系列随车吊伸缩臂油缸；金泰德胜电机有限公司生产的二级能效电机和比亚迪公司生产的磷酸铁锂电池等工业车辆配套件项目获得国家和省级科技成果奖项。

在企业管理方面，安徽叉车集团有限责任公司申报的管理成果“创建国际一流品牌的优化管理”项目和天能集团公司的新能源电池企业EHS一体化管理体系的构建与应用获得了国家级和省级管理企业管理现代化创新成果奖项。

2013—2014年工业车辆行业省部级以上获奖项目名单如下。

序号	获奖企业	项 目 名	证书类型	获奖等级	批 准 机 关
1	北京起重运输机械设计研究院	平衡重式叉车 整机试验方法(JB/T 3300—2010)	中国机械工业科学技术奖	三等奖	中国机械工业联合会
2	安徽叉车集团有限公司	1~3.5吨内燃叉车抛丸涂装生产线	工业行业产业升级示范生产线		安徽省经济和信息化委员会
		QYCD30型内燃牵引车	省级新产品		安徽省经济和信息化委员会
		QYD250型25吨交流蓄电池牵引车	省级新产品		安徽省经济和信息化委员会
		ZL30G型轮式装载机	省级新产品		安徽省经济和信息化委员会
		CPC(Q)D 2~4.5吨内燃平衡重式叉车	国家重点新产品		中华人民共和国科学技术部
		CPQD50-70型汽油平衡重式叉车	省级新产品		安徽省经济和信息化委员会
		CP(Q)YD50-70型汽油液化气平衡重式叉车	省级新产品		安徽省经济和信息化委员会
		6~7吨交流蓄电池平衡重式叉车	省级新产品		安徽省经济和信息化委员会

（续）

序号	获奖企业	项目名	证书类型	获奖等级	批准机关
2	安徽叉车集团有限公司	G系列1.5吨后驱三支点蓄电池平衡重式叉车	省级新产品		安徽省经济和信息化委员会
		G系列2～2.5吨交流蓄电池平衡重式叉车	省级新产品		安徽省经济和信息化委员会
		H系列2～3.5吨内燃平衡重式叉车	省级新产品		安徽省经济和信息化委员会
		H2000系列2～3.5吨天然气叉车	省级新产品		安徽省经济和信息化委员会
		G系列1～1.8吨交流蓄电池平衡重式叉车	省级新产品		安徽省经济和信息化委员会
		G系列3吨高性能蓄电池平衡重式叉车	省级新产品		安徽省经济和信息化委员会
		K系列CPC(D)20－25型内燃平衡重式叉车	安徽省高新技术产品		安徽省科学技术厅
		QYCD30型内燃牵引车	安徽省高新技术产品		安徽省科学技术厅
		ZL30G型轮式装载机	安徽省高新技术产品		安徽省科学技术厅
		12～46吨高端运搬装备研发	国家火炬计划项目		科技部
		K系列5～7.5吨内燃平衡重式叉车	安徽省新产品		安徽省经济和信息化委员会
		2～8吨内燃牵引车研发及产业化	机械工业科技进步奖	三等奖	浙江省机械工业联合会
		创建国际一流品牌的优化管理	国家级企业管理现代化创新成果	二等奖	全国企业管理现代化创新成果审定委员会
3	杭叉集团股份有限公司	2～3吨站板式电动托盘车	浙江省机械工业科学技术奖	三等奖	浙江省机械工业联合会
		电动叉车1～3.5吨	浙江省工业设计大赛	银奖	中国企业产品创新设计组委会
		大吨位XF系列叉车	中国机械工业科学技术奖	三等奖	中国机械工业联合会
		冷链物流用耐腐蚀节能电动叉车研发及产业化	浙江省科技计划项目		浙江省科学技术厅
		大举力高效节能型电动叉车	浙江省装备制造业重点域首台（套）		浙江省经济和信息化委员会
		CPD10－35EX－C1型气体粉尘混合防爆蓄电池叉车	国家重点新产品		中华人民共和国科学技术部

（续）

序号	获奖企业	项 目 名	证书类型	获奖等级	批准机关
4	宁波如意股份有限公司	高效托盘堆垛车关键技术的研发及产业化	浙江省机械工业科学技术	二等奖	浙江省机械工业联合会
		托盘搬运车核心技术研发及产业化	浙江省机械工业科学技术	三等奖	浙江省机械工业联合会
		以六换工程推进西林品牌建设	2014年度浙江省企业管理现代化创新成果	二等奖	浙江省经济和信息化委员会
5	国家起重运输机械质量监督检验中心	GB 6067—2010《起重机械安全规程 第一部分：总则》	科学技术	二等奖	中国特种设备检验协会
		研制的起升机构试验台	科学技术	三等奖	中国特种设备检验协会
6	江淮重工机械有限公司	J系列CPD20～25型蓄电池平衡重式叉车	省级新产品		安徽省经济和信息化委员会
		J系列CPD30型蓄电池平衡重式叉车	省级新产品		安徽省经济和信息化委员会
		WR－2型物资回收专用夹	省级新产品		安徽省经济和信息化委员会
		QCD250型内燃牵引车	省级新产品		安徽省经济和信息化委员会
		1吨电动万向平衡重叉车	省级新产品		安徽省经济和信息化委员会
		1～10吨内燃平衡重式叉车	安徽省名牌产品		安徽省质量技术监督局
7	山推工程机械股份有限公司	静压传动及智能化控制关键技术研究与应用	山东省科技进步奖	二等奖	山东省科学技术厅
8	韶关比亚迪实业有限公司	磷酸铁锂电池	广东省高新技术产品		广东省科学技术厅
9	浙江中力机械有限公司	适用于狭小通道的1.5吨超小型轻量化电动搬运车	浙江省科技进步奖	二等奖	浙江省科学技术厅
		面向楼层仓库的轻小型自动搬运车	浙江省高新技术产品		浙江省科学技术厅
10	浙江新柴股份有限公司	工程机械用节能环保型系列柴油发动机的研发与产业化	浙江省科学技术奖	二等奖	浙江省科学技术厅
		柴油机欧Ⅲ排放和噪声的研发	浙江省科技成果转化奖	一等奖	浙江省科学技术厅
		A498BT型柴油机	国家重点新产品		中华人民共和国科学技术部

（续）

序号	获奖企业	项　目　名	证书类型	获奖等级	批准机关
11	蚌埠液力机械有限公司	HRDB0J8401 型同步二级起升油缸	省级新产品		安徽省经济和信息化委员会
		G27Z4－30601 型转向油缸	省级新产品		安徽省经济和信息化委员会
12	安徽合力股份有限公司合肥铸锻厂	树脂砂铸造工程机械 CAT6230 系列复杂箱体	省级新产品		安徽省经济和信息化委员会
		V 法铸造大型球墨铸铁件	省级新产品		安徽省经济和信息化委员会
		消失模铸造 15793－82001 变矩器壳	省级新产品		安徽省经济和信息化委员会
		叉车机械变速箱壳体铸件消失模模具	省级新产品		安徽省经济和信息化委员会
13	安庆联动属具股份有限公司	2.2～3.5 吨系列旋转器	省级新产品		安徽省经济和信息化委员会
		H 系列 1.8～4.5 吨调距叉	省级新产品		安徽省经济和信息化委员会
		1～2.5 吨系列推出器	省级新产品		安徽省经济和信息化委员会
14	全柴动力股份有限公司	4B1－88C40 型柴油机	国家重点新产品		中华人民共和国科学技术部
		4B2－95C40 型柴油机	国家重点新产品		中华人民共和国科学技术部
		4C5－60M34 型柴油机	国家重点新产品		中华人民共和国科学技术部
15	江苏万达特种轴承有限公司	采用特殊热处理工艺制造的滚动轴承	江苏省高新技术产品		江苏省科学技术厅
16	合肥长源液压件股份有限公司	CBHYC－G＊＊/F＊＊－ATΦ＊系列双联齿轮油泵	省级新产品		安徽省经济和信息化委员会
		DLT/3－＊系列多路阀和 HCS6＊系列转向阀控制阀组	省级新产品		安徽省经济和信息化委员会
		＊HSTG(220～90）系列双作用多级油缸	省级新产品		安徽省经济和信息化委员会
		CMZ＊＊系列双向齿轮马达	省级新产品		安徽省经济和信息化委员会
		DLT/5－50 型整体阀	省级新产品		安徽省经济和信息化委员会
		HSG90/70－80/63 系列随车吊伸缩臂油缸	省级新产品		安徽省经济和信息化委员会

（续）

序号	获奖企业	项 目 名	证书类型	获奖等级	批准机关
17	广西玉柴机器集团有限公司	节能环保型柴油机关键技术及产业化	国家科学技术进步奖	二等奖	中华人民共和国国务院
		内燃机全工况高增压关键技术及工程应用（参与）	国家科技进步奖	二等奖	中华人民共和国国务院
18	天能电池集团有限公司	新能源电池企业 EHS 一体化管理体系的构建与应用	浙江省企业管理现代化创新成果	一等奖	浙江省经济和信息化委员会
19	香港科技大学机械与航空航天工程学系讲座教授赵天寿及其研究团队	以醇类物质作燃料的燃料电池	国家自然科学奖	二等奖	中华人民共和国国务院

四、工业车辆行业存在的问题

（1）产品结构调整和升级任务艰巨。国内行业目前集中在内燃车辆的同质化竞争形势严峻，并从国内市场延伸至国际市场，高端电动叉车车辆及仓储、智能搬运车辆、物流解决方案等产品的市场仍被外资企业所占据，新能源工业车辆发展滞后，重型和轻小型工业车辆产品的可靠性差距较大。

（2）后市场业务潜力巨大。设备租赁、融资租赁、电子商务、二手车和车队管理等后市场业务开展滞后，潜力巨大，有待开发。

（3）国际市场开拓和境外资源利用能力不足。

（4）企业的竞争软实力需要提升。行业内研发创新能力、两化深度融合能力、渠道整合管理能力、基础管理能力及柔性制造能力发展参差不齐，与国际一流企业仍有较大的差距。

五、工业车辆行业未来发展趋势

未来五年，我国工业车辆行业将会出现以下较大变化：

（1）电动车辆的比例将进一步提高，预计 2020 年占国内总销量的 40% 左右，即达到当前南美市场的结构水平。由于电子商务领域的深入渗透，仓储叉车将进入加速发展期。国内外对节能减排的法规、标准将不断提高，用户的环境保护意识加强，因此新能源叉车市场的前景会更加广阔。

（2）随着经济结构调整的逐步深入，国内工业车辆市场不断细分，行业同质化低价竞争的局面有望得到改善，智能化、自动化、物流解决方案等差异化产品将加速发展，国内市场占主要份额的产品将由低端逐步向中端转变。

（3）后市场业务（包括叉车租赁、二手车、车队管理等）将逐渐成为叉车制造商、经销商的附加盈利业务，叉车后市场业务将得到快速发展。

（4）国际化将成为行业发展的重点和趋势，国内外企业的并购、整合与合作将进一步加快，以往不多出现的中国企业也会参与其中。

工业车辆行业未来发展思路应该将重心放在以下几个方面：一是不断调整产业产品结构适应环境变化，努力提升企业综合竞争力，培育世界级品牌，拓宽销售渠道，加强服务能力和水平；二是大力发展包括经营租赁、融资租赁、配件、维修服务、二手车、再制造、电子商务等在内的后市场业务；三是以数字化、智能化、绿色化为产品技术发展方向，加快产品升级换代，鼓励产品向差异化及高端化发展；四是加大电动车辆、新能源车辆的发展；五是进一步加快国际化进程，在国内市场受增速放缓、行业结构性产能过剩、同质化竞争等因素困扰时，政府鼓励加快实施“走出去”战略、倡导“一带一路”等国家发展战略，为企业加快国际化进程提供了良好的政策环境。

第二章 市场情况

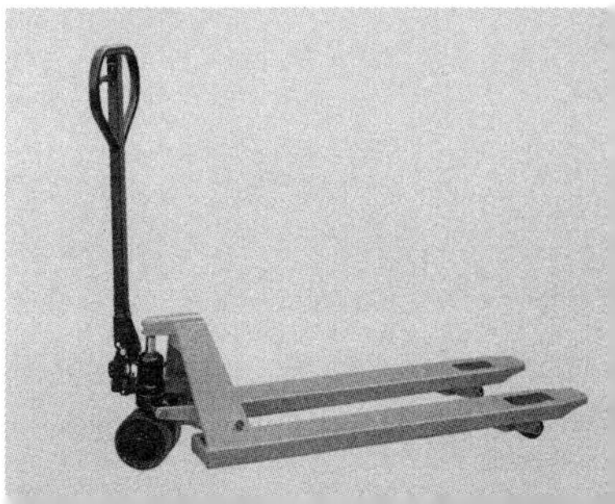

第一节 行业销售情况

进入2013年，工业车辆行业扭转了2012年的下跌趋势，实现正增长，国内和出口销售量均刷新纪录。2013年，我国机动工业车辆共销售328764台，与2012年同期的288662台相比，增长了13.89%。其中出口机动工业车辆共计86547台，与2012年的出口量75704台相比，上升了14.32%。

2014年，我国工业车辆市场延续2013年的发展态势，保持平稳增长，国内和出口销售量再次刷新历史纪录。2014年，我国机动工业车辆共销售359622台，与2013年同期的328764台相比，增长了9.39%。其中出口机动工业车辆共计92694台，与2013年的出口量86547台相比，上升了7.10%。在国内外经济环境复杂多变的情况下，能够保持10%左右的增长，主要得益于工业车辆产品的需求属性。近年来，随着国内企业生产效率的提升、人工成本的不断增加，机器代替人工的趋势越来越显著，进而促进工业车辆的增长。我国物流行业和电子商务的进一步发展，更加推动整个工业车辆行业的发展，特别是带动了我国电动叉车和仓储叉车的飞速增长。电动叉车及仓储叉车以其特有的优势，在我国工业车辆行业中有着非常广阔的市场前景。

一、国内市场概况

（一）机动工业车辆市场情况

2013年，我国机动工业车辆市场呈现平稳增长态势，平均每月销量突破27000台，全年累计销量328764台，其中电动叉车88942台，内燃叉车239822台。

2014年，在国内经济增速放缓的大环境下，我国机动工业车辆前三季度依然维持了良好增长，但进入四季度后，出现向下走的趋势。2014年，我国机动工业车辆全年销量359622台，其中电动叉车110219台，同比增长23.92%；内燃叉车249403台，同比增长4.00%。在国家提倡低碳环保的背景下，电动叉车需求量不断增加，逐步改变着内燃叉车占据我国叉车市场主导地位的形势。

2013—2014年我国机动工业车辆每月销量情况如表2－1、图2－1所示。

表2－1 2013—2014年我国机动工业车辆每月销量情况 （台）

年份	1月	2月	3月	4月	5月	6月	7月	8月	9月	10月	11月	12月	累计
2013	22681	17112	36788	30970	30384	27431	27957	28140	27731	25545	26507	27518	328764
2014	22734	24744	39744	35830	32196	30576	30416	30754	30377	27773	27917	26561	359622

1. 电动叉车和内燃叉车销售情况

2013年，我国电动叉车占国内销售量的27.05%，内燃叉车占国内销售量的72.95%；2014年，电动叉车所占比例上升至30.65%，比2013年上升了3.60个百分点，内燃叉车所占比例下降到69.35%。

2014年，电动叉车按销售量排名前五位的企业是安徽叉车集团有限责任公司、杭叉集团股份有

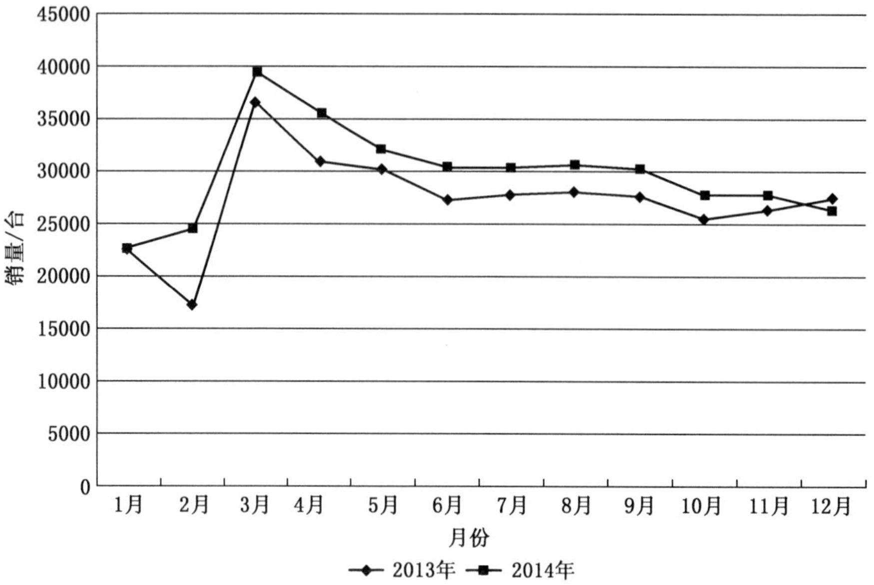

图 2-1 2013—2014 年我国机动工业车辆每月销量走势

限公司、浙江中力机械有限公司、浙江诺力机械股份有限公司、林德（中国）叉车有限公司，内燃叉车按销售量排名前五位的企业是安徽叉车集团有限责任公司、杭叉集团股份有限公司、龙工（上海）叉车有限公司、台励福机器设备（青岛）有限公司、三菱重工叉车（大连）有限公司。2013—2014 年电动叉车与内燃叉车比例变化情况见表 2-2。

表 2-2 2013—2014 年电动叉车与内燃叉车比例变化情况

项　目	2013 年	2014 年
电动叉车（台）	88942	110219
内燃叉车（台）	239822	249403
电动叉车比例（%）	27.05	30.65
内燃叉车比例（%）	72.95	69.35
总销量（台）	328764	359622

2. 仓储叉车和平衡重式叉车销售情况

电子商务的迅猛发展带动了我国仓储叉车行业的需求增加。2013 年，我国仓储叉车占总销量的 16.91%，平衡重式叉车占总销量的 83.09%；2014 年，仓储叉车内销所占比例上升到 18.97%，比 2013 年上升了 2.06 个百分点；平衡重式叉车内销所占比例下降到 81.03%。

2014 年，仓储叉车按销售量排名前五位的企业是浙江中力机械有限公司、浙江诺力机械股份有限公司、安徽叉车集团有限责任公司、宁波如意股份有限公司、杭叉集团股份有限公司，平衡重式叉车按销售量排名前五位的企业是安徽叉车集团有限责任公司、杭叉集团股份有限公司、龙工（上海）

叉车有限公司、台励福机器设备（青岛）有限公司、三菱重工叉车（大连）有限公司。2013—2014年仓储叉车与平衡重式叉车比例变化情况见表2-3。

表2-3　2013—2014年仓储叉车与平衡重式叉车比例变化情况

项　目	2013年	2014年
仓储叉车（台）	55603	68217
平衡重式叉车（台）	273161	291405
仓储叉车比例（%）	16.91	18.97
平衡重式叉车比例（%）	83.09	81.03
总销量（台）	328764	359622

3. 各地区叉车销售情况

根据中国工程机械工业协会工业车辆分会统计数据显示，2013年和2014年工业车辆产品热门销售地区为华东地区，占全国销量的44%以上。省份排名前三位的分别为广东省、江苏省和山东省。2013—2014年各地区、各省份叉车销售情况及占比情况见表2-4、表2-5。

表2-4　2013—2014年各地区叉车销售情况及占比情况

地　区	2013年		2014年	
	销量（台）	占比（%）	销量（台）	占比（%）
华东地区	107150	44.24	119060	44.39
华南地区	34733	14.34	39266	14.64
华中地区	26767	11.05	27591	10.29
华北地区	30805	12.72	33494	12.49
西北地区	13608	5.62	15985	5.96
西南地区	14718	6.08	17947	6.69
东北地区	14436	5.96	14899	5.55
全　部	242217	100	268242	100

表2-5　2013—2014年各省份叉车销售情况及占比情况

2013年				2014年				同比（%）
排名	省（市、区）	销售量（台）	占市场份额（%）	排名	省（市、区）	销售量（台）	占市场份额（%）	
1	江苏	29442	12.16	1	广东	32587	12.15	-0.01
2	广东	28579	11.80	2	江苏	31408	11.71	-0.09
3	山东	26268	10.84	3	山东	28573	10.66	-0.18
4	浙江	20369	8.41	4	浙江	23561	8.79	+0.38
5	上海	13846	5.72	5	上海	16870	6.29	+0.57
6	河北	12470	5.15	6	河北	12777	4.76	-0.39
7	福建	9509	3.93	7	河南	10040	3.74	-0.19
8	河南	9332	3.85	8	福建	9694	3.62	-0.23

表2－5（续）

2013年				2014年				同比（%）
排名	省（市、区）	销售量（台）	占市场份额（%）	排名	省（市、区）	销售量（台）	占市场份额（%）	
9	安徽	7716	3.19	9	安徽	8954	3.34	+0.15
10	辽宁	7279	3.01	10	湖北	7585	2.83	－0.18
11	湖北	6842	2.82	11	北京	7492	2.79	－0.03
12	北京	6565	2.71	12	辽宁	7318	2.73	+0.02
13	江西	5772	2.38	13	天津	6639	2.48	+0.10
14	四川	5589	2.31	14	四川	6613	2.47	+0.16
15	天津	5393	2.23	15	广西	5189	1.94	－0.29
16	广西	5030	2.08	16	陕西	5148	1.92	－0.16
17	湖南	4821	1.99	17	湖南	5067	1.89	－0.10
18	陕西	4758	1.96	18	新疆	4835	1.80	－0.16
19	新疆	4246	1.75	19	江西	4809	1.79	+0.04
20	吉林	3695	1.53	20	重庆	4460	1.66	+0.13
21	山西	3639	1.50	21	吉林	4053	1.51	+0.01
22	云南	3513	1.45	22	云南	3701	1.38	－0.07
23	黑龙江	3462	1.43	23	黑龙江	3528	1.32	－0.11
24	重庆	3280	1.35	24	山西	3517	1.31	－0.04
25	内蒙古	2738	1.13	25	内蒙古	3069	1.14	+0.01
26	甘肃	2315	0.96	26	甘肃	2815	1.05	+0.09
27	贵州	2066	0.85	27	贵州	2411	0.90	+0.05
28	宁夏	1456	0.60	28	宁夏	1978	0.74	+0.14
29	海南	1124	0.46	29	海南	1490	0.56	+0.10
30	青海	833	0.34	30	青海	1209	0.45	+0.11
31	西藏	270	0.11	31	西藏	762	0.28	+0.17

（二）其他种类工业车辆市场情况

根据中国工程机械工业协会工业车辆分会统计，2013年分会会员单位报告的非机动工业车辆销售量为1246753台，与上年同期的1363764台相比，下降了8.56%。2014年非机动工业车辆销售量为1197121台，与2013年销售的1246753台相比，下降了3.98%。从统计数据看，下跌主要是因为非机动工业车辆的出口量下降，国内市场略有增长。

销售非机动工业车辆的企业主要为浙江诺力机械股份有限公司、宁波如意股份有限公司、湖北宏力液压科技有限公司、湖北金茂机械科技有限公司等以生产销售轻小型搬运车辆为主的企业。2013—2014年我国其他种类工业车辆销售情况见表2－6。

（三）中国工业车辆进出口情况

根据海关总署统计数字，我国工业车辆2013年度外贸进出口叉车及装有升降或搬运装置的工业车辆总值1985052817美元，与2012年的进出口总值1890675490美元相比，上升了4.99%。其中出

表 2－6　2013—2014 年我国其他种类工业车辆销售情况

车　型	2013 年			2014 年			同比（%）
	内销（台）	出口（台）	合计（台）	内销（台）	出口（台）	合计（台）	
牵引车	1121	78	1199	1224	21	1245	+3.84
越野叉车	14	3	17	16	331	347	+1941.18
手动和半动力车辆	314099	931421	1245520	340199	855328	1195527	-4.01
固定平台搬运车	17	0	17	2	0	2	-88.24
合　计	315251	931502	1246753	341441	855680	1197121	-3.98

口金额 1683613101 美元，与 2012 年的出口金额 1569407754 美元相比，上升了 7.28%；进口金额为 301439716 美元，与 2012 年的进口金额 321267736 美元相比，下降了 6.17%。2014 年度外贸进出口叉车及装有升降或搬运装置的工业车辆总值 2235921888 美元，与 2013 年的进出口总值 1985052817 美元相比，上升了 12.64%。其中出口金额 1944225997 美元，与 2013 年的出口金额 1683613101 美元相比，上升了 15.48%；进口金额为 291695891 美元，与 2013 年的进口金额 301439716 美元相比，下降了 3.23%。

1. 2013—2014 年度工业车辆出口情况

2013 年，出口叉车及装有升降或搬运装置的工业车辆共 1792298 台，与 2012 年的出口量 1783947 台相比，上升了 0.47%；出口金额 1683613101 美元，与 2012 年的出口金额 1569407754 美元相比，上升了 7.28%。2014 年，出口叉车及装有升降或搬运装置的工业车辆共 1708984 台，与 2013 年的出口量 1792298 台相比，下降了 4.65%；出口金额 1944225997 美元，与 2013 年的出口金额 1683613101 美元相比，上升了 15.48%。这些工业车辆出口 183 个国家和地区。2013—2014 年我国外贸进出口中工业车辆出口情况见表 2－7。

表 2－7　2013—2014 年我国外贸进出口中工业车辆出口情况

年　份	出 口 数 量		出 口 金 额	
	台数（台）	同比（%）	金额（美元）	同比（%）
2013	1792298	+0.47	1683613101	+7.28
2014	1708984	-4.65	1944225997	+15.48

2013 年，机动工业车辆出口量为 112703 台，与 2012 年的 97786 台相比，上升了 15.25%。其中电动叉车（含巷道堆垛机）出口量为 51288 台，与 2012 年的出口量 43229 台相比，上升了 18.64%；内燃叉车（含集装箱叉车）出口量为 61415 台，与 2012 年的出口量 54557 台相比，上升了 12.57%。2014 年，机动工业车辆出口量为 133208 台，与 2013 年的 112703 台相比，上升了 18.19%。其中电动叉车（含巷道堆垛机）出口量为 65599 台，与 2013 年的出口量 51288 台相比，上升了 27.90%；内燃叉车（含集装箱叉车）出口量为 67609 台，与 2013 年的出口量 61415 台相比，上升了 10.09%。2012—2014 年机动工业车辆出口情况见表 2－8。

表2-8　2012—2014年机动工业车辆出口情况

年　份	电动叉车		内燃叉车		合计（台）	同比（%）
	数量（台）	同比（%）	数量（台）	同比（%）		
2013	51288	+18.64	61415	+12.57	112703	+15.25
2014	65599	+27.90	67609	+10.09	133208	+18.19

2013年和2014年，我国向世界180多个国家和地区出口机动工业车辆，出口地区呈现多元化，分布较广。出口车辆遍布世界五大洲，其中亚洲、欧洲、美洲是我国机动工业车辆产品的传统出口市场。2013年、2014年机动工业车辆出口分布情况见表2-9、表2-10。

表2-9　2013年机动工业车辆出口分布情况

地　区	机动工业车辆		电动叉车		内燃叉车	
	台数（台）	百分比（%）	台数（台）	百分比（%）	台数（台）	百分比（%）
亚洲	31884	28.29	12165	23.72	19719	32.11
非洲	10336	9.17	1437	2.80	8899	14.49
欧洲	29016	25.75	14284	27.85	14732	23.99
南美洲	15233	13.52	3666	7.15	11567	18.83
北美洲	20395	18.10	17447	34.02	2948	4.80
大洋洲	5839	5.17	2289	4.46	3550	5.78
合计	112703	100	51288	100	61415	100

表2-10　2014年机动工业车辆出口分布情况

地　区	机动工业车辆		电动叉车		内燃叉车	
	台数（台）	百分比（%）	台数（台）	百分比（%）	台数（台）	百分比（%）
亚洲	41863	31.43	16991	25.90	24872	36.79
非洲	10352	7.77	1740	2.65	8612	12.74
欧洲	34216	25.69	18293	27.89	15923	23.55
南美洲	13889	10.43	3569	5.44	10320	15.26
北美洲	24694	18.54	21148	32.24	3546	5.24
大洋洲	8194	6.14	3858	5.88	4336	6.42
合计	133208	100	65599	100	67609	100

从出口数量上看，2013年、2014年工业车辆分类产品出口排列前5位的国家和地区见表2-11、表2-12。

2. 2013—2014年度工业车辆进口情况

根据海关总署统计数字，2013年，进口叉车及装有升降或搬运装置的工业车辆共12063台，与2012年的进口量12970台相比，下降了6.99%；进口金额为301439716美元，与2012年的进口金额

表 2－11 2013 年工业车辆分类产品出口排列前 5 位的国家 （台）

排 名	电动叉车		内燃叉车		其他未列名叉车	
	国 家	数 量	国 家	数 量	国 家	数 量
1	美国	16848	俄罗斯	5513	美国	396318
2	德国	3580	巴西	3916	德国	153566
3	泰国	2231	土耳其	3538	克罗地亚	145660
4	俄罗斯	2057	阿尔及利亚	2993	俄罗斯	96287
5	比利时	1997	澳大利亚	2970	土耳其	79428

表 2－12 2014 年工业车辆分类产品出口排列前 5 位的国家 （台）

排 名	电动叉车		内燃叉车		其他未列名叉车	
	国 家	数 量	国 家	数 量	国 家	数 量
1	美国	20499	土耳其	4585	美国	448403
2	德国	5133	俄罗斯	4071	德国	117967
3	澳大利亚	3437	荷兰	3469	俄罗斯	88369
4	比利时	2933	巴西	3430	土耳其	72039
5	韩国	2255	澳大利亚	3273	印度	43552

321267736 美元相比，下降了 6.17%。其中电动叉车（含巷道堆垛机）进口量为 7770 台，与 2012 年的进口量 6660 台相比，上升了 16.67%；内燃叉车（含集装箱叉车）进口量为 1117 台（其中集装箱叉车 7 台），与 2012 年的进口量 1738 台相比，下降了 35.73%；未列名叉车 4332 台，与 2012 年的进口量 4572 台相比，下降了 5.25%。

2014 年，进口叉车及装有升降或搬运装置的工业车辆共 12572 台，与 2013 年的进口量 12063 台相比，上升了 4.22%；进口金额为 291695891 美元，与 2013 年的进口金额 301439716 美元相比，下降了 3.23%。其中电动叉车（含巷道堆垛机）为 8597 台，与 2013 年的进口量 7770 台相比，上升了 10.64%；内燃叉车（含集装箱叉车）为 872 台（其中集装箱叉车 4 台），与 2013 年的进口量 1117 台相比，下降了 21.93%；未列名叉车 3103 台，与 2013 年的进口量 4332 台相比，下降了 28.37%。2013—2014 年工业车辆进口情况见表 2－13、表 2－14、表 2－15 和表 2－16。

表 2－13 2013—2014 年工业车辆进口数量及金额情况

年 份	进口数量		进口金额	
	台数（台）	同比（%）	金额（美元）	同比（%）
2013	12063	－6.99	301439716	－6.17
2014	12572	+4.22	291695891	－3.23

表 2－14 2013—2014 年电动叉车和内燃叉车进口情况

年份	电动叉车		内燃叉车		合计（台）	同比（%）
	数量（台）	同比（%）	数量（台）	同比（%）		
2013	7770	+16.67	1117	-35.73	8887	+5.82
2014	8597	+10.64	872	-21.93	9469	+6.55

表 2－15 2013 年机动工业车辆进口分布情况

地区	机动工业车辆		电动叉车		内燃叉车	
	台数（台）	百分比（%）	台数（台）	百分比（%）	台数（台）	百分比（%）
亚洲	2639	29.70	2016	25.95	623	55.77
非洲	0	0	0	0	0	0
欧洲	4292	48.30	4058	52.23	234	20.95
美洲	1922	21.63	1693	21.79	229	20.50
大洋洲	34	0.38	3	0.04	31	2.78
合计	8887	100	7770	100	1117	100

表 2－16 2014 年机动工业车辆进口分布情况

地区	机动工业车辆		电动叉车		内燃叉车	
	台数（台）	百分比（%）	台数（台）	百分比（%）	台数（台）	百分比（%）
亚洲	3113	32.88	2664	30.99	449	51.49
非洲	0	0	0	0	0	0
欧洲	4855	51.27	4658	54.18	197	22.59
美洲	1490	15.74	1270	14.77	220	25.23
大洋洲	11	0.11	5	0.06	6	0.69
合计	9469	100	8597	100	872	100

二、国际市场概况

在国内外经济形势复杂多变的背景下，全球的工业车辆市场迎来了一个新的里程碑。根据世界工业车辆统计协会的统计，2013 年全世界机动工业车辆订单量突破百万台，销售量为 988781 台，销售量超过 2008 年金融危机前的最好水平，与 2012 年的 943724 台相比，上升了 4.77%。2014 年全世界共销售工业车辆突破百万台，为 1063029 台，与 2013 年的 988781 台相比，增长了 7.51%。2014 年全世界各种类型叉车销售情况与 2013 年同期相比，电动平衡重乘驾式叉车上升了 14.09%；电动乘驾式仓储车辆上升了 1.60%；电动步行式仓储车辆上升了 10.57%；内燃平衡重式叉车上升了 4.66%。2013—2014 年世界各大洲机动工业车辆销售情况见表 2－17。

表 2-17 2013—2014 年世界各大洲机动工业车辆销售情况

产品名称		全世界	欧洲	美洲	亚洲	非洲	大洋洲
电动平衡重乘驾式叉车	2013 年（台）	154755	56405	36859	57024	2121	2346
	2014 年（台）	176567	63183	42308	66807	1938	2331
	同比（%）	+14.09	+12.02	+14.78	+17.16	-8.63	-0.64
电动乘驾式仓储叉车	2013 年（台）	98801	32753	29482	32550	1178	2838
	2014 年（台）	100379	33386	29804	33874	1039	2276
	同比（%）	+1.60	+1.93	+1.09	+4.07	-11.80	-19.80
电动步行式仓储叉车	2013 年（台）	281141	161522	73512	39318	2208	4581
	2014 年（台）	310852	175162	79175	49818	2576	4121
	同比（%）	+10.57	+8.44	+7.70	+26.71	+16.67	-10.04
内燃平衡重式叉车	2013 年（台）	454084	65854	98602	265162	13396	11070
	2014 年（台）	475231	66647	104262	281599	12927	9796
	同比（%）	+4.66	+1.20	+5.74	+6.20	-3.50	-11.51
工业车辆合计	2013 年（台）	988781	316534	238455	394054	18903	20835
	2014 年（台）	1063029	338378	255549	432098	18480	18524
	同比（%）	+7.51	+6.90	+7.17	+9.65	-2.24	-11.09

2014 年全世界机动工业车辆销售量从各地区所占市场份额看，欧洲下降了 0.18 个百分点，美洲下降了 0.08 个百分点，亚洲上升了 0.80 个百分点，非洲下降了 0.17 个百分点，大洋洲下降了 0.37 个百分点。2013—2014 年世界各大洲机动工业车辆所占市场份额情况见表 2-18。

表 2-18 2013—2014 年世界各大洲机动工业车辆所占市场份额情况 （%）

年份	欧洲	美洲	亚洲	非洲	大洋洲
2013	32.01	24.12	39.85	1.91	2.11
2014	31.83	24.04	40.65	1.74	1.74

根据世界工业车辆统计报告数据显示，全球金融危机后，2009 年中国机动工业车辆销量超过美国，首次成为世界机动工业车辆销量第一大国。在随后几年里，中国机动工业车辆销量均列世界第一位。2013 年和 2014 年世界前六位机动工业车辆销售排名没有变化。2013—2014 年世界叉车销量排名前十位的国家变动情况见表 2-19。

表 2-19 2013—2014 年世界叉车销量排名前十位的国家变动情况 （台）

排名	2013 年		2014 年	
1	中国	243802	中国	268910
2	美国	168672	美国	193894
3	日本	72602	日本	80607
4	德国	67874	德国	72614

表2-19（续） （台）

排　名	2013年		2014年	
5	法国	52400	法国	52032
6	英国	27789	英国	30432
7	斯洛文尼亚	24716	意大利	29106
8	意大利	24274	俄罗斯	21457
9	巴西	24117	巴西	19674
10	澳大利亚	17779	韩国	18173

在欧洲地区2014年销售的机动工业车辆中，电动叉车占80.31%，内燃叉车占19.69%。在各类车辆中，电动步行式仓储叉车占的比重最大为51.77%，内燃平衡重式叉车次之；在美洲地区2014年销售的机动工业车辆中，电动叉车占59.20%，内燃叉车占40.80%。在各类车辆中，内燃平衡重式叉车占的比重最大，电动步行式仓储叉车次之；在亚洲地区2014年销售的机动工业车辆中，电动叉车占34.83%，内燃叉车占65.17%。在各类车辆中，内燃平衡重式叉车占的比重最大，电动平衡重乘驾式叉车次之；在非洲地区2014年销售的工业车辆中，电动叉车占30.05%，内燃叉车占69.95%。在各类车辆中，内燃平衡重式叉车占的比重最大，电动步行式仓储叉车次之；在大洋洲地区2014年销售的工业车辆中，电动叉车占47.12%，内燃叉车占52.88%。在各类车辆中，内燃平衡重式叉车占的比重最大，电动步行式仓储叉车次之。各地区销售机动工业车辆类型比例情况见表2-20。

表2-20　各地区销售机动工业车辆类型比例情况 （%）

地　区	电　动　叉　车			内燃平衡重式叉车
	电动平衡重乘驾式叉车	电动乘驾式仓储叉车	电动步行式仓储叉车	
欧　洲	18.67	9.87	51.77	19.69
美　洲	16.56	11.66	30.98	40.80
亚　洲	15.46	7.84	11.53	65.17
非　洲	10.49	5.62	13.94	69.95
大洋洲	12.58	12.29	22.25	52.88

在2014年销售的工业车辆中，电动平衡重乘驾式叉车、电动乘驾式仓储叉车、内燃平衡重式叉车在亚洲占比最大，电动步行式仓储叉车在欧洲占比最大。各类型机动工业车辆在各地区销售比例情况见表2-21。

表2-21　各类型机动工业车辆在各地区销售比例情况 （%）

车　辆　类　型		欧　洲	美　洲	亚　洲	非　洲	大洋洲
2013年	电动平衡重乘驾式叉车	36.45	23.82	36.85	1.37	1.51
	电动乘驾式仓储叉车	33.15	29.84	32.95	1.19	2.87
	电动步行式仓储叉车	57.45	26.15	13.99	0.79	1.62
	内燃平衡重式叉车	14.50	21.71	58.39	2.95	2.45

表2-21（续） (%)

车辆类型		欧洲	美洲	亚洲	非洲	大洋洲
2014年	电动平衡重乘驾式叉车	35.78	23.96	37.84	1.10	1.32
	电动乘驾式仓储叉车	33.26	29.69	33.75	1.03	2.27
	电动步行式仓储叉车	56.35	25.47	16.03	0.82	1.33
	内燃平衡重式叉车	14.02	21.94	59.26	2.72	2.06

第二节 租赁车辆情况

国际工业车辆的租赁业务始于20世纪50年代，至今已有60多年的发展历史，现逐步发展成为一个成熟的行业。在国际市场上，有约60%的工程机械产品是以租赁的形式进入市场。在欧洲，更有约30%的新设备是主机厂直接销售给了租赁公司。但在中国，叉车租赁市场还处于发展初期。近年来，随着我国工业车辆市场的繁荣，叉车租赁市场随之迅猛发展。在物流业、仓储业高速发展的带动下，物流装备需求量大幅增加，出于对成本、设备利用率和服务等因素的考虑，越来越多的叉车用户将目光投向租赁市场。目前，中国工业车辆的租赁企业按经营主体分主要有三种，第一种是专业的租赁公司，第二种是经营租赁业务的代理商，第三种是主机厂自己拥有的租赁部门或租赁公司。中国工程机械工业协会工业车辆分会在2013年进行了租赁市场调查，在此之后为了及时反映租赁市场的车型需求动态变化，自2014年起按季度开展工业车辆租赁行业的统计工作，以便各企业及时掌握工业车辆租赁市场信息。

2014年国内工业车辆租赁统计报告数据来源于行业内13家企业，涵盖独立的叉车租赁公司、生产企业、代理商等。其中叉车租赁公司包括合力工业车辆租赁（上海）股份有限公司、上海弘陆物流设备股份有限公司、上海利驰物流设备租赁有限公司、上海臻宝工业设备有限公司、上海美欧亚中物流设备有限公司、上海兆勤机械设备有限公司。叉车生产企业包括龙工（上海）叉车有限公司、安徽合叉叉车有限公司、林德（中国）叉车有限公司、上海海斯特叉车制造有限公司、丰田产业车辆（上海）有限公司、伟轮叉车（东莞）有限公司、永恒力叉车（上海）有限公司。

根据世界工业车辆统计协会的统一分类，租赁统计的产品车型分为五大类，即电动平衡重乘驾式叉车、电动乘驾式仓储叉车、电动步行式仓储叉车、内燃平衡重式叉车（实心轮胎）和内燃平衡重式叉车（充气轮胎），每类车型中包括具体型式和吨位。租赁的叉车不按照新旧分类，一律纳入租赁统计范围。租期的天数以24小时为基准，月份以每月1日起至月底最后一日，根据提车时间和还车时间来计算。租期分为三档：一年以下（含一年）、一年至两年（含两年）和两年以上。

2014年参加中国工程机械工业协会工业车辆分会统计的13家企业用于租赁的机动工业车辆总计4696台，其中租期为一年以下（含一年）的机动工业车辆数量为1631台，占总量的33.59%；租期为一年至两年（含两年）的机动工业车辆数量为629台，占总量的12.95%；租期为两年以上的机动工业车辆数量为2436台，占总量的50.16%。由此可见，用于租期为两年以上的长租业务占比最大，其他160台为在库机动工业车辆。2014年国内机动工业车辆租赁情况见表2-22。

表2－22　2014年国内机动工业车辆租赁情况

租　　期	内资品牌（台）	外资品牌（台）	合计（台）	占比（%）
一年以下（含一年）	401	1230	1631	33.59
一年至两年（含两年）	178	451	629	12.95
两年以上	83	2353	2436	50.16

租期为一年以下（含一年）的机动工业车辆数量为1631台，其中内资品牌401台，占比24.59%；外资品牌1230台，占比较大，为75.41%。租赁区域分布在18个省（市、区），主要集中在上海市、广东省和江苏省，以上三个省市占租期为一年以下（含一年）的机动工业车辆数量的80.38%。上海市数量最大，为854台，广东省255台，江苏省202台。

租期为一年至两年（含两年）的机动工业车辆数量为629台，其中内资品牌178台，占比28.30%；外资品牌451台，占比较大，为71.70%。租赁区域分布在15个省（市、区），排名前三位的省份为上海市、江苏省和广东省，以上三个省市占租期为一年至两年（含两年）的机动工业车辆数量的79.65%。上海市数量最大为361台，江苏省73台，广东省67台。

租期为两年以上的机动工业车辆数量为2436台，其中内资品牌83台，占比3.41%；外资品牌2353台，占比较大，为96.59%。租赁区域分布在22个省（市、区），主要集中在上海市、江苏省、广东省、山东省、吉林省、湖北省和浙江省。排名前三位的省（市、区）为上海市、江苏省和广东省，以上三个省市占租期为两年以上的机动工业车辆数量的54.43%。上海市数量最大，为678台，江苏省417台，广东省231台。

根据车型区分，2014年参加中国工程机械工业协会工业车辆分会统计的15家企业用于租赁的机动工业车辆总计4696台，其中电动叉车数量为3929台，占总量的83.67%；内燃叉车数量为767台，占总量的16.33%。由此可见，用于租赁的机动工业车辆中电动叉车占比较大。在电动叉车中，电动平衡重乘驾式叉车数量为2366台，占电动叉车总量的60.22%，占比最大。2014年电动叉车、内燃叉车租赁情况见表2－23。

表2－23　2014年电动叉车、内燃叉车租赁情况

租　　期	电动叉车		内燃叉车		合计（台）
	数量（台）	占比（%）	数量（台）	占比（%）	
一年以下（含一年）	1298	79.58	333	20.42	1631
一年至两年（含两年）	442	70.27	187	29.73	629
两年以上	2189	89.86	247	10.14	2436
合　计	3929	83.67	767	16.33	4696

用于租赁的仓储叉车数量为1563台，占机动工业车辆总量4696台的33.28%；平衡重式叉车数量为3133台，占总量的66.72%，占比较大。2014年仓储叉车、平衡重式叉车租赁情况见表2－24。

表 2－24 2014 年仓储叉车及平衡重式叉车租赁情况

租 期	仓储叉车		平衡重式叉车		合计（台）
	数量（台）	占比（%）	数量（台）	占比（%）	
一年以下（含一年）	473	29.00	1158	71.00	1631
一年至两年（含两年）	234	37.20	395	62.80	629
两年以上	856	35.14	1580	64.86	2436
合 计	1563	33.28	3133	66.72	4696

第三节 后 市 场 报 告

2013—2014 年中国叉车租赁和后市场取得前所未有的发展，本报告从叉车租赁行业的发展前景、中国叉车用户购买行为和习惯以及中国叉车租赁和后市场突出的事例进行分析，希望对整个叉车租赁及后市场的发展提供建设性的意见。

一、叉车租赁行业的发展前景

中国叉车租赁的发展趋势：市场需求走旺，新出现的叉车租赁公司增多，租赁资产的总量明显增加，租赁整体价格走低，从业企业的水平提升快速。

根据 2014 年 1 月的《2014 年中国叉车租赁市场调查问卷》（图 2－2）显示，其明显的变化有以

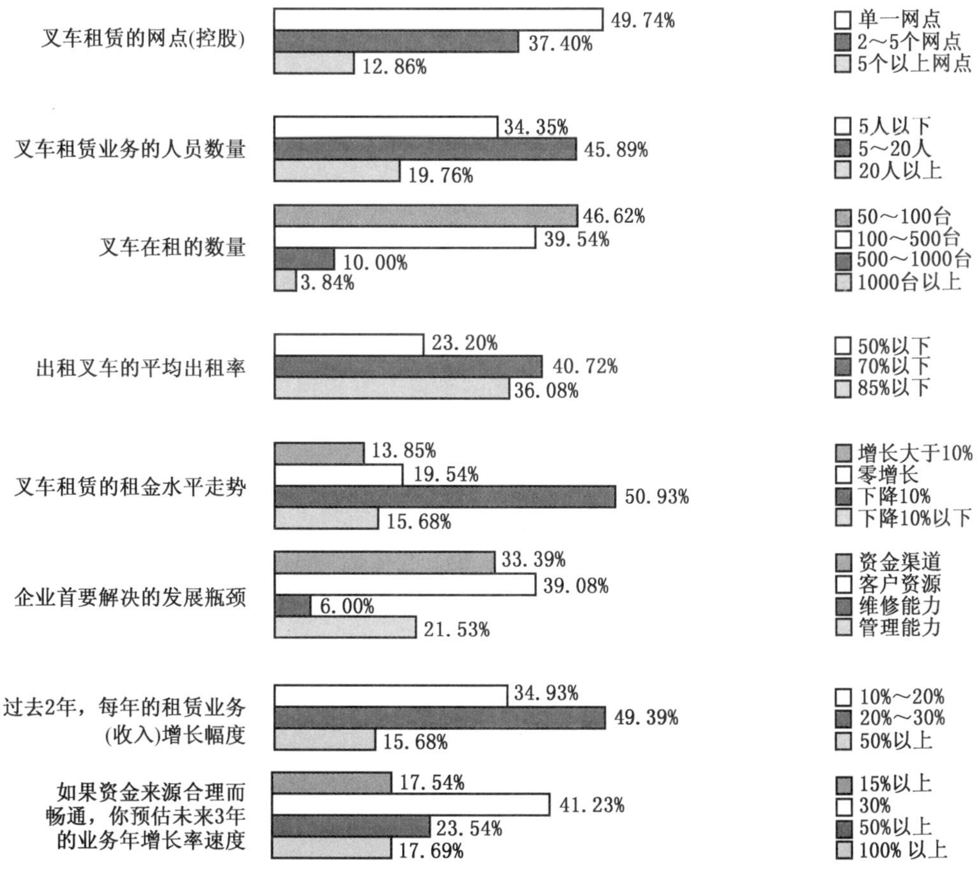

图 2－2 叉车租赁市场情况

下方面。

1. 融资租赁明显增加

在2012年的全国调查中，资金来源84%为自有资金，融资租赁为0。而2014年的调查显示，资金来源比例中自有资金下降为62.3%，而融资租赁上升为18%。2014年包括远东租赁旗下的宏信租赁、海尔融资租赁和原有的亿多士租赁，涉足叉车租赁业务。融资租赁的进入，将大大提升叉车租赁企业的资金实力。融资租赁的介入可以帮助叉车租赁企业扩大资产规模，提升租赁资产购买、配件及服务的谈判筹码，可以规范企业经营，提升企业价值。融资租赁的进入表明叉车租赁上升到一个新的台阶。

目前融资租赁比较关注的是卡车的大车队融资租赁，而叉车和仓储设备类的融资租赁规模不足。叉车租赁企业的规模、风险控制管理水平、上下游的配合不到位，企业抗风险的体系还不完备，仍然让融资租赁公司不敢大胆进入。

2. 叉车租赁市场进一步趋好

叉车租赁的市场需求不断走旺，在调查中发现许多叉车租赁公司的业务已经出现井喷状态，特别是电商物流和第三方物流的迅速发展，拉高了叉车租赁的需求。大多数租赁企业过去几年的租赁量年增长20%～30%，甚至增长50%。

3. 租金价格持续走低

随着租赁企业的不断增加，租赁企业的资金来源更加多样化，租赁的盈利模式也发生了变化。市场调查发现，2014年叉车租赁的价格持续走低，普遍降幅在10%～20%之间。从价格预期而言，大家普遍认为整个叉车租赁的价格会进一步降低。

4. 售后回租的意愿出现

叉车租赁企业目前普遍面临着资金短缺的窘境，而作为重资产的租赁行业，如何摆脱叉车租赁的发展障碍是叉车租赁公司需要谨慎面对的问题。为了摆脱资金的压力，租赁公司更愿意把目前的在租叉车以售后回租的模式进行重资产的转化。融资租赁公司更加注重风险控制，因此叉车租赁企业应该在企业管理的信息化和标准化中做功课，让融资租赁公司提供更多的财务杠杆。

5. 叉车租赁企业的管理水平

中国叉车租赁企业的管理者素质具有较高水准，对整个叉车租赁的市场发展具备驾驭能力见表2－25。在对企业管理层的调查和企业核心竞争力的调查中，均有非常不错的答案。

表2－25 叉车租赁从业人员水平（35家核心企业抽样）

项　目	总人数（人）	大学本科以上学历		5年以上叉车行业经验		大公司工作背景	
		人数（人）	占比（%）	人数（人）	占比（%）	人数（人）	占比（%）
经营人	35	33	94	35	100	30	85

注：1. 经营人指租赁业务的直接负责人。

2. 大公司背景指在中国正规厂家担任管理角色的经历。

6. 资本市场开始进入，大大加快租赁发展的进程

（1）物流产业基金正在涉足叉车租赁行业。2013年有物流产业背景的钟鼎创投投资了臻智叉车租赁服务有限公司和广东佛朗斯叉车有限公司，对叉车后市场给予有利的提升作用。创投资本和物流产业基金的进入可以有力提升企业的管理水准和持续发展的动力，也为企业带来了很好的行业客户资源。

（2）大型租赁企业正在进入叉车租赁行业。伴随着中国融资租赁的迅猛发展，设备租赁的发展也进入快步期，大型租赁公司越来越精细化作业，由以往的租赁飞机、轮船、大型成套设备转入细分市场，诸如中国最大的设备租赁公司远东宏信租赁进入叉车租赁领域。

（3）资本市场走入中国叉车后市场将大大加快租赁企业的发展和整合。未来五年内，中国叉车租赁市场会快速发展，随着融资渠道和资本的介入，一定会出现数个拥有叉车超过5000台的叉车租赁公司。而叉车租赁公司是带动叉车后市场的原动力，叉车租赁的发展将有力带动包括新机销售、二手车、翻新业务、配件、培训、信息交换等一体化的叉车后市场的发展。

二、租赁叉车总量预测

根据对中国叉车租赁的趋势分析，到2018年，叉车租赁占市场叉车存量的9%左右，新增叉车租赁占叉车当年销量的10%，这一数据仍然远远落后于发达国家。但是我们认为在人口红利越来越弱化，劳动力取得越来越难的情况下，叉车作为搬运设备应用会越来越普遍，而随着资本的介入，随着社会信用体系越来越完善，随着信用消费习惯的增强，叉车租赁的比例会越来越高。

三、新车、二手叉车的租赁结构比例

国外进口二手叉车大量进入中国市场，成为叉车租赁资产的主渠道。2013年国外有一定规模的二手叉车供应商纷纷进入中国市场，欧洲、日本的二手叉车公司在国内通过代理和直营的模式向中国输入二手叉车，2013年进入中国的二手叉车数量在2500台左右，已经超过一个中型叉车公司。

进口二手叉车的质量和规格都非常适合早期的租赁业务。但是随着市场的规范性，客户对安全性和可靠性的要求会越来越高，特别是高速发展的物流业，无论从服务一体化还是设备专业化角度都需要越来越高速高效的设备来支撑。租赁客户对新叉车的需求比重会越来越高。目前使用的新旧叉车的比例为2∶8，五年以后我们预测会变成6∶4，最终将会形成7∶3的稳定比率。

叉车设备和工程机械一样，实现循环经济是国家的鼓励政策之一，因此叉车的再制造应该是一个趋势，再制造的叉车应该有明显的标识，应用到企业中。

四、叉车后市场是行业转型的焦点

2014年底，中国叉车保有量达到140万台，以租赁、配件、维修、保养、二手车、培训等为特征的叉车后市场已经形成并被行业关注和重视。以平均每台叉车每年带来7500元的服务收入计算，中国叉车后市场存在100亿元的巨大市场，但中国目前的叉车市场还是严重依赖前端的产销环节。

目前中国叉车生产企业100多家，其配套的生产企业千家以上，各类代理服务商万家以上，叉车后市场服务人员估算在数万人。这些企业和人员共同为中国市场中的140万多台叉车提供包括整机销售、配件、维修、培训、租赁、二手车等工作。每年中国叉车将以24万台左右的增速增加，将新增十几万人的叉车驾驶员，新增1万人左右的维修服务人员。

五、叉车服务一体化的进程

物联网、车联网的兴起，叉车车队管理的介入，有效地把叉车设备和租赁资产纳入一个可以远程监控的体系。叉车维修、租赁和资产管理平台、车联网和物联网的技术帮助叉车和设备代理商、服务商和租赁商有效地管理自己的业务流程，提供创新模式的叉车服务，如图 2－3 所示。

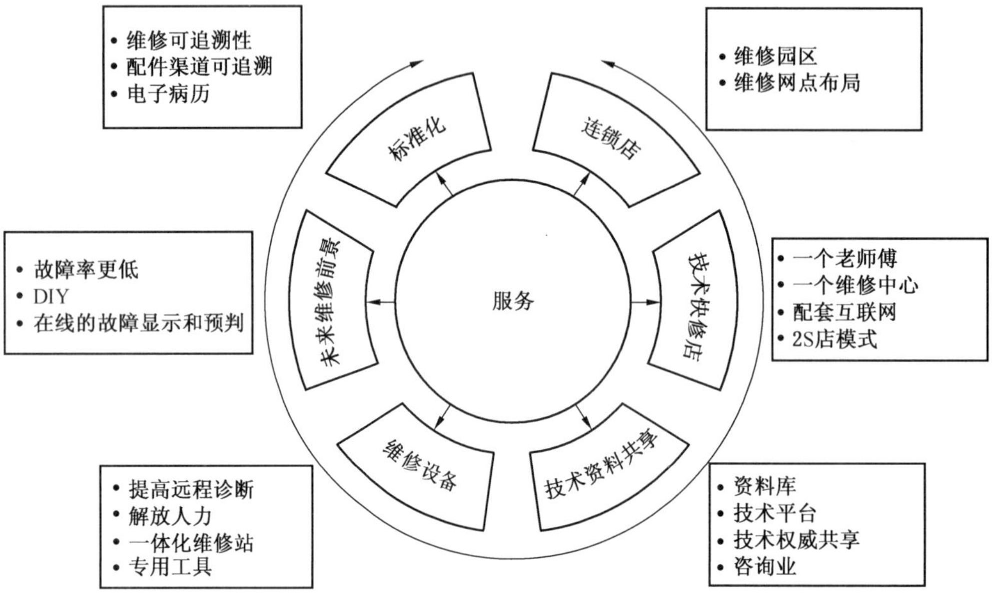

图 2－3　创新模式的叉车服务

中国叉车企业在叉车服务上的创新还没有跟上快速发展的客户的维修租赁需求，与物流行业的城市配送、冷链一体化运输、大车队专线整合、物流园区全国资源整合、货运业务整合平台等模式的迅猛发展相比较，中国叉车后市场企业的连锁集约化经营还没有形成。全国性的叉车租赁和维修企业尚没有形成，针对越来越多的全国性大客户的地域分散需求叉车车队整体服务解决方案还无法形成。

新的互联网思维必将在叉车后市场领域产生影响，这些影响包括：

（1）基于共同需求和共同利益分享的叉车租赁大车队联合体的出现，运用互联网平台叉车共享经济模式的按时租赁的全新收费模式将出现。

（2）基于客户大规模集中采购，分散需求的维修和叉车车队管理的维修服务需求，将带动全国的维修企业借助资本的力量，出现维修企业跨地区的联合体和连锁联盟模式。

（3）叉车配件线上线下需求的集成将成为趋势，传统的配件店铺销售模式将会与共享配件编码的叉车配件电商配合，线上销售和线下服务相配合的新的配件销售平台将产生。

（4）叉车服务的外延将进一步扩大，将完成从叉车销售、叉车租赁、叉车服务的传统模式向提供厂内场内物流的一体化物料搬运服务，真正实现叉车服务的一体化解决方案，满足叉车用户从拥有叉车到按需使用叉车的革命性转化。

六、中国叉车用户购买行为和习惯分析

中国叉车用户的消费习惯、用户构成、购买趋势的调研将对叉车制造商和服务商提供决策依据，特别是防爆、冷链、石材、电商等独特需求行业。技术上分析进口叉车的配置和技术可以作为国内企

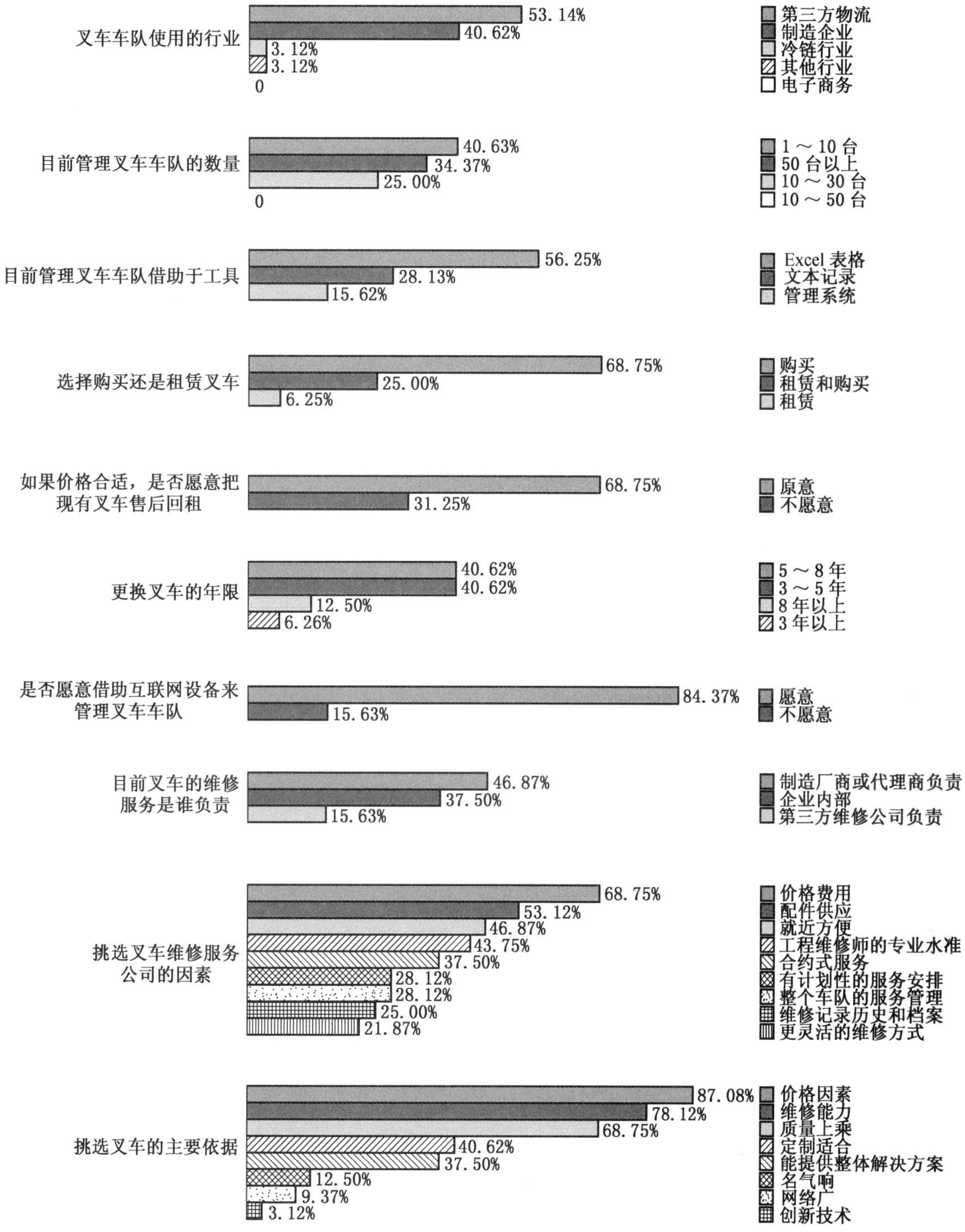

图2－4　2014年我国叉车用户使用情况

业的参照，而中立性的产品市场调查，包括比率、市场占有率等也会对叉车整体决策提供建议。但是目前中国叉车行业尚没有一个面向行业的数据库，因此整个行业的决策还存在一定的局限。2014 年我国叉车用户使用情况如图 2 -4 所示。

（上海欧链供应链管理有限公司　刘世宏）

第三章　统 计 资 料

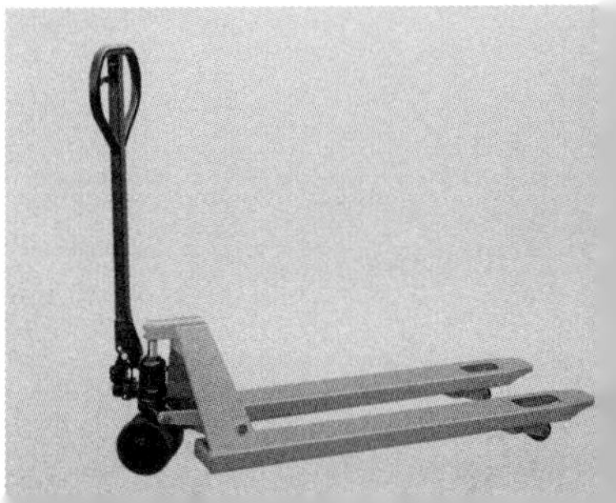

2013 年工业车辆主要产品产销存报表

2013 年工业车辆主要产品产销存报表见表 3－1。

表 3－1 2013 年工业车辆主要产品产销存情况

产品类别		产品组别 代号	产品组别 名称	动力型式 代号	动力型式 型式	起重量（吨）代号	起重量（吨）起重量	生产量（台）境内生产	生产量（台）整机进口	生产量（台）合计	订货量（台）自主品牌 国内	订货量（台）自主品牌 出口	订货量（台）自主品牌 合计	订货量（台）贴牌 国内	订货量（台）贴牌 出口	订货量（台）贴牌 合计	订货量（台）合计	销售量（台）自主品牌 国内	销售量（台）自主品牌 出口	销售量（台）自主品牌 合计	销售量（台）贴牌 国内	销售量（台）贴牌 出口	销售量（台）贴牌 合计	销售量（台）合计	现有库存（台）
1	电动平衡重乘驾式叉车	合计						32612	425	33037	26052	7518	33570	6	112	118	33688	25621	7718	33339	22	114	136	33475	628
		10	站立操纵叉车	E	电动	000	0～1.199	25		25	26		26				26	22		22				22	
						012	1.2～1.499	20		20	21		21				21	17		17				17	
						015	1.5～1.699	11		11	11		11				11	7		7				7	
						017	1.7～1.999	19		19	5		5				5	8		8				8	
						020	≥2.0																		
		20	三支点叉车	E	电动	000	0～1.199	411	29	440	408	7	415				415	406	7	413				413	36
						012	1.2～1.499	187	15	202	133	64	197		1	1	198	124	73	197		1	1	198	3
						015	1.5～1.699	3454	49	3503	2804	832	3636		37	37	3673	2612	858	3470		37	37	3507	17
						017	1.7～1.999	584	54	638	199	292	491		34	34	525	199	343	542		34	34	576	4
						020	≥2.0	308	1	309	119	160	279	6	32	38	317	108	158	266	6	32	38	304	20
		30	四支点叉车（实心软胎）	E	电动	000	0～1.199																		
						012	1.2～1.499																		
						015	1.5～1.699	70		70	31	29	60				60	63	29	92				92	
						017	1.7～1.999	37	64	101	100		100				100	100		100	2		2	102	
						020	2.0～2.499	575	2	577	490	218	708				708	504	188	692				692	
						025	2.5～2.999	116	23	139	117	13	130				130	135	13	148	14		14	162	
						030	3.0～3.499	125		125	119	18	137				137	135	18	153				153	
						035	3.5～3.999	29		29	9	1	10				10	9	1	10				10	
						040	4.0～4.999	8		8	7		7				7	4		4				4	
						050	≥5.0	22		22	21		21				21	28		28				28	
		40	四支点叉车（充气胎、实心胎和除实心软胎以外的其他轮胎）	E	电动	000	0～1.199	245		245	246	25	271				271	259	28	287				287	39
						012	1.2～1.499	1		1	2		2				2	3		3				3	1
						015	1.5～1.699	8138	2	8140	6473	1571	8044				8044	6537	1595	8132				8132	104
						017	1.7～1.999	1257	34	1291	837	452	1289		1	1	1290	908	443	1351		3	3	1354	35
						020	2.0～2.499	6799	9	6808	6040	1014	7054		1	1	7055	5809	1034	6843		1	1	6844	98
						025	2.5～2.999	4933	45	4978	3046	1976	5022		4	4	5026	2980	2127	5107		4	4	5111	93
						030	3.0～3.499	4126	78	4204	3842	587	4429		2	2	4431	3791	551	4342		2	2	4344	102
						035	3.5～3.999	574	3	577	455	125	580				580	432	118	550				550	38
						040	4.0～4.999	280	7	287	272	59	331				331	222	60	282				282	13
						050	≥5.0	258	10	268	219	75	294				294	199	74	273				273	25

表 3－1（续）

产品类别		产品组别		动力型式		起重量（吨）		生产量（台）			订货量（台）							销售量（台）							现有库存（台）
		代号	名称	代号	型式	代号	起重量	境内生产	整机进口	合计	自主品牌			贴　牌			合计	自主品牌			贴　牌			合计	
											国内	出口	合计	国内	出口	合计		国内	出口	合计	国内	出口	合计		
2	电动乘驾式仓储车辆	合　计						9598	539	10137	5847	4244	10091	21	326	347	10438	5480	4233	9713	21	362	383	10096	197
		10	低起升托盘搬运车和平台搬运车	E	电动	000	≤2.0	3680	2	3682	952	2442	3394	20	326	346	3740	946	2414	3360	20	362	382	3742	44
						021	＞2.0	208		208	196	30	226				226	181	30	211				211	16
		20	高起升堆垛车	E	电动	000	0～1.199	39		39	11	26	37				37	9	26	35				35	8
						012	1.2～1.499	690		690	39	682	721				721	29	681	710				710	13
						015	1.5～1.999	183	3	186	144	56	200				200	136	56	192				192	13
						020	≥2.0	4		4	16		16				16	16		16				16	
		30	货叉前移式叉车	E	电动	000	0～1.199																		
						012	1.2～1.499	75		75	70	1	71				71	61	1	62				62	
						015	1.5～1.999	53		53	49	3	52				52	54	3	57				57	
						020	≥2.0	22		22	22	1	23				23	27	1	28				28	
		35	门架前移式叉车	E	电动	000	0～1.199	114	10	124	125	10	135				135	97	13	110				110	4
						012	1.2～1.499	1029	227	1256	1237	83	1320				1320	1105	75	1180				1180	12
						015	1.5～1.999	2254	155	2409	1994	468	2462				2462	1881	465	2346				2346	63
						020	≥2.0	816	34	850	654	227	881	1		1	882	631	253	884	1		1	885	24
		40	高起升拣选车	E	电动			336	42	378	180	215	395				395	143	215	358				358	
		45	侧向堆垛车（操作台可起升）	E	电动	000	≤1.25	32	18	50	29		29				29	42		42				42	
						013	＞1.25	45	43	88	101		101				101	91		91				91	
		47	侧向堆垛车（操作台在下面）	E	电动	000	≤1.0	10	4	14	16		16				16	17		17				17	
						011	1.0～1.25	1		1	4		4				4	1		1				1	
						013	＞1.25	6	1	7	7		7				7	12		12				12	
		50	侧面式和多向叉车	E	电动	000	0～1.199																		
						012	1.2～1.499																		
						015	1.5～1.999																		
						020	≥2.0	1		1	1		1				1	1		1				1	

表3-1（续）

产品类别	产品组别		动力型式		起重量（吨）		生产量（台）			订货量（台）							销售量（台）							现有库存（台）
										自主品牌			贴牌				自主品牌			贴牌				
	代号	名称	代号	型式	代号	起重量	境内生产	整机进口	合计	国内	出口	合计	国内	出口	合计	合计	国内	出口	合计	国内	出口	合计	合计	
3 电动步行式仓储车辆	合计						45696	919	46615	24777	21833	46610	93	343	436	47046	24124	21766	45890	95	300	395	46285	775
	10	低起升托盘搬运车和平台搬运车	E	电动	000	≤1.6	5390	72	5462	1398	4061	5459		12	12	5471	1355	4059	5414	2	12	14	5428	2
					017	1.6～2.0	5788	83	5871	3164	2673	5837	11	241	252	6089	2973	2637	5610	11	205	216	5826	116
					021	>2.0	561	23	584	454	158	612	9		9	621	447	161	608	9		9	617	-1
	15	低起升驾驶式平台托盘搬运车	E	电动	000	≤1.6	87		87	109	41	150	28		28	178	117	40	157	28		28	185	
					017	1.6～2.0	3155		3155	2802	383	3185	2	6	8	3193	2621	369	2990	2	5	7	2997	5
					021	>2.0	335	11	346	284	69	353	1	9	10	363	358	68	426	1	9	10	436	
	17	低起升乘驾/步行式托盘搬运车	E	电动	000	≤1.6	3045		3045	853	2229	3082				3082	878	2229	3107				3107	
					017	1.6～2.0	1720	40	1760	521	1222	1743	10		10	1753	502	1222	1724	10		10	1734	
					021	>2.0	330	44	374	129	241	370	1		1	371	102	241	343	1		1	344	
	20	高起升堆垛车	E	电动	000	0～1.199	5366	4	5370	1402	3912	5314	11	44	55	5369	1403	3912	5315	11	44	55	5370	7
					012	1.2～1.499	10639	91	10730	7807	2902	10709		1	1	10710	7689	2901	10590		1	1	10591	620
					015	≥1.5	4812	81	4893	2280	2592	4872	12	15	27	4899	2244	2565	4809	12	15	27	4836	21
	25	高起升驾驶式平台堆垛车	E	电动	000	0～1.199	15		15	9	6	15				15	8	6	14				14	
					012	1.2～1.499	451	70	521	422	117	539		1	1	540	436	116	552		1	1	553	
					015	≥1.5	1455	37	1492	712	777	1489	1	4	5	1494	685	789	1474		2	2	1476	
	30	前移式叉车	E	电动	000	0～1.199	1		1	1		1				1	1		1				1	
					012	1.2～1.499	116		116	82	33	115		1	1	116	82	33	115		1	1	116	
					015	≥1.5	610		610	325	277	602		7	7	609	326	277	603		3	3	606	
	40	地面拣选车	E	电动			51	118	169	199		199				199	130		130				130	
	50	平衡重式叉车	E	电动			636		636	525	89	614	1		1	615	541	89	630	1		1	631	3
	60	牵引车	E	电动			1133	245	1378	1299	51	1350	6	2	8	1358	1226	52	1278	7	2	9	1287	2

表3-1（续）

产品类别	产品类别	产品组别 代号	产品组别 名称	动力型式 代号	动力型式 型式	起重量（吨） 代号	起重量（吨） 起重量	生产量（台） 境内生产	生产量（台） 整机进口	生产量（台） 合计	订货量（台） 自主品牌 国内	订货量（台） 自主品牌 出口	订货量（台） 自主品牌 合计	订货量（台） 贴牌 国内	订货量（台） 贴牌 出口	订货量（台） 贴牌 合计	订货量（台） 合计	销售量（台） 自主品牌 国内	销售量（台） 自主品牌 出口	销售量（台） 自主品牌 合计	销售量（台） 贴牌 国内	销售量（台） 贴牌 出口	销售量（台） 贴牌 合计	销售量（台） 合计	现有库存（台）
4+5	内燃平衡重式叉车（实心软胎、充气胎、实心胎和除实心软胎以外的其他轮胎）	合计						243708	356	244064	189962	54121	244083	1	3324	3325	247408	186992	52830	239822	1	3325	3326	243148	7768
		10	标准叉车	1	汽油机	000	0～1.199	2		2		3	3				3		3	3				3	
						012	1.2～1.499	46		46		2	2				2		10	10				10	1
						015	1.5～1.699	472	5	477	45	537	582				582	77	510	587				587	8
						017	1.7～1.999	487	1	488	2	621	623				623	2	614	616				616	4
						020	2.0～2.499	296		296	115	220	335				335	82	285	367				367	8
						025	2.5～2.999	2318	37	2355	106	2679	2785				2785	90	2634	2724				2724	34
						030	3.0～3.499	1792	25	1817	1318	1462	2780				2780	1012	1493	2505				2505	14
						035	3.5～3.999	479	1	480	25	515	540				540	24	514	538				538	6
						040	4.0～4.999	32	2	34	5	40	45				45	3	29	32				32	2
						050	5.0～6.999	43		43	27	34	61				61	25	21	46				46	
						070	≥7.0	3		3		2	2				2		2	2				2	
				2	柴油机	000	0～1.199	99		99	89	8	97				97	89	8	97				97	6
						012	1.2～1.499	30		30	38		38				38	37		37				37	
						015	1.5～1.699	2476	2	2478	1052	1493	2545		82	82	2627	1047	1412	2459		82	82	2541	76
						017	1.7～1.999	1217	5	1222	381	791	1172		113	113	1285	349	763	1112		113	113	1225	20
						020	2.0～2.499	6226	23	6249	5422	1070	6492		12	12	6504	5281	1100	6381		12	12	6393	174
						025	2.5～2.999	12166	48	12214	3356	8575	11931		788	788	12719	3034	8378	11412		788	788	12200	287
						030	3.0～3.499	138474	164	138638	117255	18296	135551		591	591	136142	115823	17981	133804		592	592	134396	4791
						035	3.5～3.999	41193	15	41208	39209	4487	43696		265	265	43961	38704	4375	43079		265	265	43344	1109
						040	4.0～4.999	8156	4	8160	7354	1166	8520				8520	7272	1027	8299				8299	195
						050	5.0～6.999	8787	6	8793	7140	2352	9492				9492	6932	2139	9071				9071	324
						070	7.0～9.999	5421	7	5428	4461	1334	5795				5795	4532	1207	5739				5739	290
						100	10.0～11.999	1663	1	1664	1169	517	1686				1686	1160	517	1677				1677	43
						120	12.0～14.999	155	7	162	120	47	167	1		1	168	130	48	178	1		1	179	17
						150	15.0～16.999	153	3	156	62	88	150				150	68	120	188				188	5
						170	17.0～24.999	13		13	10	8	18				18	9	6	15				15	11
						250	25.0～31.999	41		41	18	58	76				76	19	57	76				76	3
						320	32.0～41.999	8		8	8	3	11				11	6	3	9				9	1
						420	≥42.0	10		10	7	7	14				14	3	7	10				10	3

表3-1（续）

产品类别		产品组别		动力型式		起重量（吨）		生产量（台）			订货量（台）							销售量（台）							现有库存（台）
		代号	名称	代号	型式	代号	起重量	境内生产	整机进口	合计	自主品牌			贴牌			合计	自主品牌			贴牌			合计	
											国内	出口	合计	国内	出口	合计		国内	出口	合计	国内	出口	合计		
4+5	内燃平衡重式叉车（实心软胎、充气胎、实心胎和除实心软胎以外的其他轮胎）	10	标准叉车	3	LPG/Gas	000	0～1.199	9		9	9		9				9	4		4				4	6
						012	1.2～1.499																		
						015	1.5～1.699	569		569	23	457	480		63	63	543	18	400	418		63	63	481	13
						017	1.7～1.999	832		832	40	610	650		158	158	808	36	551	587		158	158	745	18
						020	2.0～2.499	791		791	65	521	586		23	23	609	71	560	631		23	23	654	9
						025	2.5～2.999	4967		4967	152	3494	3646		944	944	4590	155	3486	3641		944	944	4585	137
						030	3.0～3.499	2425		2425	257	1483	1740		233	233	1973	272	1496	1768		233	233	2001	107
						035	3.5～3.999	794		794	14	654	668		52	52	720	20	602	622		52	52	674	19
						040	4.0～4.999	169		169	27	181	208				208	27	154	181				181	5
						050	5.0～6.999	232		232	31	179	210				210	31	182	213				213	5
						070	≥7.0	66		66	5	55	60				60	7	54	61				61	2
		20	空箱叉车					249		249	224	20	244				244	223	27	250				250	4
		22	重箱叉车																						
		25	空箱正面吊																						
		27	重箱正面吊					218		218	195	29	224				224	194	30	224				224	3
		28	多式正面吊																						
		30	侧面式叉车					129		129	126	23	149				149	124	25	149				149	8
6	牵引车	合计						1269		1269	1219	81	1300		1	1	1301	1121	78	1199		1	1	1200	39
		10	牵引车	E	电动			492		492	453	23	476				476	441	23	464				464	15
				1	汽油机			1		1	5		5				5	3		3				3	
				2	柴油机			776		776	761	58	819		1	1	820	677	55	732		1	1	733	24
				3	LPG/Gas																				
7	越野叉车	合计						17		17	14	3	17				17	14	3	17				17	
		10	门架式叉车	2	柴油机	000	0～2.499																		
						025	2.5～2.999																		
						030	3.0～3.999																		
						040	≥4.0																		
		20	伸缩臂叉车	2	柴油机	000	0～2.499	17		17	14	3	17				17	14	3	17				17	
						025	2.5～2.999																		
						030	3.0～3.999																		
						040	≥4.0																		

表 3-1（续）

产品类别		产品组别		动力型式		起重量（吨）		生产量（台）			订货量（台）							销售量（台）							现有库存（台）
		代号	名称	代号	型式	代号	起重量	境内生产	整机进口	合计	自主品牌			贴牌			合计	自主品牌			贴牌			合计	
											国内	出口	合计	国内	出口	合计		国内	出口	合计	国内	出口	合计		
8	手动和半动力车辆	合计						1371104	2076	1373180	314101	931421	1245522	9690	124941	134631	1380153	314099	931421	1245520	9692	124941	134633	1380153	2997
		10	手动托盘搬运车			000	0～1.199	42613		42613	5337	35170	40507	8	2426	2434	42941	5337	35170	40507	8	2426	2434	42941	18
						012	1.2～1.499	1090		1090		1082	1082		8	8	1090		1082	1082		8	8	1090	
						015	1.5～1.699	48871		48871	30893	18979	49872		1455	1455	51327	30893	18979	49872		1455	1455	51327	95
						017	1.7～1.999	414		414		410	410	4	4	8	418		410	410	4	4	8	418	
						020	2.0～2.499	228757		228757	61295	160853	222148	786	7198	7984	230132	61295	160853	222148	786	7198	7984	230132	1307
						025	2.5～2.999	866862	2076	868938	131464	625802	757266	2295	109265	111560	868826	131464	625802	757266	2295	109265	111560	868826	1011
						030	≥3.0	146953		146953	76019	63307	139326	6553	3422	9975	149301	76017	63307	139324	6555	3422	9977	149301	461
		20	半动力托盘搬运车			000	0～1.199	484		484	132	352	484	2		2	486	132	352	484	2		2	486	
						012	1.2～1.499																		
						015	1.5～1.699																		
						017	1.7～1.999																		
						020	2.0～2.499	356		356	370		370				370	370		370				370	17
						025	2.5～2.999																		
						030	≥3.0																		
		30	手动托盘堆垛车（插腿式叉车）			000	0～1.199	24138		24138	2102	21018	23120	2	1163	1165	24285	2102	21018	23120	2	1163	1165	24285	22
						012	1.2～1.499																		
						015	1.5～1.699	3726		3726	1768	2124	3892				3892	1768	2124	3892				3892	18
						017	1.7～1.999																		
						020	2.0～2.499	1237		1237	793	553	1346	6		6	1352	793	553	1346	6		6	1352	16
						025	2.5～2.999																		
						030	≥3.0																		
		40	半动力托盘堆垛车（插腿式叉车）			000	0～1.199	3800		3800	2007	1771	3778	33		33	3811	2007	1771	3778	33		33	3811	14
						012	1.2～1.499	89		89	88		88				88	88		88				88	1
						015	1.5～1.699	936		936	899		899	1		1	900	899		899	1		1	900	9
						017	1.7～1.999	22		22	22		22				22	22		22				22	
						020	2.0～2.499	756		756	912		912				912	912		912				912	8
						025	2.5～2.999																		
						030	≥3.0																		

表 3-1（续）

产品类别		产品组别代号	产品组别名称	动力型式代号	动力型式型式	起重量（吨）代号	起重量（吨）起重量	生产量（台）境内生产	生产量（台）整机进口	生产量（台）合计	订货量（台）自主品牌国内	订货量（台）自主品牌出口	订货量（台）自主品牌合计	订货量（台）贴牌国内	订货量（台）贴牌出口	订货量（台）贴牌合计	订货量（台）合计	销售量（台）自主品牌国内	销售量（台）自主品牌出口	销售量（台）自主品牌合计	销售量（台）贴牌国内	销售量（台）贴牌出口	销售量（台）贴牌合计	销售量（台）合计	现有库存（台）
9	固定平台搬运车	合计						316		316	272	15	287				287	289	15	304		16	16	320	3
		10	固定平台搬运车	E	电动	000	0～1.199	56		56	41	15	56				56	41	15	56				56	
						012	1.2～1.499	22		22	22		22				22	22		22				22	
						015	1.5～1.699	22		22	22		22				22	22		22				22	
						017	1.7～1.999	22		22	22		22				22	22		22				22	
						020	2.0～2.499																		
						025	2.5～2.999																		
						030	≥3.0																		
				1	汽油机	000	0～1.199																		
						012	1.2～1.499																		
						015	1.5～1.699																		
						017	1.7～1.999																		
						020	2.0～2.499																		
						025	2.5～2.999																		
						030	≥3.0																		
				2	柴油机	000	0～1.199																		
						012	1.2～1.499																		
						015	1.5～1.699	12		12	6		6				6	14		14				14	
						017	1.7～1.999	2		2								14		14		2	2	16	
						020	2.0～2.499	6		6	6		6				6	12		12				12	
						025	2.5～2.999	20		20	2		2				2	2		2		14	14	16	
						030	≥3.0	137		137	134		134				134	123		123				123	
		20	旅游车					17		17	17		17				17	17		17				17	3
机动工业车辆（1～5类合计）								331614	2239	333853	246638	87716	334354	121	4105	4226	338580	242217	86547	328764	139	4101	4240	333004	9368

2013 年机动工业车辆出口订货量、发货量数据

2013 年机动工业车辆出口订货量、发货量数据见表 3－2。

表 3－2　2013 年机动工业车辆出口订货量、发货量

销往国家和地区		订货量（台）					销售量（台）				
国家和地区名称	代号	class1	class2	class3	class4＋5	合计	class1	class2	class3	class4＋5	合计
合计		7518	4244	21833	54121	87716	7718	4233	21766	52830	86547
欧洲	2001										
阿尔巴尼亚	008	7		1	30	38	7		1	26	34
安道尔共和国	020										
阿塞拜疆	031	8			70	78	6			81	87
奥地利	040	3		15	64	82	3		15	47	65
亚美尼亚	051	5			5	10	5			5	10
比利时	056	91	283	473	358	1205	90	274	482	352	1198
波斯尼亚和黑塞哥维那	070				15	15				15	15
保加利亚	100	12		55	145	212	12		54	151	217
白俄罗斯	112	53	5	105	302	465	53	5	105	286	449
克罗地亚	191	3			25	28	3			23	26
捷克	203	30	80	161	204	475	29	77	161	187	454
丹麦	208	31	4	131	95	261	29	4	131	87	251
爱沙尼亚	233	5	6	8	41	60	5	6	8	50	69
法罗群岛	234										
芬兰	246	12	32	178	87	309	12	30	178	104	324
法国	249	269	177	868	1120	2434	267	177	868	1027	2339
格鲁吉亚	268	3		3	30	36	3		3	40	46
德国	276	130	4	3021	921	4076	131	5	3023	925	4084
直布罗陀	292										
希腊	300	17	3	6	74	100	15	3	6	79	103
梵蒂冈	336										
匈牙利	348	47		21	315	383	52		21	221	294
冰岛	352			18		18			18		18
爱尔兰	372	12	1	16	133	162	12	1	16	76	105
意大利	380	106	4	245	416	771	108	4	241	278	631
哈萨克斯坦	398	35	2	12	385	434	36	3	14	372	425
吉尔吉斯斯坦	417			1	2	3			1	2	3
拉脱维亚	428	3		48	34	85	3		48	31	82
列支敦士登	438		2	4		6		2	4		6

表3-2（续）

销往国家和地区		订货量（台）					销售量（台）				
国家和地区名称	代号	class1	class2	class3	class4+5	合计	class1	class2	class3	class4+5	合计
立陶宛	440	4		2	18	24	4		2	18	24
卢森堡	442										
马耳他	470	1			2	3	1			2	3
摩纳哥	492										
摩尔多瓦	498	1			7	8	1			7	8
黑山/门的内哥罗	499		4		4	8		4		4	8
荷兰	528	88	3	93	662	846	89	3	93	361	546
挪威	578	30		56	132	218	28		56	127	211
波兰	616	82	99	615	939	1735	81	99	615	950	1745
葡萄牙	620	52	4	126	102	284	41	5	127	89	262
罗马尼亚	642	2		8	160	170	1		8	165	174
俄罗斯	643	657	42	947	5792	7438	614	46	965	5629	7254
圣马力诺	674										
塞尔维亚	688	1		1	23	25	1		1	23	25
斯洛伐克	703	10			39	49	10			39	49
斯洛文尼亚	705	5	70	16	16	107	5	69	16	15	105
西班牙	724	26	1	235	100	362	25	1	232	111	369
扬马延岛	744										
瑞典	752	1	86	545	17	649	1	86	545	10	642
瑞士	756	37	48	259	299	643	45	46	259	298	648
塔吉克斯坦	762				7	7				8	8
土库曼斯坦	795	7			22	29	7			22	29
乌克兰	804	48	9	83	325	465	48	9	82	303	442
马其顿	807			1	2	3			1	2	3
英国	826	99	6	241	1629	1975	103	6	241	1355	1705
乌兹别克斯坦	860	13		4	85	102	12		4	86	102
南斯拉夫	891										
科索沃	899										
美洲	2002										
南极洲	010										
安提瓜及巴布达	028										
阿根廷	032	198	27	482	2792	3499	200	27	482	2873	3582
巴哈马群岛	044						2			14	16
巴巴多斯岛	052				1	1				1	1
百慕大群岛	060										
玻利维亚	068			2	59	61			2	59	61

表3-2（续）

销往国家和地区		订货量（台）					销售量（台）				
国家和地区名称	代号	class1	class2	class3	class4+5	合计	class1	class2	class3	class4+5	合计
布维岛	074										
巴西	076	450	44	462	3582	4538	413	44	465	3805	4727
伯利兹	084										
英属维尔京群岛	092			5		5			5		5
加拿大	124	71	49	195	289	604	70	49	195	299	613
开曼群岛	136										
智利	152	82	144	136	1567	1929	94	147	136	1577	1954
哥伦比亚	170	13	3	104	200	320	9	3	104	166	282
哥斯达黎加	188	9	4	19	65	97	10	4	19	66	99
古巴	192	26	1		161	188	26	1		152	179
多米尼加联邦	212	1		1	6	8	1		1	6	8
多米尼加共和国	214				1	1				1	1
厄瓜多尔	218	23	4	26	146	199	21	4	25	146	196
萨尔瓦多	222	1	1	3	23	28	1	1	3	23	28
马尔维纳斯群岛	238										
圣乔治/圣威奇	239										
法属圭亚那	254				11	11				9	9
法属南部领土	260										
格陵兰	304										
格林纳达	308										
瓜德罗普岛	312									1	1
危地马拉	320	3	75	8	34	120	2	72	8	27	109
圭亚那	328				16	16				16	16
海地	332				15	15				13	13
洪都拉斯	340	1	12		16	29	1	12		23	36
牙买加	388				26	26				26	26
马提尼克岛	474				5	5				5	5
墨西哥	484	31	8	86	473	598	29	8	82	462	581
蒙特塞拉岛	500										
荷属安得列斯群岛	530										
阿鲁巴岛	533				2	2				2	2
尼加拉瓜	558			1	3	4			1	3	4
巴拿马	591	34	6	83	178	301	36	6	88	190	320
巴拉圭	600	1	1	18	81	101	1	1	18	111	131
秘鲁	604	23	15	103	331	472	23	15	107	317	462
波多黎各岛	630	3		10	1	14	3		10	1	14

表3-2（续）

销往国家和地区		订货量（台）					销售量（台）				
国家和地区名称	代号	class1	class2	class3	class4+5	合计	class1	class2	class3	class4+5	合计
圣克里斯托弗和尼维斯联邦	659										
安圭拉	660										
圣卢西亚岛	662										
圣皮埃尔岛及密克隆岛	666										
圣文森特和格林纳丁斯	670										
苏里南	740	12			20	32	12			53	65
特立尼达和多巴哥	780		1		10	11				8	8
凯科斯群岛	796										
美国	840	279	1658	6122	1918	9977	269	1655	6125	1934	9983
美属维尔京群岛	850										
乌拉圭	858	35	32	56	343	466	37	31	56	343	467
委内瑞拉	862	7	8	31	396	442	7	8	31	379	425
亚洲	2003										
阿富汗	004										
巴林	048	11		2	72	85	14		2	62	78
孟加拉国	050	6		8	89	103	6		8	78	92
不丹	064										
文莱	096	8	1	8	30	47	8	1	8	32	49
缅甸	104	4	4		127	135	4	4		118	126
柬埔寨	116	9	2		63	74	11	5		62	78
斯里兰卡	144	4	2	5	80	91	4	2	4	68	78
中国	156										
中国台湾	158	105	19	136	289	549	118	23	74	263	478
塞浦路斯	196	5	3	5	6	19	5	3	4	6	18
中国香港	344	103	43	333	103	582	99	44	334	110	587
印度	356	327	23	280	869	1499	328	25	280	807	1440
印尼	360	436	157	452	2237	3282	471	139	449	2175	3234
伊朗	364	45		58	375	478	44		58	352	454
伊拉克	368	10	2	11	682	705	3	2	11	685	701
以色列	376	67	2	150	281	500	67	2	150	257	476
日本	392	54	11	360	6	431	59	11	360	4	434
约旦	400	14			23	37	14			55	69
韩国	410	183	16	401	135	735	174	16	401	108	699
朝鲜	408	44			6	50	56			7	63
科威特	414	6	1	12	122	141	2	1	12	116	131
老挝	418	1			10	11	1			8	9

表3-2（续）

销往国家和地区		订货量（台）					销售量（台）				
国家和地区名称	代号	class1	class2	class3	class4+5	合计	class1	class2	class3	class4+5	合计
黎巴嫩	422	6		23	118	147	6		23	124	153
中国澳门	446			1		1			1		1
马来西亚	458	249	26	154	1399	1828	264	24	154	1349	1791
马尔代夫	462										
蒙古	496	12	1	16	12	41	12	1	16	15	44
阿曼	512	9	2	1	205	217	6	2	1	201	210
尼泊尔	524				1	1				1	1
巴基斯坦	586	19	1	12	88	120	18	1	11	87	117
菲律宾	608	99	11	37	474	621	89	11	37	415	552
东帝汶	626				3	3				3	3
卡塔尔	634	18		29	154	201	17		29	165	211
沙特阿拉伯	682	145	33	88	2204	2470	144	33	88	2234	2499
新加坡	702	304	176	340	671	1491	334	171	290	637	1432
越南	704	114	127	52	519	812	124	123	52	473	772
叙利亚阿拉伯共和国	760	2			17	19	1			16	17
泰国	764	412	111	494	1485	2502	470	126	524	1553	2673
阿联酋	784	87		132	589	808	78		131	581	790
土耳其	792	246	6	707	2524	3483	254	6	697	2462	3419
也门	887	8			61	69	8			67	75
非洲	2004										
阿尔及利亚	012	84	12	41	2236	2373	75	12	41	2329	2457
安哥拉	024	4	5	19	205	233	4	5	19	184	212
博茨瓦纳	072	1			7	8	1			7	8
英属印度洋领地	086				1	1				1	1
布隆迪	108				2	2				2	2
喀麦隆	120	15	1		24	40	15	1		25	41
佛得角	132										
中非共和国	140										
乍得	148	2			2	4	2			2	4
科摩罗群岛	174										
马约特岛	175										
刚果共和国	178	2			87	89				77	77
刚果民主共和国	180	4			43	47	4			43	47
贝宁	204										
赤道几内亚	226				6	6				6	6
埃塞俄比亚	231	4			18	22	3			19	22

表3-2（续）

销往国家和地区		订 货 量（台）					销 售 量（台）				
国家和地区名称	代号	class1	class2	class3	class4 +5	合计	class1	class2	class3	class4+5	合计
厄立特里亚	232	5				5	5				5
吉布提	262				10	10				9	9
加蓬	266	10	3	6	110	129	10	3	6	110	129
冈比亚	270										
加纳	288	4		15	109	128	1		15	115	131
几内亚	324				12	12				12	12
科特迪瓦	384	4		1	67	72	4	1	1	96	102
肯尼亚	404	17	1	15	113	146	17	1	15	106	139
莱索托	426			2	2	4			2	2	4
利比里亚	430				10	10				10	10
利比亚	434	1		12	313	326	1		12	235	248
马达加斯加	450			9	26	35			9	24	33
马拉维	454				39	39				39	39
马里	466				18	18				16	16
毛里塔尼亚	478	2			7	9	2			9	11
毛里求斯	480	6	7	17	39	69	6	7	17	39	69
摩洛哥	504	61		7	96	164	68		7	91	166
莫桑比克	508	2			57	59	2			57	59
纳米比亚	516			1	19	20			1	19	20
尼日尔	562				1	1				1	1
尼日利亚	566	30	6	17	291	344	34	6	17	281	338
几内亚比绍	624										
留尼汪	638	14		12	13	39	20		12	14	46
卢旺达	646				1	1					
圣赫勒拿	654										
圣多美及普林西比	678										
塞内加尔	686		9		2	11		9		5	14
塞舌尔	690										
塞拉利昂	694										
索马里	706										
南非	710	213	92	114	1880	2299	275	76	112	1814	2277
津巴布韦	716	1	1		11	13	1	1		11	13
西撒哈拉	732										
苏丹	736	3			38	41	3			33	36
斯威士兰	748				4	4				4	4
多哥	768	1		5	11	17			5	11	16

表 3-2（续）

销往国家和地区		订货量（台）					销售量（台）				
国家和地区名称	代号	class1	class2	class3	class4+5	合计	class1	class2	class3	class4+5	合计
突尼斯	788	37		59	538	634	37		59	590	686
乌干达	800				7	7				7	7
埃及	818	7		5	214	226	7		5	187	199
坦桑尼亚	834	9		2	79	90	9		2	76	87
布基纳法索	854				2	2				2	2
赞比亚	894	5			66	71	2			63	65
大洋洲	2005										
美属萨摩亚	016										
澳大利亚	036	380	83	432	2662	3557	450	108	432	2545	3535
所罗门岛	090				6	6				8	8
圣诞岛	162										
科科斯岛	166										
库克岛	184										
斐济	242	2	1		17	20	2	1		17	20
法属玻利尼西亚	258										
基里巴斯	296										
关岛	316										
赫德岛和麦克唐纳群岛	334										
瑙鲁	520										
新喀里多尼亚	540	1	78	2	25	106	1	76	2	27	106
瓦努阿图	548										
新西兰	554	45	85	154	305	589	58	86	154	391	689
纽埃	570										
诺福克岛	574										
北马里亚纳岛	580										
美国本土外小岛屿	581				4	4				4	4
密克罗尼西亚联邦	583										
马绍尔群岛	584										
帕劳群岛	585										
巴布亚新几内亚	598	21	12	4	113	150	21	11	4	99	135
皮特凯恩岛	612										
托克劳	772										
汤加	776										
图瓦卢	798										
瓦利斯与富图纳	876										
萨摩亚	882										

2013 年机动工业车辆销售全国流向表

2013 年机动工业车辆销售全国流向见表 3－3。

表 3－3 2013 年机动工业车辆销售全国流向

产品类别		产品组别		动力型式		起重量（吨）		销售量（台）																																		
代号	名称	代号	名称	代号	型式	代号	起重量	辽宁	吉林	黑龙江	北京	天津	河北	山西	内蒙古	山东	江苏	浙江	安徽	福建	江西	上海	广东	广西	海南	湖南	湖北	河南	四川	云南	贵州	西藏	重庆	陕西	甘肃	宁夏	青海	新疆	自主品牌国内合计	自主品牌出口	贴牌	总计
1	电动平衡重乘驾式叉车	合计						864	635	251	1054	633	791	215	205	3012	3507	2086	668	957	367	2512	3299	437	59	349	679	665	537	259	84	18	555	367	155	73	37	291	25621	7718	136	33475
		10	站立操纵叉车	E	电动	000	0～1.199	1								2	7	2			1	6	3																22			22
						012	1.2～1.499				1		2			2	4					3	3							2									17			17
						015	1.5～1.699										2						5																7			7
						017	1.7～1.999				4	2											2																8			8
						020	≥2.0																																			
		20	三支点叉车	E	电动	000	0～1.199	10			16	2	4	5		31	77	44	11	16		56	79			21	4	6		3			11	7			3		406	7		413
						012	1.2～1.499	2			9	7	5			8	17	15	2	4	2	17	28	1				4					2	1					124	73	1	198
						015	1.5～1.699	34	48	5	139	64	46	12	16	171	401	187	47	266	29	382	400	15	10	26	58	27	69	20			94	14	15	2		15	2612	858	37	3507
						017	1.7～1.999			1	8	4	8			22	30	23	4	7	3	22	48			3	2	3	1	1			9						199	343	34	576
						020	≥2.0		3	4		3	7			13	14	24	2	1	1	12	12			2	1	4		1			2					2	108	158	38	304
		30	四支点叉车（实心轮胎）	E	电动	000	0～1.199																																			
						012	1.2～1.499																																			
						015	1.5～1.699				9	2				6	18					5	20					3											63	29		92
						017	1.7～1.999	1			6	3			1	9	21	10	1		1	3	35			1	8												100		2	102
						020	2.0～2.499	23	9	19	28	21	17	1	4	39	42	22	16	22	6	41	83	8		16	13		14	15		3	6	7	5			24	504	188		692
						025	2.5～2.999	10		1		8				6	27	7		10		24	39										3						135	13	14	162
						030	3.0～3.499	2	1	1	8	16	1	1	2	11	33	5	1			16	8	5			13				2			9					135	18		153
						035	3.5～3.999									2	3					1		3															9	1		10
						040	4.0～4.999										2	1									1												4			4
						050	≥5.0	1				4				3	5	1				5	8										1						28			28
		40	四支点叉车（充气轮胎）	E	电动	000	0～1.199	8	7	3	25	5	11	6	2	19	30	29	7	7	5	10	30	2	2	9	8	11	5	7			4	4	2			1	259	28		287
						012	1.2～1.499				1					2																							3			3
						015	1.5～1.699	228	95	82	201	146	211	60	67	787	901	567	261	156	105	665	764	76	17	84	165	256	136	46	24	3	90	156	56	31	9	92	6537	1595		8132
						017	1.7～1.999	44	37	6	15	71	40	7	5	130	89	56	13	14	7	57	151	23		11	12	30	24	5	1		14	16	5	6		19	908	443	3	1354
						020	2.0～2.499	226	186	39	289	150	197	44	46	740	755	421	132	211	113	575	720	120	10	54	189	131	99	49	19	11	101	51	35	8	14	74	5809	1034	1	6844
						025	2.5～2.999	95	37	21	97	50	76	16	14	397	438	327	67	103	29	233	396	45	5	55	80	85	50	28	11		135	36	12	5	8	29	2980	2127	4	5111
						030	3.0～3.499	135	201	41	168	63	141	55	42	456	494	311	83	117	56	331	356	102	11	27	103	89	121	76	24	1	58	55	18	20	3	33	3791	551	2	4344
						035	3.5～3.999	18	6	11	19	6	16	7	6	51	60	19	12	7	5	31	51	24		23	16	11	11	6	3		5	3	2	1		2	432	118		550
						040	4.0～4.999	5	1	14	4	1	4			77	23	3	2			9	41	11		14		1	4				8						222	60		282
						050	≥5.0	21	4	3	7	5	5	1		28	14	12	7	16	4	8	17	2	4	3	6	4	3				12	8	5				199	74		273

表3－3（续）

产品类别 代号	产品类别 名称	产品组别 代号	产品组别 名称	动力型式 代号	动力型式 型式	起重量（吨） 代号	起重量（吨） 起重量	销售量（台） 辽宁	吉林	黑龙江	北京	天津	河北	山西	内蒙古	山东	江苏	浙江	安徽	福建	江西	上海	广东	广西	海南	湖南	湖北	河南	四川	云南	贵州	西藏	重庆	陕西	甘肃	宁夏	青海	新疆	自主品牌国内合计	自主品牌出口	贴牌	总计
2	电动乘驾式仓储车辆	合计						150	81	35	360	145	119	45	21	338	889	446	134	132	60	781	939	43	1	62	185	89	169	25	16		78	81	27	8	2	19	5480	4233	383	10096
		10	低起升托盘搬运车和平台搬运车	E	电动	000	≤2.0	12	5	4	51	11	22	9	5	73	102	90	28	22	23	65	263	12		14	33	23	22	12	2		20	13	3	3		4	946	2414	382	3742
						021	＞2.0	2	1	1	10	7	9	2		12	24	26	7	3	6	7	38	2		2	10	2	1		7			2					181	30		211
		20	高起升堆垛车	E	电动	000	0～1.199										1	4				4																	9	26		35
						012	1.2～1.499				2					2	2	5	2	2		3	3			2	1	1	1					1		1	1		29	681		710
						015	1.5～1.999	3			3	2	4	1	1	6	19	24	3	5	3	16	20			2	4	1	7	1	1		3	2	2	1		2	136	56		192
						020	≥2.0	1								1		3	1			1					7			1			1						16			16
		30	货叉前移式叉车	E	电动	000	0～1.199																																			
						012	1.2～1.499				6	1					4	14				21	13										1	1					61	1		62
						015	1.5～1.999			1	2					9	7	3		1		20	4				3	2						2					54	3		57
						020	≥2.0		2	4	1	4				2	9	1					3											1					27	1		28
		35	门架前移式叉车	E	电动	000	0～1.199	2	1		1	2	3	1		13	20	10	3		1	19	13	1			3		3				1						97	13		110
						012	1.2～1.499	25	18	1	89	26	16	4	1	51	209	78	10	38	6	238	157	2		6	49	9	32	1			24	8	5			2	1105	75		1180
						015	1.5～1.999	77	40	13	119	39	43	13	8	110	304	129	67	51	15	239	329	13	1	30	43	40	86	5	2		15	30	11	2	1	6	1881	465		2346
						020	≥2.0	15	7	11	49	19	15	15	6	46	134	46	12	8	6	66	78	8		6	15	10	14	4	3		13	17	2	1		5	631	253	1	885
		40	高起升拣选车	E	电动				1		15	9	7			5	26	4		1		57	1				14	1	2										143	215		358
		45	侧向堆垛车（操作台可起升）	E	电动	000	≤1.25	3								4	9	4				10	2	3			2			1					4				42			42
						013	＞1.25	10	6		8	23				4	17	1				9	10	2			1												91			91
		47	侧向堆垛车（操作台在下面）	E	电动	000	≤1.0				3	2					2	3				1	4											2					17			17
						011	1.0～1.25																1																1			1
						013	＞1.25				1								1	1		5							1		1			2					12			12
		50	侧面式和多向叉车	E	电动	000	0～1.199																																			
						012	1.2～1.499																																			
						015	1.5～1.999																																			
						020	≥2.0											1																					1			1

表3-3（续）

产品类别		产品组别		动力型式		起重量（吨）		销售量（台）																																		
代号	名称	代号	名称	代号	型式	代号	起重量	辽宁	吉林	黑龙江	北京	天津	河北	山西	内蒙古	山东	江苏	浙江	安徽	福建	江西	上海	广东	广西	海南	湖南	湖北	河南	四川	云南	贵州	西藏	重庆	陕西	甘肃	宁夏	青海	新疆	自主品牌国内合计	自主品牌出口	贴牌	总计
3	电动步行式仓储车辆	合计						565	457	190	743	472	526	160	134	1661	3553	3431	887	957	358	2787	3895	255	55	302	579	523	398	177	87	10	361	296	87	43	26	149	24124	21766	395	46285
		10	低起升托盘搬运车和平台搬运车	E	电动	000	≤1.6	43	9	3	20	17	11	3	3	91	217	230	44	42	7	155	363	4	2	9	14	14	21	8	6		12	6	1				1355	4059	14	5428
						017	1.6～2.0	55	39	10	69	37	34	6	21	158	451	531	60	125	18	493	533	36	11	30	73	59	27	4	3		43	29	5	2		11	2973	2637	216	5826
						021	＞2.0	7	5		6	5	6	2	4	17	42	80	61	25	9	28	82	11	1	2	14	12	4	3	11		3	5				2	447	161	9	617
		15	低起升驾驶式平台托盘搬运车	E	电动	000	≤1.6	4	7				7			10	30	11		10		25	4						2	6			1						117	40	28	185
						017	1.6～2.0	36	43	11	138	37	32	3	19	194	511	159	93	138	45	431	302	20	1	28	104	72	71	26	2		53	36	11			5	2621	369	7	2997
						021	＞2.0	4				2	10			24	65	25	26	6	1	43	133			1	3	11		3	1								358	68	10	436
		17	低起升乘驾/步行式托盘搬运车	E	电动	000	≤1.6	8		3	40	8	2			49	90	213	33	49	6	125	229										23						878	2229		3107
						017	1.6～2.0	10			11	7				15	71	100	26	23	1	91	137	1					1				8						502	1222	10	1734
						021	＞2.0	2					1			6	20	8				24	40				1												102	241	1	344
		20	高起升堆垛车	E	电动	000	0～1.199	21	8	5	55	29	33	8		62	254	271	31	44	13	204	262	2		3	8	26	22	9	5		14	9	4	1			1403	3912	55	5370
						012	1.2～1.499	189	69	127	185	207	318	124	70	679	1053	732	376	276	210	552	908	139	29	174	252	290	152	91	36	5	83	151	60	40	23	89	7689	2901	1	10591
						015	≥1.5	53	26	18	27	25	34	2	8	145	368	573	75	86	26	245	304	4	8	13	27	18	43	17	10	5	48	27	4		2	3	2244	2565	27	4836
		25	高起升驾驶式平台堆垛车	E	电动	000	0～1.199									1	1	1				1	2					2											8	6		14
						012	1.2～1.499	9	16		34	10	10	2		14	56	68	9	24	2	62	76	4		13	5	5	3	2	3		3	6					436	116	1	553
						015	≥1.5	9	9	7	38	10	7			43	74	165	11	39	2	78	100	17	2	6	15	5	4	2	7		16	8	2			9	685	789	2	1476
		30	前移式叉车	E	电动	000	0～1.199																							1									1			1
						012	1.2～1.499	7	4	1		4				5	11	14	5	3		9	11				4	1	1				1	1					82	33	1	116
						015	≥1.5	3	4		19	3	7	1	3	23	32	75	7	19	1	40	48	4	1	3	6	4	4				9	5			1	4	326	277	3	606
		40	地面拣选车	E	电动			7			19			5	4	37	9	6	3		1	11	7			6	6		6				2	1					130			130
		50	平衡重式叉车	E	电动			6	20		5	15	6	4	2	47	68	126	4	43	4	54	70			3	11		4	5			8	12				24	541	89	1	631
		60	牵引车	E	电动			92	198	5	77	56	8			41	130	43	23	5	12	116	284	13		11	36	4	33		3		34					2	1226	52	9	1287
4+5	内燃平衡重式叉车（充气轮胎）	合计						5700	2522	2986	4408	4143	11034	3219	2378	21257	21493	14406	6027	7463	4987	7766	20446	4295	1009	4108	5399	8055	4485	3052	1879	242	2286	4014	2046	1332	768	3787	186992	52830	3326	243148
		10	标准叉车	1	汽油机	000	0～1.199																																	3		3
						012	1.2～1.499																																	10		10
						015	1.5～1.699			1	5	2	9	2		2	2	3	1		5	5	38					1										1	77	510		587
						017	1.7～1.999			1							1																						2	614		616
						020	2.0～2.499	2	1	1	3	1	3	2	1	11	8	6	4	1	1	11	17	1		1			1		1		2	2				1	82	285		367
						025	2.5～2.999	5			1		1	1		9	17	9		3		8	29	1		1	3			1								1	90	2634		2724
						030	3.0～3.499	40	10	18	58	32	67	10	34	67	56	76	11	37	17	80	65	18	17	23	21	45	30	27	24		30	17	33	10	5	34	1012	1493		2505

表 3-3（续）

产品类别代号	产品类别名称	产品组别代号	产品组别名称	动力型式代号	动力型式型式	起重量代号	起重量	辽宁	吉林	黑龙江	北京	天津	河北	山西	内蒙古	山东	江苏	浙江	安徽	福建	江西	上海	广东	广西	海南	湖南	湖北	河南	四川	云南	贵州	西藏	重庆	陕西	甘肃	宁夏	青海	新疆	自主品牌国内合计	自主品牌出口	贴牌	总计
4+5	内燃平衡重式叉车（充气轮胎）	10	标准叉车	1	汽油机	035	3.5～3.999	2	5		2	2					6						7																24	514		538
						040	4.0～4.999	1	2																														3	29		32
						050	5.0～6.999						1	2	3	1	2			1	2	6	5					1	1										25	21		46
						070	≥7.0																																	2		2
				2	柴油机	000	0～1.199	2	1	1		1	5			11	8	10	4	1	1	1	14	1		1	1	7		3	6	2		6	2				89	8		97
						012	1.2～1.499						2			8		2	2			2	1				7	11	1					1					37			37
						015	1.5～1.699	15	9	7	32	18	44	23	11	106	159	161	36	14	28	98	108	11	3	11	19	46	18	8	9		15	9	4	2	2	21	1047	1412	82	2541
						017	1.7～1.999	5	5	8	12	5	15	7	5	26	35	56	6	21	7	38	44	6		17	3	10	5	1			5	3	1			3	349	763	113	1225
						020	2.0～2.499	173	59	71	210	104	260	61	32	686	774	608	121	120	81	427	572	76	6	83	144	100	91	83	62	1	81	85	27	11	5	67	5281	1100	12	6393
						025	2.5～2.999	73	32	27	126	77	88	48	18	267	548	203	57	77	60	255	594	37	5	53	48	104	47	31	23		18	39	14	8	6	51	3034	8378	788	12200
						030	3.0～3.499	3758	1681	2004	2906	2943	6675	1998	1351	12505	12170	7696	4167	4766	3252	4740	11712	2786	738	2778	3583	4951	2896	2307	1314	200	1486	2849	1292	981	537	2801	115823	17981	592	134396
						035	3.5～3.999	913	463	550	613	564	2719	701	678	4998	5021	3189	876	1496	1001	1154	5205	1006	156	746	936	1893	899	365	278	30	423	612	476	187	100	456	38704	4375	265	43344
						040	4.0～4.999	218	70	80	109	85	291	101	50	871	964	1311	246	336	181	290	715	83	9	150	212	376	125	52	29	4	70	90	46	31	18	59	7272	1027		8299
						050	5.0～6.999	279	81	131	180	135	464	139	112	829	872	528	237	273	172	292	665	120	19	112	181	257	173	74	66	2	71	153	80	68	32	135	6932	2139		9071
						070	7.0～9.999	136	80	61	90	110	297	93	65	475	467	345	178	223	141	157	384	96	45	93	132	194	94	81	57	3	66	110	57	19	59	124	4532	1207		5739
						100	10.0～11.999	30	7	14	39	24	44	27	12	181	164	102	36	29	22	68	95	22	1	19	33	43	31	15	9		16	30	7	13	4	23	1160	517		1677
						120	12.0～14.999	13	1	1	1	7	7		1	29	22	1	3	6		8	10	1		6	2	2	1				1	1	4			2	130	48	1	179
						150	15.0～16.999	9	1	1	3	4	4		2	2	4	4	2	2	4	7	8		1		1		4	1			1	2	1				68	120		188
						170	17.0～24.999	1			1	1			1			1		2				2															9	6		15
						250	25.0～31.999	3				1	1			5	2		1			1	5																19	57		76
						320	32.0～41.999					3				1			1								1												6	3		9
						420	≥42.0										2	1																					3	7		10
				3	LPG/Gas	000	0～1.199																4																4			4
						012	1.2～1.499																																			
						015	1.5～1.699								1	6	2		1			3	2					2										1	18	400	63	481
						017	1.7～1.999									4	2					20	10																36	551	158	745
						020	2.0～2.499	2	3			1	2			14	11	10	4	1		6	7		2	1	3	1	1							2			71	560	23	654
						025	2.5～2.999	1			1	1	2			8	27	7	2	1	1	18	18			4	6	2	55				1						155	3486	944	4585
						030	3.0～3.499	5	3	3	2	2	4	2		34	62	11	7	5	2	17	32	2	7	3	56	3	2	2				2				4	272	1496	233	2001

表 3－3（续）

产品类别		产品组别		动力型式		起重量（吨）		销售量（台）																																		
代号	名称	代号	名称	代号	型式	代号	起重量	辽宁	吉林	黑龙江	北京	天津	河北	山西	内蒙古	山东	江苏	浙江	安徽	福建	江西	上海	广东	广西	海南	湖南	湖北	河南	四川	云南	贵州	西藏	重庆	陕西	甘肃	宁夏	青海	新疆	自主品牌国内合计	自主品牌出口	贴牌	总计
4＋5	内燃平衡重式叉车（充气轮胎）	10	标准叉车	3	LPG/Gas	035	3.5～3.999					1				4	7	1				3	4																20	602	52	674
						040	4.0～4.999			1			2			3	5	2	2			1	9				1	1											27	154		181
						050	5.0～6.999						2			2	3	2	2	1	4	11	3						1										31	182		213
						070	≥7.0			1			2			2						1	1																7	54		61
		20	空箱叉车					7				9	10			45	43	46		22		10	31																223	27		250
		22	重箱叉车																																							
		25	空箱正面吊																																							
		27	重箱正面吊					5	7	1	8	4	7			31	14	8	15	19	1	20	21	24		3			6										194	30		224
		28	多式正面吊																																							
		30	侧面式叉车					2	1	3	6	6	6	2	1	14	13	7	5	6	4	8	11	2		3	6	5	3	1	1			3	2			3	124	25		149
6	牵引车	合计						29	89	2	154	44	12	3	3	55	212	34	53	17	16	166	111	5	4	2	28		19	19			19	13	5			7	1121	78	1	1200
		10	牵引车	E	电动			11	83		33	10	4		3	31	54	10	39	10	13	21	36		4	2	21		9	19			19	9					441	23		464
				1	汽油机																		3																3			3
				2	柴油机			18	6	2	121	34	8	3		24	158	24	14	7	3	145	72	5			7		10					4	5			7	677	55	1	733
				3	LPG/Gas																																					
1类 电动平衡重乘驾式叉车								864	635	251	1054	633	791	215	205	3012	3507	2086	668	957	367	2512	3299	437	59	349	679	665	537	259	84	18	555	367	155	73	37	291	25621	7718	136	33475
2类 电动乘驾式仓储车辆								150	81	35	360	145	119	45	21	338	889	446	134	132	60	781	939	43	1	62	185	89	169	25	16		78	81	27	8	2	19	5480	4233	383	10096
3类 电动步行式仓储车辆								565	457	190	743	472	526	160	134	1661	3553	3431	887	957	358	2787	3895	255	55	302	579	523	398	177	87	10	361	296	87	43	26	149	24124	21766	395	46285
4类 内燃平衡重式叉车（实心轮胎）																																										
5类 内燃平衡重式叉车（充气轮胎）								5700	2522	2986	4408	4143	11034	3219	2378	21257	21493	14406	6027	7463	4987	7766	20446	4295	1009	4108	5399	8055	4485	3052	1879	242	2286	4014	2046	1332	768	3787	186992	52830	3326	243148
1～5类合计								7279	3695	3462	6565	5393	12470	3639	2738	26268	29442	20369	7716	9509	5772	13846	28579	5030	1124	4821	6842	9332	5589	3513	2066	270	3280	4758	2315	1456	833	4246	242217	86547	4240	333004

2014 年机动工业车辆主要产品产销存报表

2014 年机动工业车辆主要产品产销存报表见表 3－4。

表 3－4　2014 年机动工业车辆主要产品产销存情况

产品类别	产品组别		动力型式		起重量（吨）		生产量（台）			订货量（台）							发货量（台）							现有库存（台）
	代号	名称	代号	型式	代号	起重量	境内生产	整机进口	合计	自主品牌			贴牌			合计	自主品牌			贴牌			合计	
										国内	出口	合计	国内	出口	合计		国内	出口	合计	国内	出口	合计		
1 电动平衡重乘驾式叉车	合计						42638	330	42968	34796	8309	43105	25	467	492	43597	33998	8004	42002	3	469	472	42474	731
	10	站立操纵叉车	E	电动	000	0～1.199	530	63	593	23	569	592				592	24	569	593				593	
					012	1.2～1.499	61		61	16	47	63				63	16	46	62				62	
					015	1.5～1.699	9		9	5	8	13				13	5	7	12				12	
					017	1.7～1.999	9		9	7	1	8				8	7	1	8				8	
					020	≥2.0	8		8		2	2				2		2	2				2	
	20	三支点叉车	E	电动	000	0～1.199	713	8	721	690	21	711				711	697	14	711				711	6
					012	1.2～1.499	294	4	298	211	63	274		9	9	283	210	58	268		9	9	277	1
					015	1.5～1.699	3695	17	3712	2770	925	3695		180	180	3875	2711	860	3571		180	180	3751	30
					017	1.7～1.999	521		521	197	257	454		86	86	540	192	226	418		87	87	505	31
					020	≥2.0	406	4	410	157	165	322		80	80	402	152	150	302		80	80	382	24
	30	四支点叉车（实心软胎）	E	电动	000	0～1.199	8		8	3	5	8				8	3	5	8				8	
					012	1.2～1.499																		
					015	1.5～1.699	115		115	76	40	116				116	84	67	151				151	
					017	1.7～1.999	19		19	10	8	18				18	9	6	15				15	
					020	2.0～2.499	1144		1144	1003	311	1314				1314	935	329	1264				1264	
					025	2.5～2.999	143		143	55	93	148				148	55	115	170				170	
					030	3.0～3.499	136		136	100	30	130				130	100	15	115				115	
					035	3.5～3.999	45		45	43		43				43	32		32				32	
					040	4.0～4.999	1		1	2		2				2	6		6				6	
					050	≥5.0	32		32	31		31				31	24		24				24	
	40	四支点叉车（充气胎、实心胎和除实心软胎以外的其他轮胎）	E	电动	000	0～1.199	297		297	328	59	387				387	338	59	397				397	12
					012	1.2～1.499	20		20	15	3	18	6		6	24	15	3	18				18	1
					015	1.5～1.699	8813	7	8820	7529	1205	8734	5		5	8739	7416	1139	8555				8555	122
					017	1.7～1.999	1307	3	1310	930	399	1329		13	13	1342	934	384	1318		13	13	1331	46
					020	2.0～2.499	8959	19	8978	7910	1028	8938	6	12	18	8956	7729	1012	8741		12	12	8753	143
					025	2.5～2.999	7699	43	7742	5590	2160	7750	4	30	34	7784	5352	2006	7358		31	31	7389	141
					030	3.0～3.499	5667	92	5759	5275	655	5930	4	57	61	5991	5124	687	5811		57	57	5868	85
					035	3.5～3.999	1118		1118	1024	117	1141				1141	1112	105	1217				1217	21
					040	4.0～4.999	550	44	594	521	42	563				563	473	42	515				515	54
					050	≥5.0	319	26	345	275	96	371				371	243	97	340	3		3	343	14

表 3-4（续）

产品类别	产品组别		动力型式		起重量（吨）		生产量（台）			订货量（台）							发货量（台）							现有库存（台）
	代号	名称	代号	型式	代号	起重量	境内生产	整机进口	合计	自主品牌			贴 牌			合计	自主品牌			贴 牌			合计	
										国内	出口	合计	国内	出口	合计		国内	出口	合计	国内	出口	合计		
2 电动乘驾式仓储车辆	合 计						5859	260	6119	5255	958	6213	67		67	6280	5214	963	6177	67		67	6244	64
	10	低起升托盘搬运车和平台搬运车	E	电动	000	≤2.0	565	5	570	508	100	608	5		5	613	491	88	579	5		5	584	3
					021	>2.0	88		88	74	22	96				96	78	22	100				100	2
	20	高起升堆垛车	E	电动	000	0～1.199																		
					012	1.2～1.499	1		1		1	1				1	1	1	2				2	
					015	1.5～1.999	78	3	81	18	3	21	59		59	80	19	3	22	59		59	81	
					020	≥2.0	8		8	5	1	6	2		2	8	5	1	6	2		2	8	
	30	货叉前移式叉车	E	电动	000	0～1.199				1		1				1								
					012	1.2～1.499	103		103	96	2	98	1		1	99	104	2	106	1		1	107	
					015	1.5～1.999	49		49	55	2	57				57	56	2	58				58	
					020	≥2.0	31		31	34	1	35				35	31	1	32				32	
	35	门架前移式叉车	E	电动	000	0～1.199	121	3	124	118	5	123				123	138	9	147				147	
					012	1.2～1.499	1194	84	1278	1185	155	1340				1340	1192	127	1319				1319	11
					015	1.5～1.999	2384	46	2430	2194	278	2472				2472	2130	313	2443				2443	31
					020	≥2.0	809	40	849	676	181	857				857	659	180	839				839	17
	40	高起升拣选车	E	电动		323	18	341	113	207	320				320	157	214	371				371		
	45	侧向堆垛车（操作台可起升）	E	电动	000	≤1.25	10	14	24	30		30				30	24		24				24	
					013	>1.25	53	37	90	99		99				99	83		83				83	
	47	侧向堆垛车（操作台在下面）	E	电动	000	≤1.0	33	4	37	36		36				36	35		35				35	
					011	1.0～1.25																		
					013	>1.25	9	6	15	13		13				13	11		11				11	
	50	侧面式和多向叉车	E	电动	000	0～1.199																		
					012	1.2～1.499																		
					015	1.5～1.999																		
					020	≥2.0																		

表3-4（续）

产品类别	产品组别		动力型式		起重量（吨）		生产量（台）			订货量（台）							发货量（台）							现有库存（台）
	代号	名称	代号	型式	代号	起重量	境内生产	整机进口	合计	自主品牌			贴牌			合计	自主品牌			贴牌			合计	
										国内	出口	合计	国内	出口	合计		国内	出口	合计	国内	出口	合计		
3 电动步行式仓储车辆	合计						61267	670	61937	32638	29261	61899	100	725	825	62724	31670	30370	62040	100	725	825	62865	1164
	10	低起升托盘搬运车和平台搬运车	E	电动	000	≤1.6	12502	1	12503	3977	8640	12617	5	10	15	12632	3769	9066	12835	5	10	15	12850	53
					017	1.6~2.0	9469		9469	4315	4656	8971	51	681	732	9703	4185	4874	9059	51	681	732	9791	94
					021	>2.0	371	22	393	272	184	456	3		3	459	281	169	450	3		3	453	10
	15	低起升驾驶式平台托盘搬运车	E	电动	000	≤1.6	126		126	112	1	113				113	107	1	108				108	
					017	1.6~2.0	5583		5583	4393	1346	5739	2	2	4	5743	4119	1470	5589	2	2	4	5593	5
					021	>2.0	650	154	804	722	101	823				823	615	98	713				713	
	17	低起升乘驾/步行式托盘搬运车	E	电动	000	≤1.6	81		81	73	23	96				96	87	22	109				109	
					017	1.6~2.0	86		86	66	20	86				86	74	20	94				94	
					021	>2.0	163		163	46	136	182				182	29	135	164				164	1
	20	高起升堆垛车	E	电动	000	0~1.199	6736	5	6741	1608	5157	6765	6	12	18	6783	1682	5448	7130	6	12	18	7148	19
					012	1.2~1.499	12417	63	12480	9115	3191	12306				12306	9090	3152	12242				12242	903
					015	≥1.5	2916	73	2989	1721	1280	3001	6	18	24	3025	1715	1305	3020	6	18	24	3044	72
	25	高起升驾驶式平台堆垛车	E	电动	000	0~1.199	214		214	95	123	218				218	67	141	208				208	
					012	1.2~1.499	1449	69	1518	1010	543	1553	1		1	1554	896	556	1452	1		1	1453	
					015	≥1.5	5271	59	5330	2331	3029	5360	2	2	4	5364	2317	3107	5424	2	2	4	5428	
	30	前移式叉车	E	电动	000	0~1.199	2		2	2		2	3		3	5	2		2	3		3	5	
					012	1.2~1.499	105		105	76	30	106				106	76	30	106				106	
					015	≥1.5	934		934	425	554	979	2		2	981	424	554	978	2		2	980	2
	40	地面拣选车	E	电动			156	28	184	178	4	182				182	233	2	235				235	
	50	平衡重式叉车	E	电动			570		570	458	108	566				566	457	108	565				565	3
	60	牵引车	E	电动			1466	196	1662	1643	135	1778	19		19	1797	1445	112	1557	19		19	1576	2

表 3-4（续）

产品类别	产品组别 代号	产品组别 名称	动力型式 代号	动力型式 型式	起重量（吨） 代号	起重量（吨） 起重量	生产量（台） 境内生产	生产量（台） 整机进口	生产量（台） 合计	订货量（台） 自主品牌 国内	订货量（台） 自主品牌 出口	订货量（台） 自主品牌 合计	订货量（台） 贴牌 国内	订货量（台） 贴牌 出口	订货量（台） 贴牌 合计	订货量（台） 合计	发货量（台） 自主品牌 国内	发货量（台） 自主品牌 出口	发货量（台） 自主品牌 合计	发货量（台） 贴牌 国内	发货量（台） 贴牌 出口	发货量（台） 贴牌 合计	发货量（台） 合计	现有库存（台）
4+5 内燃平衡重式叉车（实心软胎、充气胎、实心胎和除实心软胎以外的其他轮胎）	合计						252342	334	252676	198537	54171	252708	4	3053	3057	255765	196046	53357	249403	4	3056	3060	252463	8326
	10	标准叉车	1	汽油机	000	0～1.199	3		3	2	10	12				12	2	10	12				12	
					012	1.2～1.499																		
					015	1.5～1.699	328		328	15	340	355				355	14	443	457				457	16
					017	1.7～1.999	464		464	3	508	511		6	6	517	9	534	543		3	3	546	9
					020	2.0～2.499	396		396	78	303	381		2	2	383	73	390	463		4	4	467	8
					025	2.5～2.999	1711		1711	88	1695	1783		31	31	1814	80	1810	1890		40	40	1930	64
					030	3.0～3.499	1772		1772	844	1137	1981		41	41	2022	572	1074	1646		43	43	1689	30
					035	3.5～3.999	490		490	17	452	469		6	6	475	29	363	392		6	6	398	29
					040	4.0～4.999	334		334	6	334	340				340	6	196	202				202	
					050	5.0～6.999	151		151	11	177	188				188	12	78	90				90	1
					070	≥7.0	28		28	1	25	26		2	2	28		2	2		2	2	4	1
			2	柴油机	000	0～1.199	59		59	82	4	86				86	83	4	87				87	2
					012	1.2～1.499	80		80	8		8				8	9		9				9	27
					015	1.5～1.699	2404	4	2408	1183	998	2181	4	21	25	2206	1171	1079	2250	4	21	25	2275	63
					017	1.7～1.999	1129	3	1132	402	830	1232		90	90	1322	335	786	1121		90	90	1211	30
					020	2.0～2.499	5434	18	5452	4313	1859	6172		31	31	6203	4215	1637	5852		31	31	5883	129
					025	2.5～2.999	12556	35	12591	4018	8491	12509		724	724	13233	2666	8912	11578		715	715	12293	301
					030	3.0～3.499	140278	185	140463	121541	17380	138921		529	529	139450	120373	17840	138213		531	531	138744	5351
					035	3.5～3.999	47020	63	47083	43916	4723	48639		257	257	48896	44563	3991	48554		258	258	48812	1169
					040	4.0～4.999	10537	5	10542	8525	2241	10766		19	19	10785	7978	2189	10167		18	18	10185	250
					050	5.0～6.999	8622	9	8631	6905	2267	9172		15	15	9187	6938	2182	9120		15	15	9135	203
					070	7.0～9.999	4941	4	4945	3862	1484	5346		6	6	5352	4208	1418	5626		6	6	5632	142
					100	10.0～11.999	1803	1	1804	1276	513	1789				1789	1282	506	1788				1788	59
					120	12.0～14.999	124	2	126	100	26	126				126	128	29	157				157	10
					150	15.0～16.999	189		189	72	75	147				147	65	72	137				137	12
					170	17.0～24.999	36		36	3	8	11				11	9	7	16				16	31
					250	25.0～31.999	39	1	40	36	3	39				39	34	3	37				37	4
					320	32.0～41.999	2		2	5	1	6				6	4	1	5				5	1
					420	≥42.0	8		8	11	4	15				15	16		16				16	1

表 3-4（续）

产品类别		产品组别 代号	产品组别 名称	动力型式 代号	动力型式 型式	起重量（吨） 代号	起重量（吨） 起重量	生产量（台） 境内生产	生产量（台） 整机进口	生产量（台） 合计	订货量（台） 自主品牌 国内	订货量（台） 自主品牌 出口	订货量（台） 自主品牌 合计	订货量（台） 贴牌 国内	订货量（台） 贴牌 出口	订货量（台） 贴牌 合计	订货量（台） 合计	发货量（台） 自主品牌 国内	发货量（台） 自主品牌 出口	发货量（台） 自主品牌 合计	发货量（台） 贴牌 国内	发货量（台） 贴牌 出口	发货量（台） 贴牌 合计	发货量（台） 合计	现有库存（台）
4+5	内燃平衡重式叉车（实心软胎、充气胎、实心胎和除实心软胎以外的其他轮胎）	10	标准叉车	3	LPG/Gas	000	0～1.199	12		12	7	1	8				8	7	1	8				8	1
						012	1.2～1.499																		
						015	1.5～1.699	598		598	24	510	534		55	55	589	25	343	368		55	55	423	15
						017	1.7～1.999	772	2	774	14	604	618		127	127	745	14	489	503		127	127	630	22
						020	2.0～2.499	1111		1111	72	647	719		20	20	739	78	864	942		20	20	962	24
						025	2.5～2.999	4567		4567	106	3270	3376		851	851	4227	100	3567	3667		851	851	4518	205
						030	3.0～3.499	2261		2261	222	1984	2206		153	153	2359	227	1625	1852		153	153	2005	28
						035	3.5～3.999	965		965	66	612	678		65	65	743	62	400	462		65	65	527	39
						040	4.0～4.999	285		285	70	355	425		2	2	427	63	207	270		2	2	272	22
						050	5.0～6.999	177		177	41	195	236				236	38	194	232				232	3
						070	≥7.0	75	2	77	7	66	73				73	6	64	70				70	7
		20	空箱叉车					222		222	217	10	227				227	214	13	227				227	1
		22	重箱叉车																						
		25	空箱正面吊																						
		27	重箱正面吊					217		217	224	11	235				235	207	10	217				217	
		28	多式正面吊																						
		30	侧面式叉车					142		142	144	18	162				162	131	24	155				155	16
6	牵引车	合计						1278		1278	1307	23	1330				1330	1224	21	1245				1245	4
		10	牵引车	E	电动			388		388	399	2	401				401	403		403				403	4
				1	汽油机			1		1	1		1				1	2		2				2	
				2	柴油机			889		889	907	21	928				928	819	21	840				840	
				3	LPG/Gas																				
7	越野叉车	合计						337		337	16	333	349		6	6	355	16	331	347		6	6	353	10
		10	门架式叉车	2	柴油机	000	0～2.499																		
						025	2.5～2.999	94		94		103	103				103		104	104				104	2
						030	3.0～3.999	181		181		178	178				178		189	189				189	6
						040	≥4.0	9		9	1	15	16		5	5	21	1	1	2		5	5	7	2
		20	伸缩臂叉车	2	柴油机	000	0～2.499	52		52	15	37	52				52	15	37	52				52	
						025	2.5～2.999	1		1					1	1	1					1	1	1	
						030	3.0～3.999																		
						040	≥4.0																		

表3－4（续）

产品类别	产品组别 代号	产品组别 名称	动力型式 代号	动力型式 型式	起重量（吨） 代号	起重量（吨） 起重量	生产量（台） 境内生产	生产量（台） 整机进口	生产量（台） 合计	订货量（台） 自主品牌 国内	订货量（台） 自主品牌 出口	订货量（台） 自主品牌 合计	订货量（台） 贴牌 国内	订货量（台） 贴牌 出口	订货量（台） 贴牌 合计	订货量（台） 合计	发货量（台） 自主品牌 国内	发货量（台） 自主品牌 出口	发货量（台） 自主品牌 合计	发货量（台） 贴牌 国内	发货量（台） 贴牌 出口	发货量（台） 贴牌 合计	发货量（台） 合计	现有库存（台）
8 手动和半动力车辆	合计						1328548		1328548	340749	860262	1201011	9163	121799	130962	1331973	340199	855328	1195527	8804	122208	131012	1326539	2997
	10	手动托盘搬运车			000	0～1.199	70269		70269	10770	58059	68829	145	1462	1607	70436	10166	53016	63182	146	1462	1608	64790	18
					012	1.2～1.499	1318		1318		1308	1308		10	10	1318		1308	1308		10	10	1318	
					015	1.5～1.699	56978		56978	32998	22583	55581	373	673	1046	56627	32998	22583	55581	374	673	1047	56628	95
					017	1.7～1.999	22		22					22	22	22					22	22	22	
					020	2.0～2.499	263248		263248	74336	182187	256523	1023	7108	8131	264654	74336	182187	256523	926	7207	8133	264656	1307
					025	2.5～2.999	720687		720687	128456	485530	613986	4900	102925	107825	721811	128456	485530	613986	4904	102945	107849	721835	1011
					030	≥3.0	170024		170024	82622	78107	160729	2658	8682	11340	172069	82621	78107	160728	2390	8968	11358	172086	461
	20	半动力托盘搬运车			000	0～1.199	1643		1643	268	1375	1643	5		5	1648	268	1375	1643	5		5	1648	
					012	1.2～1.499																		
					015	1.5～1.699																		
					017	1.7～1.999																		
					020	2.0～2.499	360		360	356		356	2		2	358	356		356	2	2	4	360	17
					025	2.5～2.999																		
					030	≥3.0																		
	30	手动托盘堆垛车（插腿式叉车）			000	0～1.199	28937		28937	3021	24997	28018	2	917	919	28937	3021	24997	28018	2	917	919	28937	22
					012	1.2～1.499																		
					015	1.5～1.699	5029		5029	1755	3258	5013	25		25	5038	1755	3258	5013	25		25	5038	18
					017	1.7～1.999																		
					020	2.0～2.499	1545		1545	821	724	1545				1545	821	724	1545				1545	16
					025	2.5～2.999																		
					030	≥3.0																		
	40	半动力托盘堆垛车（插腿式叉车）			000	0～1.199	6269		6269	3126	2134	5260	29		29	5289	3181	2243	5424	28	2	30	5454	14
					012	1.2～1.499	63		63	64		64				64	64		64				64	1
					015	1.5～1.699	1121		1121	1121		1121	1		1	1122	1121		1121	1		1	1122	9
					017	1.7～1.999																		
					020	2.0～2.499	1035		1035	1035		1035				1035	1035		1035	1		1	1036	8
					025	2.5～2.999																		
					030	≥3.0																		

表3-4（续）

产品类别		产品组别		动力型式		起重量（吨）		生产量（台）			订货量（台）							发货量（台）							现有库存（台）
		代号	名称	代号	型式	代号	起重量	境内生产	整机进口	合计	自主品牌			贴　牌			合计	自主品牌			贴　牌			合计	
											国内	出口	合计	国内	出口	合计		国内	出口	合计	国内	出口	合计		
9	固定平台搬运车	合　计						64		64	66	5	71				71	64	5	69	1		1	70	3
		10	固定平台搬运车	E	电动	000	0～1.199	9		9	11		11				11	11		11				11	
						012	1.2～1.499																		
						015	1.5～1.699																		
						017	1.7～1.999																		
						020	2.0～2.499	34		34	30	5	35				35	30	5	35				35	
						025	2.5～2.999	5		5	5		5				5	5		5				5	
						030	≥3.0	16		16	20		20				20	16		16	1		1	17	
				1	汽油机	000	0～1.199																		
						012	1.2～1.499																		
						015	1.5～1.699																		
						017	1.7～1.999																		
						020	2.0～2.499																		
						025	2.5～2.999																		
						030	≥3.0																		
				2	柴油机	000	0～1.199																		
						012	1.2～1.499																		
						015	1.5～1.699																		
						017	1.7～1.999																		
						020	2.0～2.499																		
						025	2.5～2.999																		
						030	≥3.0																		
		20	旅游车															2		2				2	3
机动工业车辆（1～5类合计）								362106	1594	363700	271226	92699	363925	196	4245	4441	368366	266928	92694	359622	174	4250	4424	364046	10285

2014 年机动工业车辆出口订货量、发货量数据

2014 年机动工业车辆出口订货量、发货量数据见表 3 – 5。

表 3 – 5 2014 年机动工业车辆出口订货量、发货量

销往国家和地区		订货量（台）					发货量（台）				
国家和地区名称	代号	class1	class2	class3	class4 + 5	合计	class1	class2	class3	class4 + 5	合计
合计		8309	958	29261	54171	92699	8004	963	30370	53357	92694
欧洲	2001										
阿尔巴尼亚	008										
安道尔共和国	020										
阿塞拜疆	031	5	1	21	62	89	5	1	18	62	86
奥地利	040	1		60	60	121	1		61	113	175
亚美尼亚	051	4		1	6	11	3		1	6	10
比利时	056	153	2	908	456	1519	145	4	932	463	1544
波斯尼亚和黑塞哥维那	070	3			25	28	3			24	27
保加利亚	100	20		23	152	195	14		21	156	191
白俄罗斯	112	70	5	80	406	561	78	5	82	311	476
克罗地亚	191	4		3	6	13	4		3	6	13
捷克	203	69	12	336	291	708	60	16	377	216	669
丹麦	208	44		167	129	340	44		156	128	328
爱沙尼亚	233	5		20	25	50	5		20	23	48
法罗群岛	234										
芬兰	246	2		95	45	142	2		137	34	173
法国	249	144	3	1122	1064	2333	132	2	1110	1124	2368
格鲁吉亚	268	1			32	33	1			32	33
德国	276	151	5	3889	916	4961	150	5	4245	935	5335
直布罗陀	292										
希腊	300	6		26	56	88	4		92	52	148
梵蒂冈	336										
匈牙利	348	45		80	236	361	45		77	292	414
冰岛	352			19	6	25			28		28
爱尔兰	372	28	3	29	138	198	29	2	40	79	150
意大利	380	64	1	314	364	743	47	1	357	394	799
哈萨克斯坦	398	25	1	33	357	416	25	1	32	345	403
吉尔吉斯斯坦	417			1	4	5			1	4	5
拉脱维亚	428	9		67	32	108	13		69	32	114
列支敦士登	438									10	10

表3-5（续）

销往国家和地区		订货量（台）					发货量（台）				
国家和地区名称	代号	class1	class2	class3	class4+5	合计	class1	class2	class3	class4+5	合计
立陶宛	440	6		1	44	51	6		1	32	39
卢森堡	442										
马耳他	470			7	1	8			7	1	8
摩纳哥	492										
摩尔多瓦	498	4		3	11	18	3		3	11	17
黑山/门的内哥罗	499										
荷兰	528	46		428	437	911	41		428	590	1059
挪威	578	26	3	34	220	283	24	2	42	151	219
波兰	616	36		1032	862	1930	36		1056	835	1927
葡萄牙	620	66		48	74	188	77	2	46	78	203
罗马尼亚	642	18		35	227	280	40		34	284	358
俄罗斯	643	729	24	1553	3597	5903	712	26	1609	3741	6088
圣马力诺	674				4	4				4	4
塞尔维亚	688	8		1	94	103	8		1	92	101
斯洛伐克	703	13		2	61	76	13		2	61	76
斯洛文尼亚	705	1		6	17	24	1		10	18	29
西班牙	724	39		492	145	676	39	3	549	166	757
扬马延岛	744										
瑞典	752	12		628	44	684	12		842	26	880
瑞士	756	40		263	327	630	35		240	315	590
塔吉克斯坦	762	1				1	1				1
土库曼斯坦	795			6	56	62			6	55	61
乌克兰	804	36		63	247	346	31		63	185	279
马其顿	807	6		2	5	13	6		27	5	38
英国	826	127	21	251	1683	2082	117	20	227	1793	2157
乌兹别克斯坦	860	52		11	197	260	51		11	197	259
南斯拉夫	891										
科索沃	899										
美洲	2002										
南极洲	010										
安提瓜及巴布达	028										
阿根廷	032	99	11	469	2970	3549	101	11	465	2722	3299
巴哈马群岛	044	3			4	7	3			4	7
巴巴多斯岛	052				1	1					
百慕大群岛	060										
玻利维亚	068	2		3	54	59	2		3	55	60

表3-5（续）

销往国家和地区		订货量（台）					发货量（台）				
国家和地区名称	代号	class1	class2	class3	class4+5	合计	class1	class2	class3	class4+5	合计
布维岛	074										
巴西	076	354	38	473	2965	3830	385	41	492	2949	3867
伯利兹	084	1				1	1				1
英属维尔京群岛	092										
加拿大	124	50		389	348	787	50		478	344	872
开曼群岛	136										
智利	152	107		96	670	873	107		91	531	729
哥伦比亚	170	15		148	121	284	16		150	190	356
哥斯达黎加	188	10		43	102	155	10		36	91	137
古巴	192	26		6	125	157	27		1	126	154
多米尼加联邦	212				5	5				9	9
多米尼加共和国	214				18	18				16	16
厄瓜多尔	218	15	3	65	205	288	16	3	66	189	274
萨尔瓦多	222	1		10	22	33	1		9	22	32
马尔维纳斯群岛	238										
圣乔治/圣威奇	239										
法属圭亚那	254										
法属南部领土	260										
格陵兰	304										
格林纳达	308										
瓜德罗普岛	312				7	7				7	7
危地马拉	320	5		3	43	51	5		1	41	47
圭亚那	328				29	29				29	29
海地	332				9	9				24	24
洪都拉斯	340		4		26	30		4		24	28
牙买加	388	18			27	45	18			27	45
马提尼克岛	474										
墨西哥	484	32	4	100	471	607	34	4	109	422	569
蒙特塞拉岛	500										
荷属安得列斯群岛	530				6	6				5	5
阿鲁巴岛	533										
尼加拉瓜	558	4		4	9	17	4		4	29	37
巴拿马	591	19	2	62	81	164	14	2	119	85	220
巴拉圭	600	1		15	178	194	1		14	201	216
秘鲁	604	9	1	67	188	265	9	3	65	182	259
波多黎各岛	630	3	1	30	1	35	2		25	1	28

表3-5（续）

销往国家和地区		订货量（台）					发货量（台）				
国家和地区名称	代号	class1	class2	class3	class4+5	合计	class1	class2	class3	class4+5	合计
圣克里斯托弗和尼维斯联邦	659										
安圭拉	660										
圣卢西亚岛	662										
圣皮埃尔岛及密克隆岛	666										
圣文森特和格林纳丁斯	670										
苏里南	740				13	13				18	18
特立尼达和多巴哥	780	1		1	27	29	1		1	39	41
凯科斯群岛	796										
美国	840	809	167	8086	2629	11691	806	183	8031	2617	11637
美属维尔京群岛	850										
乌拉圭	858	43	2	72	364	481	41	2	71	330	444
委内瑞拉	862	19		44	506	569	19		97	503	619
亚洲	2003										
阿富汗	004										
巴林	048	9		9	43	61	7		11	52	70
孟加拉国	050	3		15	79	97	2		15	82	99
不丹	064										
文莱	096	2	3	12	9	26	2	3	13	8	26
缅甸	104	4		15	108	127	5		15	98	118
柬埔寨	116	6		12	108	126	10		12	146	168
斯里兰卡	144	19		16	80	115	19		16	81	116
中国	156										
中国台湾	158	68	1	32	230	331	68	1	100	259	428
塞浦路斯	196	8		69	7	84	7		66	7	80
中国香港	344	124	16	601	281	1022	118	19	603	268	1008
印度	356	63	35	238	654	990	53	30	235	648	966
印尼	360	439	39	503	2446	3427	376	69	491	2657	3593
伊朗	364	64	1	157	487	709	64	1	147	488	700
伊拉克	368	4		20	359	383	7		19	342	368
以色列	376	71		316	210	597	69		344	210	623
日本	392	2	2	383	1	388	3	3	381	1	388
约旦	400	9		20	168	197	9		20	140	169
韩国	410	175	1	500	132	808	171	1	506	147	825
朝鲜	408	8			13	21	5			10	15
科威特	414	15		12	256	283	12		12	181	205
老挝	418				17	17				19	19

表3-5（续）

销往国家和地区		订 货 量（台）					发 货 量（台）				
国家和地区名称	代号	class1	class2	class3	class4+5	合计	class1	class2	class3	class4+5	合计
黎巴嫩	422	17		37	109	163	17		45	129	191
中国澳门	446	1				1	1				1
马来西亚	458	344	26	149	1458	1977	350	32	156	1399	1937
马尔代夫	462				1	1				1	1
蒙古	496	4	1	2	4	11	5	1	2	4	12
阿曼	512	6	5	12	295	318	8	5	12	242	267
尼泊尔	524										
巴基斯坦	586	23	1	35	209	268	21	1	32	199	253
菲律宾	608	92	10	78	961	1141	102	9	78	940	1129
东帝汶	626				2	2				2	2
卡塔尔	634	11		3	213	227	6	1	13	159	179
沙特阿拉伯	682	287	2	86	2103	2478	260	3	87	2057	2407
新加坡	702	379	255	390	1177	2201	382	224	378	1061	2045
越南	704	83	15	72	573	743	78	22	74	607	781
叙利亚阿拉伯共和国	760				10	10				10	10
泰国	764	472	59	738	1618	2887	474	74	750	1756	3054
阿联酋	784	190	2	95	1161	1448	165	2	102	1006	1275
土耳其	792	341	19	1058	3209	4627	315	17	1064	3176	4572
也门	887			1	48	49			1	39	40
非洲	2004										
阿尔及利亚	012	94		72	1570	1736	65		87	1561	1713
安哥拉	024	21		38	307	366	21		38	294	353
博茨瓦纳	072	7			8	15	7			8	15
英属印度洋领地	086										
布隆迪	108										
喀麦隆	120	16			95	111	15			88	103
佛得角	132										
中非共和国	140										
乍得	148				5	5				3	3
科摩罗群岛	174										
马约特岛	175										
刚果共和国	178				91	91	2			86	88
刚果民主共和国	180				26	26				26	26
贝宁	204	3		5	1	9	3		4	1	8
赤道几内亚	226				10	10				9	9
埃塞俄比亚	231				32	32				33	33

表3-5（续）

销往国家和地区		订货量（台）					发货量（台）				
国家和地区名称	代号	class1	class2	class3	class4+5	合计	class1	class2	class3	class4+5	合计
厄立特里亚	232										
吉布提	262				7	7				8	8
加蓬	266	6		8	101	115	4		8	98	110
冈比亚	270										
加纳	288	5		1	108	114	5		1	102	108
几内亚	324				4	4				4	4
科特迪瓦	384	10	1		142	153	10	1		148	159
肯尼亚	404	19		4	113	136	18	2	4	88	112
莱索托	426										
利比里亚	430				6	6				5	5
利比亚	434	2		5	261	268	2		5	237	244
马达加斯加	450	4		17	29	50	3		17	29	49
马拉维	454	13			19	32	16			21	37
马里	466			1	9	10			1	8	9
毛里塔尼亚	478				10	10	1			11	12
毛里求斯	480	14	2	24	49	89	13	4	24	47	88
摩洛哥	504	78	2	21	123	224	62	2	21	92	177
莫桑比克	508	2	5	1	26	34	1	5	1	24	31
纳米比亚	516			1	53	54			1	53	54
尼日尔	562	1			2	3	1			2	3
尼日利亚	566	45		41	407	493	43		51	349	443
几内亚比绍	624										
留尼汪	638	18		2	8	28	18		2	6	26
卢旺达	646				2	2				2	2
圣赫勒拿	654										
圣多美及普林西比	678										
塞内加尔	686			1	7	8			2	9	11
塞舌尔	690										
塞拉利昂	694										
索马里	706				3	3				3	3
南非	710	184	19	105	1764	2072	140	27	115	1777	2059
津巴布韦	716		1		36	37		1		36	37
西撒哈拉	732										
苏丹	736	1			15	16	1			27	28
斯威士兰	748										
多哥	768	1			4	5	1			4	5

表3-5（续）

销往国家和地区		订货量（台）					发货量（台）				
国家和地区名称	代号	class1	class2	class3	class4+5	合计	class1	class2	class3	class4+5	合计
突尼斯	788	31		54	536	621	31		54	529	614
乌干达	800				11	11			3	11	14
埃及	818	22		34	427	483	22		34	272	328
坦桑尼亚	834	8			119	127	8			88	96
布基纳法索	854			3	8	11			3	4	7
赞比亚	894	3			44	47	3			44	47
大洋洲	2005										
美属萨摩亚	016										
澳大利亚	036	517	91	672	2771	4051	490	49	613	2557	3709
所罗门岛	090				2	2				2	2
圣诞岛	162										
科科斯岛	166										
库克岛	184										
斐济	242	5	2	1	13	21	5	2	1	13	21
法属玻利尼西亚	258										
基里巴斯	296										
关岛	316				4	4				4	4
赫德岛和麦克唐纳群岛	334										
瑙鲁	520										
新喀里多尼亚	540	3		8	27	38	3		8	40	51
瓦努阿图	548										
新西兰	554	59	28	102	381	570	54	9	73	449	585
纽埃	570										
诺福克岛	574										
北马里亚纳岛	580										
美国本土外小岛屿	581										
密克罗尼西亚联邦	583										
马绍尔群岛	584										
帕劳群岛	585										
巴布亚新几内亚	598	9		8	91	108	9		8	101	118
皮特凯恩岛	612										
托克劳	772										
汤加	776										
图瓦卢	798										
瓦利斯与富图纳	876										
萨摩亚	882										

2014 年机动工业车辆销售全国流向表

2014 年机动工业车辆销售全国流向见表 3－6。

表 3－6　2014 年机动工业车辆销售全国流向

产品类别		产品组别		动力型式		起重量（吨）		销售量（台）																																		
代号	名称	代号	名称	代号	型式	代号	起重量	辽宁	吉林	黑龙江	北京	天津	河北	山西	内蒙古	山东	江苏	浙江	安徽	福建	江西	上海	广东	广西	海南	湖南	湖北	河南	四川	云南	贵州	西藏	重庆	陕西	甘肃	宁夏	青海	新疆	自主品牌国内合计	自主品牌出口	贴牌	总计
1	电动平衡重乘驾式叉车	合计						1169	730	280	1527	1030	1013	236	267	4148	4292	3007	1109	911	300	3403	4606	495	87	437	1000	809	828	255	100	23	768	467	169	146	43	343	33998	8004	472	42474
		10	站立操纵叉车	E	电动	000	0～1.199	4				2				3	3	2		1		1	8																24	569		593
						012	1.2～1.499										3	3				8	2																16	46		62
						015	1.5～1.699				4															1													5	7		12
						017	1.7～1.999				2	1					1	1				2																	7	1		8
						020	≥2.0																																	2		2
		20	三支点叉车	E	电动	000	0～1.199	2	48			31	16			40	57	80	41	10		134	175						36				27						697	14		711
						012	1.2～1.499				10	4	2			5	32	14	2	1		26	108			1	1			1			3						210	58	9	277
						015	1.5～1.699	53	45	14	139	59	57	7	17	173	416	207	57	233	23	393	427	32	3	56	64	34	66	26		1	73	16	5			15	2711	860	180	3751
						017	1.7～1.999	7		4	8	10	6		5	10	25	22	1	4	1	26	36				1	2	21				1					2	192	226	87	505
						020	≥2.0				3		2			18	22	24	7	7		17	39			3	2	2	1	1			3	1					152	150	80	382
		30	四支点叉车（实心轮胎）	E	电动	000	0～1.199																3																3	5		8
						012	1.2～1.499																																			

表3-6（续）

产品类别		产品组别		动力型式		起重量（吨）		销售量（台）																																		
代号	名称	代号	名称	代号	型式	代号	起重量	辽宁	吉林	黑龙江	北京	天津	河北	山西	内蒙古	山东	江苏	浙江	安徽	福建	江西	上海	广东	广西	海南	湖南	湖北	河南	四川	云南	贵州	西藏	重庆	陕西	甘肃	宁夏	青海	新疆	自主品牌国内合计	自主品牌出口	贴牌	总计
1	电动平衡重乘驾式叉车	30	四支点叉车（实心轮胎）	E	电动	015	1.5～1.699	1		3		12	1			9	15	6				5	31										1						84	67		151
						017	1.7～1.999					1	1		1	1	3	1				1																	9	6		15
						020	2.0～2.499	31	14	17	21	67	49	17	16	147	77	69	33	20		89	209	14						19					26				935	329		1264
						025	2.5～2.999	1			5	7	3			9	8	7	2			4	2					4	3										55	115		170
						030	3.0～3.499	3	3	3	7	5	2			7	27	7	7	2		7	8	6			1	1	1	1				2					100	15		115
						035	3.5～3.999					2	1			3	3	2	15			3	3																32			32
						040	4.0～4.999									3	2																1						6			6
						050	≥5.0	1	1			1			1	4	4	1	1	2		2	3				3												24			24
		40	四支点叉车（充气轮胎）	E	电动	000	0～1.199	9	18	4	7	7	10	4	3	35	50	31	14	4	5	25	54	4		7	11	7	3	6			3	13	1			3	338	59		397
						012	1.2～1.499						1					2		2			4					6											15	3		18
						015	1.5～1.699	298	122	68	356	189	226	57	76	985	886	678	278	126	68	756	889	79	14	101	210	221	174	48	26	13	140	144	57	44	8	79	7416	1139		8555
						017	1.7～1.999	29	12	6	27	73	28	10	6	149	98	65	38	23	7	59	124	8	2	9	18	24	21	4	2		16	44	15	2	1	14	934	384	13	1331
						020	2.0～2.499	248	209	75	359	306	224	55	61	857	938	639	206	182	102	855	970	91	37	110	237	185	168	74	31	9	163	112	31	38	13	144	7729	1012	12	8753
						025	2.5～2.999	265	40	32	214	132	145	23	23	680	789	456	231	112	34	356	709	98	22	76	267	131	189	19	25		171	61	7	7	8	30	5352	2006	31	7389

表3-6（续）

产品类别 代号	产品类别 名称	产品组别 代号	产品组别 名称	动力型式 代号	动力型式 型式	起重量（吨）代号	起重量（吨）起重量	辽宁	吉林	黑龙江	北京	天津	河北	山西	内蒙古	山东	江苏	浙江	安徽	福建	江西	上海	广东	广西	海南	湖南	湖北	河南	四川	云南	贵州	西藏	重庆	陕西	甘肃	宁夏	青海	新疆	自主品牌国内合计	自主品牌出口	贴牌	总计
								销售量（台）																																		
1	电动平衡重乘驾式叉车	40	四支点叉车（充气轮胎）	E	电动	030	3.0～3.499	166	193	30	237	97	192	35	41	784	673	365	141	127	43	506	479	123	9	56	140	174	129	42	14		126	63	23	53	13	50	5124	687	57	5868
						035	3.5～3.999	30	13	16	89	14	33	25	11	76	99	305	25	32	16	78	145	19		6	23	13	10	9			8	9	3	1		4	1112	105		1217
						040	4.0～4.999	4		7	16	6	1			129	38	7	1	18		36	143	19		4	17	3	6	4	2		12						473	42		515
						050	≥5.0	17	12	1	23	4	13	3	6	21	23	13	9	5	1	14	35	2		7	5	2		1			20	2	1	1		2	243	97	3	343
2	电动乘驾式仓储车辆	合计						149	94	25	358	175	119	26	17	249	942	372	112	97	22	844	818	34	8	64	168	124	166	44	6		83	65	12	4	1	16	5214	963	67	6244
		10	低起升托盘搬运车和平台搬运车	E	电动	000	≤2.0	17	6	3	39	20	8	6	1	33	25	24	16	19	2	40	151	2		17	22	10	8	9			7	5				1	491	88	5	584
						021	>2.0	2	1	1	2	5	5	1	1	6	9	6	4	1	1	9	8	2		3	3	3	1					2				2	78	22		100
		20	高起升堆垛车	E	电动	000	0～1.199																																			
						012	1.2～1.499															1																	1	1		2
						015	1.5～1.999				1	2				3	4		1			5	1	1									1						19	3	59	81
						020	≥2.0				1						1	1	1				1																5	1	2	8
		30	货叉前移式叉车	E	电动	000	0～1.199																																			
						012	1.2～1.499					7	12			1	15	10	10			42	7																104	2	1	107
						015	1.5～1.999	1		2		1	4			2	5	8		1		21	3				1	5	1				1						56	2		58
						020	≥2.0					11					10	3				3	1					1	2										31	1		32

表3-6（续）

产品类别		产品组别		动力型式		起重量（吨）		销售量（台）																																		
代号	名称	代号	名称	代号	型式	代号	起重量	辽宁	吉林	黑龙江	北京	天津	河北	山西	内蒙古	山东	江苏	浙江	安徽	福建	江西	上海	广东	广西	海南	湖南	湖北	河南	四川	云南	贵州	西藏	重庆	陕西	甘肃	宁夏	青海	新疆	自主品牌国内合计	自主品牌出口	贴牌	总计
2	电动乘驾式仓储车辆	35	门架前移式叉车	E	电动	000	0～1.199	1	8		9	4	1			9	22	12	2	4		29	24	1		1	1	6	1				3						138	9		147
						012	1.2～1.499	25	5	1	153	18	19	3	3	42	226	65	10	26	4	238	172	7	3	9	49	13	50	8			21	17	4			1	1192	127		1319
						015	1.5～1.999	68	54	12	93	69	38	14	7	102	414	145	47	37	11	313	335	11	5	20	70	68	87	22	1		45	27	4	2	1	8	2130	313		2443
						020	≥2.0	25	16	6	31	30	27	2	5	41	120	72	15	6	3	68	100	10		10	14	15	13	1	3		5	13	3	2		3	659	180		839
		40	高起升拣选车	E	电动			1	4		13	3	3			3	42	15	3	2		47	8			2	6		3						1			1	157	214		371
		45	侧向堆垛车（操作台可起升）	E	电动	000	≤1.25	1			2					1	8	4				5	1				2												24			24
						013	>1.25	4			13	5				6	26	4		1	1	11	3			2		3		4									83			83
		47	侧向堆垛车（操作台在下面）	E	电动	000	≤1.0	2			1		2				11	3	2			11	3																35			35
						011	1.0～1.25																																			
						013	>1.25	2									4		1			1									2			1					11			11
		50	侧面式和多向叉车	E	电动	000	0～1.199																																			
						012	1.2～1.499																																			
						015	1.5～1.999																																			
						020	≥2.0																																			

表 3－6（续）

产品类别		产品组别		动力型式		起重量（吨）		销售量（台）																																		
代号	名称	代号	名称	代号	型式	代号	起重量	辽宁	吉林	黑龙江	北京	天津	河北	山西	内蒙古	山东	江苏	浙江	安徽	福建	江西	上海	广东	广西	海南	湖南	湖北	河南	四川	云南	贵州	西藏	重庆	陕西	甘肃	宁夏	青海	新疆	自主品牌国内合计	自主品牌出口	贴牌	总计
3	电动步行式仓储车辆	合计						712	393	230	1107	642	683	165	131	1917	4518	5086	1156	1033	366	3276	5821	370	53	332	730	677	618	253	66	5	658	339	102	60	22	149	31670	30370	825	62865
		10	低起升托盘搬运车和平台搬运车	E	电动	000	≤1.6	79	21	6	101	40	36	2	5	310	556	813	71	156	24	321	990	1		14	39	22	36	16	5		66	33	6				3769	9066	15	12850
						017	1.6～2.0	52	32	10	134	136	55	7	12	235	579	1068	79	141	13	305	731	89	8	25	91	125	66	13	2		135	21	2	3		16	4185	4874	732	9791
						021	>2.0	2	1	1	17	9	10			5	56	27	7	9	16	17	55	14			21		10		1				2	1			281	169	3	453
		15	低起升驾驶式平台托盘搬运车	E	电动	000	≤1.6	4	2		3	1	5	2		2	17	7		11		29	5			2	1		1	4			8		2			1	107	1		108
						017	1.6～2.0	77	27	13	348	42	54	15	10	210	679	376	222	168	46	506	737	28	5	56	120	89	137	32	5		67	37	7			6	4119	1470	4	5593
						021	>2.0	13	2		12	5	29			15	97	61	72	47	3	41	111				54	23	8		4		12	6					615	98		713
		17	低起升乘驾/步行式托盘搬运车	E	电动	000	≤1.6	1				1					23	2	1				58						1										87	22		109
						017	1.6～2.0										25	5	4				37		2	1													74	20		94
						021	>2.0	3				6				1	6	7				2	4																29	135		164
		20	高起升堆垛车	E	电动	000	0～1.199	33	15	6	51	19	27	3		96	243	357	24	44	18	248	383	12		7	18	18	11	12	9		19	4	5				1682	5448	18	7148
						012	1.2～1.499	206	83	131	191	209	349	113	84	581	1194	890	467	249	165	979	1501	169	25	164	249	301	180	100	33	5	82	177	51	54	22	86	9090	3152		12242
						015	≥1.5	81	17	29	26	25	35	8	7	65	320	310	38	35	35	227	271	5	6	7	25	27	34	37	3		26	9	1	1		5	1715	1305	24	3044
		25	高起升驾驶式平台堆垛车	E	电动	000	0～1.199	2			9			1		6	12	6	4			2	9	1				2	11	1			1						67	141		208
						012	1.2～1.499	40	11	2	45	4	15	4		45	114	128	20	40	6	116	217	3	2	4	10	13	12	14	3		16	7	5				896	556	1	1453
						015	≥1.5	55	21	21	58	25	28	6	8	131	296	676	57	77	16	212	345	27	3	16	50	36	23	8	1		60	32	13	1		15	2317	3107	4	5428
		30	前移式叉车	E	电动	000	0～1.199										1					1																	2		3	5

表3-6（续）

产品类别		产品组别		动力型式		起重量（吨）		销售量（台）																																		
代号	名称	代号	名称	代号	型式	代号	起重量	辽宁	吉林	黑龙江	北京	天津	河北	山西	内蒙古	山东	江苏	浙江	安徽	福建	江西	上海	广东	广西	海南	湖南	湖北	河南	四川	云南	贵州	西藏	重庆	陕西	甘肃	宁夏	青海	新疆	自主品牌国内合计	自主品牌出口	贴牌	总计
3	电动步行式仓储车辆	30	前移式叉车	E	电动	012	1.2～1.499	15	2	1	1		4			2	10	10	2		1	6	8	1	1	1	3	3	4					1					76	30		106
						015	≥1.5	6	7	1	20	6	5	2	5	27	59	103	7	24		55	47	8	1	5	13	6	2	2			5	6				2	424	554	2	980
		40	地面拣选车	E	电动			1	1		30	1				11	59	15		1		26	41			14	2	2	8	13					8				233	2		235
		50	平衡重式叉车	E	电动				28	5	5		4			50	29	149	4	21		17	89				14	2	3				16	3				18	457	108		565
		60	牵引车	E	电动			42	123	4	56	113	27	2		125	143	76	77	10	23	166	182	12		16	20	8	71	1			145	3					1445	112	19	1576
		合计						5281	2830	2991	4355	4724	10954	3089	2649	22209	21352	15023	6551	7643	4110	9201	21209	4269	1340	4219	5637	8425	4939	3128	2219	734	2937	4261	2532	1765	1143	4327	196046	53357	3060	252463
4+5	内燃平衡重式叉车（充气轮胎）	10	标准叉车	1	汽油机	000	0～1.199																				2												2	10		12
						012	1.2～1.499																																			
						015	1.5～1.699				1	1	3			1	1	1		1		4						1											14	443		457
						017	1.7～1.999					2				1	3			2			1																9	534	3	546
						020	2.0～2.499		4		3	7	7			6	6	7	2	1		7	8					13								2			73	390	4	467
						025	2.5～2.999	12		2	5	13					2	10				10	17		1		1		3	2				1	1				80	1810	40	1930
						030	3.0～3.499	38	25	5	32	14	10	5	8	63	40	34	9	12	6	20	37	7	18	25	14	15	19	20	12	13	16	16	14			25	572	1074	43	1689
						035	3.5～3.999			2	8	3					3	3				5	1											1	2	1			29	363	6	398
						040	4.0～4.999										2						4																6	196		202

表 3-6（续）

产品类别 代号	产品类别 名称	产品组别 代号	产品组别 名称	动力型式 代号	动力型式 型式	起重量（吨） 代号	起重量（吨） 起重量	辽宁	吉林	黑龙江	北京	天津	河北	山西	内蒙古	山东	江苏	浙江	安徽	福建	江西	上海	广东	广西	海南	湖南	湖北	河南	四川	云南	贵州	西藏	重庆	陕西	甘肃	宁夏	青海	新疆	自主品牌国内合计	自主品牌出口	贴牌	总计
								销售量（台）																																		
4+5	内燃平衡重式叉车（充气轮胎）	10	标准叉车	1	汽油机	050	5.0～6.999	1			2	1				1	2	3	1				1																12	78		90
						070																																		2	2	4
				2	柴油机	000	0～1.199	1		1		8	4			14	9	11	3	2	1	3	10	1		3	2	4	1					2	3				83	4		87
						012	1.2～1.499									1						8																	9			9
						015	1.5～1.699	23	16	10	38	35	54	14	9	138	180	146	40	23	24	103	110	16	5	19	31	47	14	11	11		11	15	5	4	2	17	1171	1079	25	2275
						017	1.7～1.999	8	5	5	12	9	9	3	49	28	43	23	4	21	6	40	35	1		6	2	10	6	1	1		1	4				3	335	786	90	1211
						020	2.0～2.499	156	51	52	143	107	152	36	38	402	662	573	116	92	64	284	392	112	23	74	114	99	81	38	43	6	53	65	34	36	16	101	4215	1637	31	5883
						025	2.5～2.999	94	23	27	76	91	83	19	26	178	498	269	68	81	22	278	401	24	6	56	49	74	55	19	16	2	24	63	9	5	5	25	2666	8912	715	12293
						030	3.0～3.499	3533	1945	2140	2785	3277	6572	1953	1563	13315	12019	7673	4178	5036	2684	5529	12174	2653	889	2713	3508	5104	3273	2018	1564	541	2053	2778	1659	1276	898	3070	120373	17840	531	138744
						035	3.5～3.999	853	526	496	802	761	3091	735	719	5535	4996	3489	1365	1541	883	1727	5882	1069	284	935	1318	2078	981	815	380	124	502	954	569	294	127	732	44563	3991	258	48812
						040	4.0～4.999	170	66	76	121	109	268	96	56	876	1044	1528	308	322	180	336	795	107	36	135	226	418	171	54	50	11	102	113	59	39	28	78	7978	2189	18	10185
						050	5.0～6.999	210	80	82	187	147	373	120	72	772	920	637	242	266	126	321	719	132	33	132	176	284	175	65	79	17	90	140	97	69	39	136	6938	2182	15	9135
						070	7.0～9.999	121	61	46	92	83	221	66	91	440	489	341	127	164	83	241	374	85	41	84	145	211	118	64	47	14	70	76	54	28	24	107	4208	1418	6	5632
						100	10.0～11.999	35	22	14	29	28	58	27	10	160	157	132	48	44	22	95	122	24	3	22	34	44	33	8	15	6	11	22	20	11	3	23	1282	506		1788

表3-6（续）

产品类别		产品组别		动力型式		起重量（吨）		销售量（台）																																		
代号	名称	代号	名称	代号	型式	代号	起重量	辽宁	吉林	黑龙江	北京	天津	河北	山西	内蒙古	山东	江苏	浙江	安徽	福建	江西	上海	广东	广西	海南	湖南	湖北	河南	四川	云南	贵州	西藏	重庆	陕西	甘肃	宁夏	青海	新疆	自主品牌国内合计	自主品牌出口	贴牌	总计
4+5	内燃平衡重式叉车（充气轮胎）	10	标准叉车	2	柴油机	120	12.0～14.999	1		3	4	3	1	2	2	21	44	10		3	1	3	6	12			1	6	1		1				2			1	128	29		157
						150	15.0～16.999	2				3	4	6	3	11	7	4		1	1	3	8		1		2	2	1				1	1	1		1	2	65	72		137
						170	17.0～24.999										4	4					1																9	7		16
						250	25.0～31.999	1				5	9			3	5	2				8	1																34	3		37
						320	32.0～41.999					1				2				1																			4	1		5
						420	≥42.0					2				2						7	5																16			16
				3	LPG/Gas	000	0～1.199																7																7	1		8
						012	1.2～1.499																																			
						015	1.5～1.699			1						6	2		2	1		11	2																25	343	55	423
						017	1.7～1.999	1		2							5					4	2																14	489	127	630
						020	2.0～2.499	1		1		2	3	1	1	11	14	8	4	3	1	7	11	1		1	2	2	1					2				1	78	864	20	962
						025	2.5～2.999	1		15		3	1			3	9	21	1	1		15	16			9	1	1						1				2	100	3567	851	4518
						030	3.0～3.499	8	5	2	5	6	4	2	1	32	74	9	4	2	2	28	25	2		2	2	5	2				1	2				2	227	1625	153	2005
						035	3.5～3.999									4	13	23				15	7																62	400	65	527

表 3-6（续）

产品类别		产品组别		动力型式		起重量（吨）		销售量（台）																																		
代号	名称	代号	名称	代号	型式	代号	起重量	辽宁	吉林	黑龙江	北京	天津	河北	山西	内蒙古	山东	江苏	浙江	安徽	福建	江西	上海	广东	广西	海南	湖南	湖北	河南	四川	云南	贵州	西藏	重庆	陕西	甘肃	宁夏	青海	新疆	自主品牌国内合计	自主品牌出口	贴牌	总计
4+5	内燃平衡重式叉车（充气轮胎）	10	标准叉车	3	LPG/Gas	040	4.0～4.999	1	1	2	2	1	3	1	1	6	8	4	4	3	1	6	7	1		1	2	2	1	1			1	2				1	63	207	2	272
						050	5.0～6.999				3		2			5	8	2	2	2		6	3				2	2						1					38	194		232
						070	≥7.0			1							2					3																	6	64		70
		20	空箱叉车													78	63	45	8			20																	214	13		227
		22	重箱叉车																																							
		25	空箱正面吊																																							
		27	重箱正面吊					5		3			17			74	6		9	9		48	6	20						10									207	10		217
		28	多式正面吊																																							
		30	侧面式叉车					5		3	5	2	5	3		20	12	11	6	9	3	6	19	2		2	3	3	3	2			1	2	3			1	131	24		155
		合计						7	6	2	145	68	8	1	5	50	304	73	26	10	11	146	133	21	2	15	50	5	62	21	20		14	16		3			1224	21		1245
6	牵引车	10	牵引车	E	电动			6	1		64	3	1	1	5	33	27	47	26	10	8	13	31	21	2	1	42	5	42				14						403			403
				1	汽油机																	1	1																2			2
				2	柴油机			1	5	2	81	65	7			17	277	26			3	132	101			14	8		20	21	20			16		3			819	21		840
				3	LPG/Gas																																					
1 类 电动平衡重乘驾式叉车								1169	730	280	1527	1030	1013	236	267	4148	4292	3007	1109	911	300	3403	4606	495	87	437	1000	809	828	255	100	23	768	467	169	146	43	343	33998	8004	472	42474
2 类 电动乘驾式仓储车辆								149	94	25	358	175	119	26	17	249	942	372	112	97	22	844	818	34	8	64	168	124	166	44	6		83	65	12	4	1	16	5214	963	67	6244
3 类 电动步行式仓储车辆								712	393	230	1107	642	683	165	131	1917	4518	5086	1156	1033	366	3276	5821	370	53	332	730	677	618	253	66	5	658	339	102	60	22	149	31670	30370	825	62865
4 类 内燃平衡重式叉车（实心轮胎）																																										
5 类 内燃平衡重式叉车（充气轮胎）								5281	2830	2991	4355	4724	10954	3089	2649	22209	21352	15023	6551	7643	4110	9201	21209	4269	1340	4219	5637	8425	4939	3128	2219	734	2937	4261	2532	1765	1143	4327	196046	53357	3060	252463
1～5 类合计								7311	4047	3526	7347	6571	12769	3516	3064	28523	31104	23488	8928	9684	4798	16724	32454	5168	1488	5052	7535	10035	6551	3680	2391	762	4446	5132	2815	1975	1209	4835	266928	92694	4424	364046

2014 年叉车租赁行业汇总

2014 年叉车租赁行业汇总情况见表 3－7。

表 3－7 2014 年叉车租赁行业汇总

产品类别		产品组别		动力型式		起重量(吨)		销售量(台)																																		
代号	名称	代号	名称	代号	型式	代号	起重量	广东	江苏	山东	浙江	上海	河北	福建	河南	安徽	湖北	辽宁	四川	北京	天津	广西	江西	湖南	陕西	新疆	重庆	吉林	山西	云南	黑龙江	甘肃	内蒙古	贵州	宁夏	海南	青海	西藏	总计	其中内资品牌	其中外资品牌	在库
租期在一年以下（含一年）																																										
1	电动平衡重乘驾式叉车	合计						155	120	5	32	383	8		9	29	5	5	5	21	28				4		16												825	107	718	34
		10	站立操纵叉车	E	电动	000	0～1.199																																			
						012	1.2～1.499																																			
						015	1.5～1.699																																			
						017	1.7～1.999																																			
						020	≥2.0																																			
		20	三支点叉车	E	电动	000	0～1.199										1																						1		1	
						012	1.2～1.499																																			
						015	1.5～1.699	72	45	1	8	114				1	1		2	7	6				1		3												261		261	1
						017	1.7～1.999																																			
						020	≥2.0	30	18			29									1																		78		78	
		30	四支点叉车(实心软胎)	E	电动	000	0～1.199																																			
						012	1.2～1.499																																			
						015	1.5～1.699	2	7	1	5	59							1		4				1														80		80	1
						017	1.7～1.999		1											1																			2		2	
						020	2.0～2.499	39	32		11	80							1	5	3				1														172		172	1
						025	2.5～2.999	3			1	5								5																			14		14	6
						030	3.0～3.499		1	1																													2		2	5
						035	3.5～3.999																																			
						040	4.0～4.999																																			
						050	≥5.0																																			

表 3－7（续）

产品类别 代号	产品类别 名称	产品组别 代号	产品组别 名称	动力型式 代号	动力型式 型式	起重量(吨) 代号	起重量(吨) 起重量	广东	江苏	山东	浙江	上海	河北	福建	河南	安徽	湖北	辽宁	四川	北京	天津	广西	江西	湖南	陕西	新疆	重庆	吉林	山西	云南	黑龙江	甘肃	内蒙古	贵州	宁夏	海南	青海	西藏	总计	其中内资品牌	其中外资品牌	在库
1	电动平衡重乘驾式叉车	40	四支点叉车(充气胎、实心胎和除实心软胎以外的其他轮胎)	E	电动	000	0～1.199																																					
						012	1.2～1.499																																					
						015	1.5～1.699		6			53	7		2	19					2				1																90	53	37	16
						017	1.7～1.999																																					
						020	2.0～2.499	7	5	2	3	11	1		4	2	1	1	1	3	3						13												57	11	46	3
						025	2.5～2.999	2			1	22			3	7	2				4																		41	35	6	
						030	3.0～3.499		4		3	10						4			5																		26	8	18	1
						035	3.5～3.999		1																														1		1	
						040	4.0～4.999																																					
						050	≥5.0																																					
		合计						53	49	1	4	168	1				6	2	7	8	1																		300	15	285	21
2	电动乘驾式仓储车辆	10	低起升托盘搬运车和平台搬运车	E	电动	000	≤2.0	2	1			5							1	5																			14	5	9	5
						021	＞2.0																																					
		20	高起升堆垛车	E	电动	000	0～1.199																																					
						012	1.2～1.499	5	4			34																											43	4	39	
						015	1.5～1.999	5		1		26																											32		32	5
						020	≥2.0																																					1
		30	货叉前移式叉车	E	电动	000	0～1.199																																					
						012	1.2～1.499	29	23			37							2																				91		91	
						015	1.5～1.999												2	1																			3		3	
						020	≥2.0																																					1
		35	门架前移式叉车	E	电动	000	0～1.199																																					
						012	1.2～1.499	6	15		2	18	1				6	2	1	2	1																		54		54	2
						015	1.5～1.999	2	5			6																											13	4	9	6
						020	≥2.0				2	4							1																				7	2	5	1

表 3－7（续）

产品类别		产品组别		动力型式		起重量(吨)		销售量（台）																														
代号	名称	代号	名称	代号	型式	代号	起重量	广东	江苏	山东	浙江	上海	河北	福建	河南	安徽	湖北	辽宁	四川	北京	天津	广西	江西	湖南	陕西	新疆	重庆	吉林	山西	云南	黑龙江	甘肃	内蒙古	贵州	宁夏	海南	青海	西藏	总计	其中内资品牌	其中外资品牌	在库
2	电动乘驾式仓储车辆	40	高起升拣选车	E	电动			4				37																											41		41	
		45	侧向堆垛车（操作台可起升）	E	电动	000	≤1.25																																			
						013	＞1.25		1			1																									2		2	
		47	侧向堆垛车（操作台在下面）	E	电动	000	≤1.0																																			
						011	1.0～1.25																																			
						013	＞1.25																																			
		50	侧面式和多向叉车	E	电动	000	0～1.199																																			
						012	1.2～1.499																																			
						015	1.5～1.999																																			
						020	≥2.0																																			
		合计						36	17		11	48	11			11	3		6	13	4			1			11		1										173	13	160	4
3	电动步行式仓储车辆	10	低起升托盘搬运车和平台搬运车	E	电动	000	≤1.6				3																												3		3	
						017	1.6～2.0	3											3	1																			7		7	1
						021	＞2.0													4																			4		4	
		15	低起升驾驶式平台托盘搬运车	E	电动	000	≤1.6																																			
						017	1.6～2.0	4				7					1																						12		12	
						021	＞2.0				3										2																		5		5	
		17	低起升乘驾/步行式托盘搬运车	E	电动	000	≤1.6																																			
						017	1.6～2.0	1																															1		1	
						021	＞2.0																																			
		20	高起升堆垛车	E	电动	000	0～1.199																																			
						012	1.2～1.499	3	2			4							1	1	2			1															14		14	
						015	≥1.5	2	2		1	2							1																				8		8	1

表 3－7（续）

产品类别		产品组别		动力型式		起重量(吨)		销售量(台)																																		
代号	名称	代号	名称	代号	型式	代号	起重量	广东	江苏	山东	浙江	上海	河北	福建	河南	安徽	湖北	辽宁	四川	北京	天津	广西	江西	湖南	陕西	新疆	重庆	吉林	山西	云南	黑龙江	甘肃	内蒙古	贵州	宁夏	海南	青海	西藏	总计	其中内资品牌	其中外资品牌	在库
3	电动步行式仓储车辆	25	高起升驾驶式平台堆垛车	E	电动	000	0～1.199																																					
						012	1.2～1.499	10				1																											11		11	
						015	≥1.5																						1										1		1	
		30	前移式叉车	E	电动	000	0～1.199																																					
						012	1.2～1.499					6																											6		6	
						015	≥1.5	1	6			8	5							6																			26		26	
		40	地面拣选车	E	电动			7			3	11	4						1	1																			27		27	1
		50	平衡重式叉车																																							
		60	牵引车	E	电动			5	7		1	9	2			11	2										11												48	13	35	1
		合计						4	12		2	23							1	3	5			1															51		51	13
4	内燃平衡重式叉车（实心软胎）	10	内燃室内叉车	1	汽油机	000	0～1.199																																					
						012	1.2～1.499																																					
						015	1.5～1.699																																					
						017	1.7～1.999																																					
						020	2.0～2.499																																					
						025	2.5～2.999																																					
						030	3.0～3.499																																					
						035	3.5～3.999																																					
						040	4.0～4.999																																					
						050	5.0～6.999																																					
						070	≥7.0																																					

表3-7(续)

产品类别		产品组别		动力型式		起重量(吨)		销售量(台)																																		
代号	名称	代号	名称	代号	型式	代号	起重量	广东	江苏	山东	浙江	上海	河北	福建	河南	安徽	湖北	辽宁	四川	北京	天津	广西	江西	湖南	陕西	新疆	重庆	吉林	山西	云南	黑龙江	甘肃	内蒙古	贵州	宁夏	海南	青海	西藏	总计	其中内资品牌	其中外资品牌	在库
4	内燃平衡重式叉车(实心软胎)	10	内燃室内叉车	2	柴油机	000	0~1.199																																					
						012	1.2~1.499																																					
						015	1.5~1.699																																					1
						017	1.7~1.999	1																															1		1	1
						020	2.0~2.499	2												1																			3		3	2
						025	2.5~2.999		6		1	11									3																		21		21	4
						030	3.0~3.499	1	6		1	12							1	1	2			1															25		25	4
						035	3.5~3.999																																					1
						040	4.0~4.999																																					
						050	5.0~6.999													1																			1		1	
						070	≥7.0																																					
				3	LPG/Gas	000	0~1.199																																					
						012	1.2~1.499																																					
						015	1.5~1.699																																					
						017	1.7~1.999																																					
						020	2.0~2.499																																					
						025	2.5~2.999																																					
						030	3.0~3.499																																					
						035	3.5~3.999																																					
						040	4.0~4.999																																					
						050	5.0~6.999																																					
						070	≥7.0																																					

表3-7（续）

产品类别代号	产品类别名称	产品组别代号	产品组别名称	动力型式代号	动力型式型式	起重量（吨）代号	起重量（吨）起重量	销售量（台）广东	江苏	山东	浙江	上海	河北	福建	河南	安徽	湖北	辽宁	四川	北京	天津	广西	江西	湖南	陕西	新疆	重庆	吉林	山西	云南	黑龙江	甘肃	内蒙古	贵州	宁夏	海南	青海	西藏	总计	其中内资品牌	其中外资品牌	在库
5	内燃平衡重式叉车（充气胎、实心胎和除实心软胎以外的其他轮胎）	合计						7	4	1	2	232		1	2	28	1				4																		282	266	16	88
		10	标准叉车	1	汽油机	000	0~1.199																																			
						012	1.2~1.499																																			
						015	1.5~1.699																																			
						017	1.7~1.999																																			
						020	2.0~2.499																																			
						025	2.5~2.999																																			
						030	3.0~3.499																																			1
						035	3.5~3.999																																			
						040	4.0~4.999																																			
						050	5.0~6.999																																			
						070	≥7.0																																			
				2	柴油机	000	0~1.199																																			
						012	1.2~1.499																																			
						015	1.5~1.699	1			1	6																											8	7	1	1
						017	1.7~1.999	1				2																											3	2	1	2
						020	2.0~2.499	2		1		10		1																									14	12	2	8
						025	2.5~2.999					8																											8	8		2
						030	3.0~3.499		3		1	192				27	1				4																		228	216	12	60
						035	3.5~3.999	3	1			3																											7	7		1
						040	4.0~4.999					1																											1	1		
						050	5.0~6.999					6			1																								7	7		11
						070	7.0~9.999					2			1																								3	3		
						100	10.0~11.999					2																											2	2		2
						120	12.0~14.999																																			

表 3-7(续)

产品类别		产品组别		动力型式		起重量(吨)		销售量(台)																																		
代号	名称	代号	名称	代号	型式	代号	起重量	广东	江苏	山东	浙江	上海	河北	福建	河南	安徽	湖北	辽宁	四川	北京	天津	广西	江西	湖南	陕西	新疆	重庆	吉林	山西	云南	黑龙江	甘肃	内蒙古	贵州	宁夏	海南	青海	西藏	总计	其中内资品牌	其中外资品牌	在库
5	内燃平衡重式叉车(充气胎、实心胎和除实心软胎以外的其他轮胎)	10	标准叉车	2	柴油机	150	15.0~16.999									1																							1	1		
						170	17.0~24.999																																			
						250	25.0~31.999																																			
						320	32.0~41.999																																			
						420	≥42.0																																			
				3	LPG/Gas	000	0~1.199																																			
						012	1.2~1.499																																			
						015	1.5~1.699																																			
						017	1.7~1.999																																			
						020	2.0~2.499																																			
						025	2.5~2.999																																			
						030	3.0~3.499																																			
						035	3.5~3.999																																			
						040	4.0~4.999																																			
						050	5.0~6.999																																			
						070	≥7.0																																			
		20	空箱叉车																																							
		22	重箱叉车																																							
		25	空箱正面吊																																							
		27	重箱正面吊																																							
		28	多式正面吊																																							
		30	侧面式叉车																																							
1类 电动平衡重乘驾式叉车								155	120	5	32	383	8		9	29	5	5	5	21	28				4		16												825	107	718	34
2类 电动乘驾式仓储车辆								53	49	1	4	168	1				6	2	7	8	1																		300	15	285	21
3类 电动步行式仓储车辆								36	17		11	48	11			11	3		6	13	4			1			11		1										173	13	160	4
4类 内燃平衡重式叉车(实心轮胎)								4	12		2	23							1	3	5			1															51		51	13
5类 内燃平衡重式叉车(充气轮胎)								7	4	1	2	232			2	28	1				4																		282	266	16	88
1~5类合计								255	202	7	51	854	20		11	68	15	7	19	45	42			2	4		27		1										1631	401	1230	160

表 3-7（续）

产品类别代号	产品类别名称	产品组别代号	产品组别名称	动力型式代号	动力型式型式	起重量（吨）代号	起重量（吨）起重量	广东	江苏	山东	浙江	上海	河北	福建	河南	安徽	湖北	辽宁	四川	北京	天津	广西	江西	湖南	陕西	新疆	重庆	吉林	山西	云南	黑龙江	甘肃	内蒙古	贵州	宁夏	海南	青海	西藏	总计	其中内资品牌	其中外资品牌
租期在一年至两年（含两年）																																									
1	电动平衡重乘驾式叉车	合计						7	46	5	10	110			1	13			1	2	13																		208	22	186
		10	站立操纵叉车	E	电动	000	0～1.199																																				
						012	1.2～1.499																																				
						015	1.5～1.699																																				
						017	1.7～1.999																																				
						020	≥2.0																																				
		20	三支点叉车	E	电动	000	0～1.199																																				
						012	1.2～1.499																																				
						015	1.5～1.699	1	3		1	12							1	1	2																		21		21
						017	1.7～1.999		1																														1		1
						020	≥2.0					2																											2		2
		30	四支点叉车（实心软胎）	E	电动	000	0～1.199			2																													2		2
						012	1.2～1.499																																				
						015	1.5～1.699		23		5	24									4																		56		56
						017	1.7～1.999	5																															5		5
						020	2.0～2.499		6	2	3	23			1						1																		36		36
						025	2.5～2.999																																				
						030	3.0～3.499			1																													1		1
						035	3.5～3.999																																				
						040	4.0～4.999																																				
						050	≥5.0																																				
		40	四支点叉车（充气胎、实心胎和除实心软胎以外的其他轮胎）	E	电动	000	0～1.199																																				
						012	1.2～1.499																																				
						015	1.5～1.699		5			20									2																		27	3	24
						017	1.7～1.999					1																											1	1	

表3-7(续)

产品类别代号	产品类别名称	产品组别代号	产品组别名称	动力型式代号	动力型式型式	起重量(吨)代号	起重量(吨)起重量	广东	江苏	山东	浙江	上海	河北	福建	河南	安徽	湖北	辽宁	四川	北京	天津	广西	江西	湖南	陕西	新疆	重庆	吉林	山西	云南	黑龙江	甘肃	内蒙古	贵州	宁夏	海南	青海	西藏	总计	其中内资品牌	其中外资品牌
1	电动平衡重乘驾式叉车	40	四支点叉车(充气胎、实心胎和除实心软胎以外的其他轮胎)	E	电动	020	2.0~2.499		6			25				3				1	4																		39	5	34
						025	2.5~2.999	1	1			3																											5	3	2
						030	3.0~3.499		1		1					6																							8	6	2
						035	3.5~3.999									4																							4	4	
						040	4.0~4.999																																		
						050	≥5.0																																		
		合计						13	11		8	78				2				12	4																		128	27	101
2	电动乘驾式仓储车辆	10	低起升托盘搬运车和平台搬运车	E	电动	000	≤2.0	6			3	3				2					2																		16	16	
						021	>2.0																																		
		20	高起升堆垛车	E	电动	000	0~1.199																																		
						012	1.2~1.499		2			10								1																			13	4	9
						015	1.5~1.999					6								1																			7		7
						020	≥2.0																																		
		30	货叉前移式叉车	E	电动	000	0~1.199																																		
						012	1.2~1.499																																		
						015	1.5~1.999		4		2	10									1																		17		17
						020	≥2.0																																		
		35	门架前移式叉车	E	电动	000	0~1.199	1																															1		1
						012	1.2~1.499	4				28								3																			35		35
						015	1.5~1.999	2	4		3	11								6																			26	7	19
						020	≥2.0		1												1																		2		2
		40	高起升拣选车	E	电动							9								1																			10		10

表3-7(续)

产品类别 代号	产品类别 名称	产品组别 代号	产品组别 名称	动力型式 代号	动力型式 型式	起重量(吨) 代号	起重量(吨) 起重量	广东	江苏	山东	浙江	上海	河北	福建	河南	安徽	湖北	辽宁	四川	北京	天津	广西	江西	湖南	陕西	新疆	重庆	吉林	山西	云南	黑龙江	甘肃	内蒙古	贵州	宁夏	海南	青海	西藏	总计	其中内资品牌	其中外资品牌
2	电动乘驾式仓储车辆	45	侧向堆垛车(操作台可起升)	E	电动	000	≤1.25																																		
						013	>1.25					1																											1		1
		47	侧向堆垛车(操作台在下面)	E	电动	000	≤1.0																																		
						011	1.0~1.25																																		
						013	>1.25																																		
		50	侧面式和多向叉车	E	电动	000	0~1.199																																		
						012	1.2~1.499																																		
						015	1.5~1.999																																		
						020	≥2.0																																		
		合计						19	7	1	5	62	1	1		1	1			7					1														106	1	105
3	电动步行式仓储车辆	10	低起升托盘搬运车和平台搬运车	E	电动	000	≤1.6																																		
						017	1.6~2.0																																		
						021	>2.0																																		
		15	低起升驾驶式平台托盘搬运车	E	电动	000	≤1.6																																		
						017	1.6~2.0	9	2	1	5	17		1						1																			36		36
						021	>2.0																																		
		17	低起升乘驾/步行式托盘搬运车	E	电动	000	≤1.6																																		
						017	1.6~2.0																																		
						021	>2.0									1																							1	1	
		20	高起升堆垛车	E	电动	000	0~1.199																																		
						012	1.2~1.499		1			2													1														4		4
						015	≥1.5					3																											3		3

表 3-7（续）

产品类别		产品组别		动力型式		起重量(吨)		销售量(台)																																	
代号	名称	代号	名称	代号	型式	代号	起重量	广东	江苏	山东	浙江	上海	河北	福建	河南	安徽	湖北	辽宁	四川	北京	天津	广西	江西	湖南	陕西	新疆	重庆	吉林	山西	云南	黑龙江	甘肃	内蒙古	贵州	宁夏	海南	青海	西藏	总计	其中内资品牌	其中外资品牌
3	电动步行式仓储车辆	25	高起升驾驶式平台堆垛车	E	电动	000	0~1.199																																				
						012	1.2~1.499	8									1																						9		9
						015	≥1.5																																				
		30	前移式叉车	E	电动	000	0~1.199																																				
						012	1.2~1.499																																				
						015	≥1.5		4			11								6																			21		21
		40	地面拣选车	E	电动			2				29																											31		31
		50	平衡重式叉车	E	电动																																						
		60	牵引车	E	电动								1																										1		1
		合计							5		1	25								1	9																		41		41
4	内燃平衡重式叉车（实心软胎）	10	内燃室内叉车	1	汽油机	000	0~1.199																																				
						012	1.2~1.499																																				
						015	1.5~1.699																																				
						017	1.7~1.999																																				
						020	2.0~2.499																																				
						025	2.5~2.999																																				
						030	3.0~3.499																																				
						035	3.5~3.999																																				
						040	4.0~4.999																																				
						050	5.0~6.999																																				
						070	≥7.0																																				

表3-7（续）

产品类别代号	产品类别名称	产品组别代号	产品组别名称	动力型式代号	动力型式型式	起重量(吨)代号	起重量(吨)起重量	广东	江苏	山东	浙江	上海	河北	福建	河南	安徽	湖北	辽宁	四川	北京	天津	广西	江西	湖南	陕西	新疆	重庆	吉林	山西	云南	黑龙江	甘肃	内蒙古	贵州	宁夏	海南	青海	西藏	总计	其中内资品牌	其中外资品牌
4	内燃平衡重式叉车（实心软胎）	10	内燃室内叉车	2	柴油机	000	0~1.199																																		
						012	1.2~1.499																																		
						015	1.5~1.699																																		
						017	1.7~1.999																																		
						020	2.0~2.499																																		
						025	2.5~2.999		3			9									4																		16		16
						030	3.0~3.499		2		1	14								1	5																		23		23
						035	3.5~3.999																																		
						040	4.0~4.999																																		
						050	5.0~6.999					2																											2		2
						070	≥7.0																																		
				3	LPG/Gas	000	0~1.199																																
						012	1.2~1.499																																		
						015	1.5~1.699																																		
						017	1.7~1.999																																		
						020	2.0~2.499																																		
						025	2.5~2.999																																		
						030	3.0~3.499																																		
						035	3.5~3.999																																		
						040	4.0~4.999																																		
						050	5.0~6.999																																		
						070	≥7.0																																		

表3-7（续）

产品类别		产品组别		动力型式		起重量（吨）		销售量（台）																															
代号	名称	代号	名称	代号	型式	代号	起重量	广东	江苏	山东	浙江	上海	河北	福建	河南	安徽	湖北	辽宁	四川	北京	天津	广西	江西	湖南	陕西	新疆	重庆	吉林	山西	云南	黑龙江	甘肃	内蒙古	贵州	宁夏	海南	青海	西藏	总计	其中内资品牌	其中外资品牌
5	内燃平衡重式叉车（充气胎、实心胎和除实心软胎以外的其他轮胎）	合计						28	4	1	1	86	1							1	10								14										146	128	18
		10	标准叉车	1	汽油机	000	0~1.199																																		
						012	1.2~1.499																																		
						015	1.5~1.699																																		
						017	1.7~1.999																																		
						020	2.0~2.499																																		
						025	2.5~2.999																																		
						030	3.0~3.499					6																											6	3	3
						035	3.5~3.999																																		
						040	4.0~4.999																																		
						050	5.0~6.999																																		
						070	≥7.0																																		
				2	柴油机	000	0~1.199																																		
						012	1.2~1.499																																		
						015	1.5~1.699					2																											2	2	
						017	1.7~1.999					2																											2	2	
						020	2.0~2.499	3	1	1	1	1	1								3																		11	11	
						025	2.5~2.999	2				2																											4	2	2
						030	3.0~3.499	3	3			65									7								11										89	77	12
						035	3.5~3.999	20				4																	2										26	26	
						040	4.0~4.999																						1										1	1	
						050	5.0~6.999					3																											3	3	
						070	7.0~9.999																																		

表 3-7（续）

产品类别 代号	产品类别 名称	产品组别 代号	产品组别 名称	动力型式 代号	动力型式 型式	起重量(吨) 代号	起重量(吨) 起重量	广东	江苏	山东	浙江	上海	河北	福建	河南	安徽	湖北	辽宁	四川	北京	天津	广西	江西	湖南	陕西	新疆	重庆	吉林	山西	云南	黑龙江	甘肃	内蒙古	贵州	宁夏	海南	青海	西藏	总计	其中内资品牌	其中外资品牌
5	内燃平衡重式叉车（充气胎、实心胎和除实心软胎以外的其他轮胎）	10	标准叉车	2	柴油机	100	10~11.999					1																											1	1	
						120	12.0~14.999																																		
						150	15.0~16.999																																		
						170	17.0~24.999																																		
						250	25.0~31.999																																		
						320	32.0~41.999																																		
						420	≥42.0																																		
				3	LPG/Gas	000	0~1.199																																		
						012	1.2~1.499																																		
						015	1.5~1.699																																		
						017	1.7~1.999																																		
						020	2.0~2.499													1																					1		1
						025	2.5~2.999																																		
						030	3.0~3.499																																		
						035	3.5~3.999																																		
						040	4.0~4.999																																		
						050	5.0~6.999																																		
						070	≥7.0																																		
		20	空箱叉车																																						
		22	重箱叉车																																						
		25	空箱正面吊																																						
		27	重箱正面吊																																						
		28	多式正面吊																																						
		30	侧面式叉车																																						

销售量（台）

表 3-7（续）

产品类别 代号	产品类别 名称	产品组别 代号	产品组别 名称	动力型式 代号	动力型式 型式	起重量(吨) 代号	起重量(吨) 起重量	广东	江苏	山东	浙江	上海	河北	福建	河南	安徽	湖北	辽宁	四川	北京	天津	广西	江西	湖南	陕西	新疆	重庆	吉林	山西	云南	黑龙江	甘肃	内蒙古	贵州	宁夏	海南	青海	西藏	总计	其中内资品牌	其中外资品牌
1类 电动平衡重乘驾式叉车								7	46	5	10	110			1	13			1	2	13																		208	22	186
2类 电动乘驾式仓储车辆								13	11		8	78				2				12	4																		128	27	101
3类 电动步行式仓储车辆								19	7	1	5	62	1	1		1	1			7					1														106	1	105
4类 内燃平衡重式叉车(实心轮胎)									5		1	25								1	9																		41		41
5类 内燃平衡重式叉车(充气轮胎)								28	4	1	1	86	1							1	10								14										146	128	18
1～5类合计								67	73	7	25	361	2	1	1	16	1		1	23	36				1				14										629	178	451
租期两年以上																																									
1	电动平衡重乘驾式叉车	合计						93	185	177	53	377	4	42	2	16	110	30	23	31	36	13		9			15	116		1									1333	59	1274
		10	站立操纵叉车	E	电动	000	0～1.199	1																															1		1
						012	1.2～1.499																																		
						015	1.5～1.699																																		
						017	1.7～1.999																																		
						020	≥2.0																																		
		20	三支点叉车	E	电动	000	0～1.199																																		
						012	1.2～1.499																																		
						015	1.5～1.699	26	29	6	3	51	1	29	1	2	25	3	6	16	10			3				19		-2									228		228
						017	1.7～1.999																																		
						020	≥2.0					2																											2		2
		30	四支点叉车(实心软胎)	E	电动	000	0～1.199																																		
						012	1.2～1.499																																		
						015	1.5～1.699	12	11		1	56					3	1	1	2	5																		92		92
						017	1.7～1.999	1	1		2	18																											22		22
						020	2.0～2.499	6	21	59	4	75		1			17	8	9	1	5							3											209		209
						025	2.5～2.999	11	13	60	5	22					1		4	2	1																		119		119

表 3－7（续）

产品类别		产品组别		动力型式		起重量(吨)		销售量（台）																																	
代号	名称	代号	名称	代号	型式	代号	起重量	广东	江苏	山东	浙江	上海	河北	福建	河南	安徽	湖北	辽宁	四川	北京	天津	广西	江西	湖南	陕西	新疆	重庆	吉林	山西	云南	黑龙江	甘肃	内蒙古	贵州	宁夏	海南	青海	西藏	总计	其中内资品牌	其中外资品牌
1	电动平衡重乘驾式叉车	30	四支点叉车（实心软胎）	E	电动	030	3.0～3.499	1	6	3	1	6																											17		17
						035	3.5～3.999		1																														1		1
						040	4.0～4.999										1																						1		1
						050	≥5.0		2			3					2																						7		7
		40	四支点叉车（充气胎、实心胎和除实心软胎以外的其他轮胎）	E	电动	000	0～1.199																																		
						012	1.2～1.499																																		
						015	1.5～1.699	13	12	2	6	35				1	9	1	1		3			1			7	2											93	4	89
						017	1.7～1.999					1																											1	1	
						020	2.0～2.499	15	59	44	21	60	2	5	1	9	37	5	2	10	7	1		4			2	31		3									318	9	309
						025	2.5～2.999	2		2	5	29		3										1															42	28	14
						030	3.0～3.499	4	11	1	5	16	1	4		4	15	12			5	12					6	59											155	15	140
						035	3.5～3.999																																		
						040	4.0～4.999		19																														19		19
						050	≥5.0	1				3																2											6	2	4
		合计						18	77	8	7	104	1	8			12	7	6	36	8	1					4	27			1								325	7	318
2	电动乘驾式仓储车辆	10	低起升托盘搬运车和平台搬运车	E	电动	000	≤2.0		8			11		2			4			22								2											49	2	47
						021	＞2.0																								1								1		1
		20	高起升堆垛车	E	电动	000	0～1.199																																		
						012	1.2～1.499			5		1									2																		8		8
						015	1.5～1.999		5		2	3									1																		11		11
						020	≥2.0																																		
		30	货叉前移式叉车	E	电动	000	0～1.199																																		
						012	1.2～1.499	2				2																											4		4

表 3－7（续）

产品类别		产品组别		动力型式		起重量(吨)		销售量（台）																															
代号	名称	代号	名称	代号	型式	代号	起重量	广东	江苏	山东	浙江	上海	河北	福建	河南	安徽	湖北	辽宁	四川	北京	天津	广西	江西	湖南	陕西	新疆	重庆	吉林	山西	云南	黑龙江	甘肃	内蒙古	贵州	宁夏	海南	青海	西藏	总计	其中内资品牌	其中外资品牌
2	电动乘驾式仓储车辆	30	货叉前移式叉车	E	电动	015	1.5～1.999	11	3		1	11									2																		28		28
						020	≥2.0																																		
		35	门架前移式叉车	E	电动	000	0～1.199					3																											3		3
						012	1.2～1.499	1	28	2	1	34	1	2			5	2	4	14	1	1					2												98		98
						015	1.5～1.999	3	29	1	3	31		4			1	5	2									23											102	3	99
						020	≥2.0	1	3			5					2										2	2											15	2	13
		40	高起升拣选车	E	电动							3									2																		5		5
		45	侧向堆垛车（操作台可起升）	E	电动	000	≤1.25																																		
						013	＞1.25		1																														1		1
		47	侧向堆垛车（操作台在下面）	E	电动	000	≤1.0																																		
						011	1.0～1.25																																		
						013	＞1.25																																		
		50	侧面式和多向叉车	E	电动	000	0～1.199																																		
						012	1.2～1.499																																		
						015	1.5～1.999																																		
						020	≥2.0																																		
		合计						100	96	1	13	134	1	29		4	24	12	17	28	23				1		5	43											531		531
3	电动步行式仓储车辆	10	低起升托盘搬运车和平台搬运车	E	电动	000	≤1.6		20			4						4							1														29		29
						017	1.6～2.0	5	3			5															2												15		15
						021	＞2.0		1		1																												2		2
		15	低起升驾驶式平台托盘搬运车	E	电动	000	≤1.6					13																											13		13
						017	1.6～2.0	23	5		5	8	1	27		3	1	4	13	1							3												94		94
						021	＞2.0	7	5											1																			13		13

表 3－7（续）

产品类别代号	产品类别名称	产品组别代号	产品组别名称	动力型式代号	动力型式型式	起重量(吨)代号	起重量	广东	江苏	山东	浙江	上海	河北	福建	河南	安徽	湖北	辽宁	四川	北京	天津	广西	江西	湖南	陕西	新疆	重庆	吉林	山西	云南	黑龙江	甘肃	内蒙古	贵州	宁夏	海南	青海	西藏	总计	其中内资品牌	其中外资品牌
3	电动步行式仓储车辆	17	低起升乘驾/步行式托盘搬运车	E	电动	000	≤1.6																																		
						017	1.6～2.0		3			1									1																		5		5
						021	＞2.0																																		
		20	高起升堆垛车	E	电动	000	0～1.199	1	2			8		1						2	1																		15		15
						012	1.2～1.499	20	5	1	2	18					2				1																		49		49
						015	≥1.5		4			7						2																					13		13
		25	高起升驾驶式平台堆垛车	E	电动	000	0～1.199					2				1																							3		3
						012	1.2～1.499	12	3			2					1											1											19		19
						015	≥1.5	1																															1		1
		30	前移式叉车	E	电动	000	0～1.199																																		
						012	1.2～1.499												2																				2		2
						015	≥1.5	12	5			15								8	8																		48		48
		40	地面拣选车	E	电动				16		3	15							1	16	8																		59		59
		50	平衡重式叉车	E	电动																																				
		60	牵引车	E	电动			19	24		2	36		1			20	2	1		4							42											151		151
		合计						6	34		29	33						6			10										1								119		119
4	内燃平衡重式叉车(实心软胎)	10	内燃室内叉车	1	汽油机	000	0～1.199																																		
						012	1.2～1.499																																		
						015	1.5～1.699					1																											1		1
						017	1.7～1.999																																		
						020	2.0～2.499																																		
						025	2.5～2.999																																		
						030	3.0～3.499																																		

表3-7(续)

产品类别		产品组别		动力型式		起重量(吨)		销 售 量(台)																																	
代号	名称	代号	名称	代号	型式	代号	起重量	广东	江苏	山东	浙江	上海	河北	福建	河南	安徽	湖北	辽宁	四川	北京	天津	广西	江西	湖南	陕西	新疆	重庆	吉林	山西	云南	黑龙江	甘肃	内蒙古	贵州	宁夏	海南	青海	西藏	总计	其中内资品牌	其中外资品牌
4	内燃平衡重式叉车(实心软胎)	10	内燃室内叉车	1	汽油机	035	3.5~3.999																																
						040	4.0~4.999																																
						050	5.0~6.999																																
						070	≥7.0																																
				2	柴油机	000	0~1.199																																
						012	1.2~1.499																																
						015	1.5~1.699		1																													1		1
						017	1.7~1.999	1				4									1																	6		6
						020	2.0~2.499	2				2																										4		4
						025	2.5~2.999		11		4	8						6			4																	33		33
						030	3.0~3.499	2	17		25	11									5										1							61		61
						035	3.5~3.999					2																										2		2
						040	4.0~4.999																																
						050	5.0~6.999		1			3																										4		4
						070	≥7.0																																
				3	LPG/Gas	000	0~1.199																																
						012	1.2~1.499																																
						015	1.5~1.699					1																										1		1
						017	1.7~1.999																																
						020	2.0~2.499	1	1																													2		2
						025	2.5~2.999		3																													3		3

表3-7（续）

产品类别		产品组别		动力型式		起重量(吨)		销售量(台)																															
代号	名称	代号	名称	代号	型式	代号	起重量	广东	江苏	山东	浙江	上海	河北	福建	河南	安徽	湖北	辽宁	四川	北京	天津	广西	江西	湖南	陕西	新疆	重庆	吉林	山西	云南	黑龙江	甘肃	内蒙古	贵州	宁夏	海南	青海	西藏	总计	其中内资品牌	其中外资品牌
4	内燃平衡重式叉车(实心软胎)	10	内燃室内叉车	3	LPG/Gas	030	3.0~3.499																																					
						035	3.5~3.999																																					
						040	4.0~4.999																																					
						050	5.0~6.999																																					
						070	≥7.0					1																											1		1
		合计						14	25	7	2	30		20			1	6	2	2	8						5	3	3										128	17	111
5	内燃平衡重式叉车(充气胎、实心胎和除实心软胎以外的其他轮胎)	10	标准叉车	1	汽油机	000	0~1.199																																					
						012	1.2~1.499																																					
						015	1.5~1.699																																					
						017	1.7~1.999																																					
						020	2.0~2.499																																					
						025	2.5~2.999																																					
						030	3.0~3.499																																					
						035	3.5~3.999																																					
						040	4.0~4.999																																					
						050	5.0~6.999																																					
						070	≥7.0																																					
				2	柴油机	000	0~1.199																																					
						012	1.2~1.499																																					
						015	1.5~1.699					1																											1	1	
						017	1.7~1.999	1				1																1											3		3

表 3-7(续)

产品类别		产品组别		动力型式		起重量(吨)		销售量(台)																															
代号	名称	代号	名称	代号	型式	代号	起重量	广东	江苏	山东	浙江	上海	河北	福建	河南	安徽	湖北	辽宁	四川	北京	天津	广西	江西	湖南	陕西	新疆	重庆	吉林	山西	云南	黑龙江	甘肃	内蒙古	贵州	宁夏	海南	青海	西藏	总计	其中内资品牌	其中外资品牌
5	内燃平衡重式叉车(充气胎、实心胎和除实心软胎以外的其他轮胎)	10	标准叉车	2	柴油机	020	2.0~2.499		7			4															5												16	4	12
						025	2.5~2.999	2		1	1			1																									5	1	4
						030	3.0~3.499	9	12	4	1	17		19			1	3	2	1	7							1	3										80	7	73
						035	3.5~3.999	1				1																											2	1	1
						040	4.0~4.999	1	1	2																													4		4
						050	5.0~6.999		1			4																1											6	2	4
						070	7.0~9.999					1																											1	1	
						100	10.0~11.999																																		
						120	12.0~14.999					1																											1		1
						150	15.0~16.999																																		
						170	17.0~24.999																																		
						250	25.0~31.999																																		
						320	32.0~41.999																																		
						420	≥42.0																																		
				3	LPG/Gas	000	0~1.199																																		
						012	1.2~1.499																																		
						015	1.5~1.699																																		
						017	1.7~1.999		1									1			1																		3		3
						020	2.0~2.499		1											1																			2		2
						025	2.5~2.999																																		
						030	3.0~3.499		2									2																					4		4
						035	3.5~3.999																																		
						040	4.0~4.999																																		
						050	5.0~6.999																																		
						070	≥7.0																																		

表 3-7（续）

产品类别		产品组别		动力型式		起重量(吨)		销售量(台)																															
代号	名称	代号	名称	代号	型式	代号	起重量	广东	江苏	山东	浙江	上海	河北	福建	河南	安徽	湖北	辽宁	四川	北京	天津	广西	江西	湖南	陕西	新疆	重庆	吉林	山西	云南	黑龙江	甘肃	内蒙古	贵州	宁夏	海南	青海	西藏	总计	其中内资品牌	其中外资品牌
5		20	空箱叉车																																						
		22	重箱叉车																																						
		25	空箱正面吊																																						
		27	重箱正面吊																																						
		28	多式正面吊																																						
		30	侧面式叉车																																						
1类 电动平衡重乘驾式叉车								93	185	177	53	377	4	42	2	16	110	30	23	31	36	13		9			15	116		1									1333	59	1274
2类 电动乘驾式仓储车辆								18	77	8	7	104	1	8			12	7	6	36	8	1					4	27			1								325	7	318
3类 电动步行式仓储车辆								100	96	1	13	134	1	29		4	24	12	17	28	23				1		5	43											531		531
4类 内燃平衡重式叉车(实心轮胎)								6	34		29	33						6			10										1								119		119
5类 内燃平衡重式叉车(充气轮胎)								14	25	7	2	30		20			1	6	2	2	8						5	3	3										128	17	111
1~5类合计								231	417	193	104	678	6	99	2	20	147	61	48	97	85	14		9	1		29	189	3	1	2								2436	83	2353

第四章　企业概况

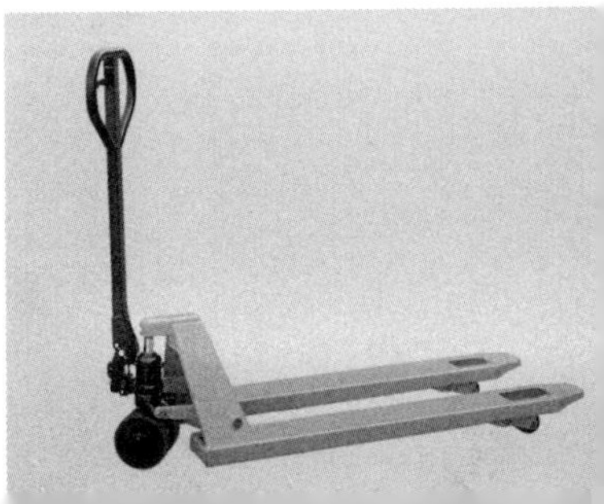

第一节 主 机 厂

安徽叉车集团有限责任公司

2013—2014 年安徽叉车集团有限责任公司（以下简称安徽叉车集团）面对复杂的外部环境和严峻的行业竞争，紧紧围绕年度方针目标，求真务实、砥砺奋进，加速规划落地和管理提升的进程，加强服务领先和贴近市场的力度，加快企业转型升级和生产精品新品的步伐。

（一）主要经济指标完成情况、市场销售情况

2013 年实现整机产量 80953 台，销量 80055 台，汇总营业收入近 130 亿元，实现利润总额 6.87 亿元。2014 年实现整机产量 84200 台，销售 83655 台，其中出口 11066 台，汇总营业收入约 134 亿元，利润总额 8.11 亿元。值得一提的是，2014 年 3 月公司整机产销首次单月突破 1 万台。

这两年，安徽叉车集团运营保持了平稳健康的发展态势，实现了产销规模的连续增长，主要经济指标屡创历史最好水平，保持了国内行业龙头的优势。两年来，“合力”品牌市场占有率进一步提高，运营指标进一步提升，竞争优势进一步彰显，实现了有质量有效益的科学发展。

（二）企业各方面转型升级重要举措和成果情况

对传统国有制造型企业来说，面对激烈的市场环境以及中低速增长的宏观经济形势，传统的粗放式发展方式已难以为继，转型升级工作已迫在眉睫。2013—2014 年，安徽叉车集团全体员工秉承“以人为本，以精品回报社会”的核心价值观，以“世界五强，百年合力”为奋斗愿景，积极践行“合力十大准则”，全力推进企业各领域转型升级发展。

安徽叉车集团先后荣获国家工信部、财政部授予的“2013 年国家技术创新示范企业”称号；工信部授予的“国家级信息化和工业化深度融合示范企业”称号；人力资源和社会保障部授予的“全国机械工业先进集体荣誉”称号；国家质量监督检验检疫总局授予的“出口免验企业”；安徽省文明办授予的“安徽省文明单位”；安徽省国资委 2011—2013 年任期考核“科技创新企业奖、节能减排优秀企业奖”；安徽省税务局授予的“安徽省 2012—2013 年度纳税信用等级 A 级单位”；国家八部委授予的“首届中国工业行业履行社会责任五星级企业”荣誉称号，并以 970.7 的高分顺利通过安全质量标准化一级企业复评；获得“2013 年度安徽企业 100 强第 47 名”；“优秀企业技术中心”；“2014 合肥全国行业领军企业”；“企业信用评价 AAA 级信用企业”；“合肥市政府质量奖”（排名第一）、“第二届安徽省政府质量奖”（排名第一）、“首届中国质量奖提名奖”（全国 43 家）等多项荣誉。安徽叉车集团董事长张德进成功当选“2012 安徽年度经济人物”、“2013 中国机电工业年度人物”，并荣获“全国五一劳动奖章”。

1. 锐意创新，加快新产品和新技术的升级换代

安徽叉车集团严格遵循 IPD 的指导思想，紧扣市场需求和产品规划，依靠创新驱动，加快产品升级换代。先后推出了新 H 系列叉车、K 系列 1 ~ 1.5 吨内燃叉车、G 系列 5 ~ 7 吨内燃叉车、6 ~ 7 吨交流蓄电池叉车、1.5 吨后驱三支点蓄电池叉车、新型2 吨前移式叉车、G 系列2～2.5 吨交流蓄电池叉车、小超人系列仓储车、轻型16 吨重装叉车、新12 吨重装叉车、HL953 装载机及 HL956 叉装车。

其中 CNG/LNG 新燃料叉车、2～3 吨防爆托盘搬运车、低温启动叉车等一批特殊整机新产品深受市场热捧。

新产品的顺利研发上市依赖于工艺及技术的成功创新与运用。安徽叉车集团相继在新能源叉车技术、自动换挡技术、重装结构件厚板焊接变形研究、锂电技术的研究应用、1～10 吨内燃叉车节能液压系统研究、SAP－ERP 技术的二次开发与应用、主动安全系统、叉车三维建模等技术领域实现了新突破；FMS 制造系统、货叉架轴头焊接专机、重装产品发运及二次装配方案、油箱清洗专机、变速箱质量控制检测台、激光切割与高速锯床工艺、铸件清理机器人等一批新装备及新工艺得以成功实施，提升产品质量的同时更确保了生产效率，为安徽叉车集团创新驱动提供了技术支撑。

2. 精益求精，导入先进管理理念持续提升企业内质

安徽叉车集团高度重视管理内质提升工作，将其视为企业转型升级的关键推动力。安徽叉车集团以精益生产为主线，加快 QCD 指标的落地实施，设立公司级和各模块推进指标，以示范工厂（事业部）为自主管理的样板，融合现场管理、流线化、标准作业、品质管理、改善提案等八大模块打造精益样板线，形成了涵盖所有一线班组的自主管理矩阵。截至 2014 年底，安徽叉车集团精益计划完成率达 95.11%，维持固化率达 80.10%，标杆线通过率达到 88%，月人均改善提案 1.78 条，目前安徽叉车集团已培养出一批“精兵”、“尖兵”。

安徽叉车集团以卓越绩效理念为重点，深化绩效管理模式，开展卓越绩效再培训、再诊断工作，从宏观和战略的高度，诊断企业短板，谋划科学发展。经过分析研究，通过方针目标管理推进问题解决，开展竞品分析与标杆对比，引入第三方开展用户满意度和忠诚度的调查，推进知识管理，整理修订企业文化，明确公司未来管理发展思路。

安徽叉车集团以合力运营管理体系（HOS）为框架，全面落实管理提效，切实提升管理软实力。首次提出了具有合力特色的管理理念——以“人、精品”为核心，以中国优秀传统文化为基础，继承合力行之有效的管理方法，学习精益生产、卓越绩效、内控、信息化等管理理念和工具，探索建立具有特色的合力运营管理体系运营管理体系。

3. 两化融合，加大管理创新力度和信息化推进深度

安徽叉车集团 SAD－ERP 一期持续深化应用，二期有序推进，继公司本部之后，一批核心分子公司先后上线运行；人力资源管理模块（HCM）、整车管理模块（VMS）等稳步实施，产品生命周期管理系统（PLM）、产品集成研发管理项目（IPD）等深入推进，为企业实现物流、资金流和信息流的“三流合一”提供坚实基础。

4. 顾客至上，全面落实服务领先战略

安徽叉车集团以市场为导向，深化细化服务领先战略、动态调整营销政策。一是启动了“营销网络管理提升”和“售后服务系列培训”活动，编制了《营销系统（内销）工作指南》，提升营销子公司管理服务水平；二是针对不同类型产品细分市场，促进了重装车辆、仓储车辆快速发展；三是多渠道强化合力品牌，组团参加了德国汉诺威物流展、上海宝马展、亚洲物流展，并集成新媒体、平面媒体等多种载体，提高合力品牌影响力；四是加强营销网络硬件和服务业投资建设，推进了湖北合力、江苏合力、湖南合力、河南合力、重庆合力等多家4S 店建设；五是先后组建了全国性的融资租赁公司和工业车辆设备租赁公司，加快向生产型服务业延伸；六是在法国北部投资设立了合力欧洲中心，以更好地服务全球市场。

5. 以人为本，持续提升员工待遇和生产生活条件

安徽叉车集团着力推进薪酬结构调整，评估并持续改善员工薪酬水平，提高普通、一线和低岗位员工的收入。一是实施人力资源信息化模块，开展员工满意度第三方测评，并根据测评结果有针对性地调整；二是加大员工学习培训力度，在好的经验做法的基础上，发挥好网络学院的培训作用，成功承办了“合力杯”第二届全国工程机械（叉车）修理工大赛，并取得了优异的比赛成绩；三是结合老厂区土地收储，为职工争取了501套住房，一揽子解决家属区不配套住房的问题；四是准时支付“五险一金”、发放购房补贴、午餐补贴、交通补贴等福利，切实保障员工权益。

（三）企业科技研发、科技成果（新产品）和专利情况

安徽叉车集团技术中心是1995年国家发改委等四部委首批认定的100家国家级“企业技术中心”之一，2005年被科技部认定为首批118家国家级“企业技术中心”之一，连续多年被评为“安徽省优秀企业技术中心”。

2013—2014年，安徽叉车集团承担了国家863计划项目、国家火炬计划项目、国家重点新产品项目以及省重大科技攻关项目等一批重要的科研项目，具体见表4-1。

表4-1　2013—2014年安徽叉车集团承担的重要科研项目

序号	项 目 名 称	项 目 级 别	组 织 部 门	立项时间
1	12~46吨高端运搬装备研发	国家火炬计划项目	科技部	2013年
2	QYCD30型内燃牵引车	安徽省新产品	安徽省经信委	2013年7月
3	QYD250型25吨交流蓄电池牵引车	安徽省新产品	安徽省经信委	2013年7月
4	ZL30G型轮式装载机	安徽省新产品	安徽省经信委	2013年7月
5	CPC(Q)D 2~4.5吨内燃平衡重式叉车	国家重点新产品	科技部	2013年9月
6	CPQD50-70型汽油平衡重式叉车	安徽省新产品	安徽省经信委	2013年10月
7	CP(Q)YD50-70型汽油液化气平衡重式叉车	安徽省新产品	安徽省经信委	2013年10月
8	K系列CPC(D)20-25型内燃平衡重式叉车	安徽省高新技术产品	安徽省科技厅	2013年10月
10	QYCD30型内燃牵引车	安徽省高新技术产品	安徽省科技厅	2013年10月
11	ZL30G型轮式装载机	安徽省高新技术产品	安徽省科技厅	2013年10月
12	工业车辆传动关键技术研究攻关项目	安徽省重点产业技术攻关项目	安徽省经信委	2013年
13	6~7吨交流蓄电池平衡重式叉车	安徽省新产品	安徽省经信委	2014年4月
14	G系列1.5吨后驱三支点蓄电池平衡重式叉车	安徽省新产品	安徽省经信委	2014年4月
15	G系列2~2.5吨交流蓄电池平衡重式叉车	安徽省新产品	安徽省经信委	2014年4月
16	H系列2~3.5吨内燃平衡重式叉车	安徽省新产品	安徽省经信委	2014年10月
17	H2000系列2~3.5吨天然气叉车	安徽省新产品	安徽省经信委	2014年10月
18	G系列1~1.8吨交流蓄电池平衡重式叉车	安徽省新产品	安徽省经信委	2014年12月
19	G系列3吨高性能蓄电池平衡重式叉车	安徽省新产品	安徽省经信委	2014年12月

承担国家级重点科技项目 8 项，升级科技项目 23 项；产品荣获机械工业科技进步奖 1 项，合肥市科技进步奖 1 项；专利授权总计 365 项，其中发明专利 14 项；主持或参与国家标准和行业标准 3 项，正在开展的标准制修订 8 项。

（安徽叉车集团有限责任公司　李　磊）

杭叉集团股份有限公司

2013—2014 年，杭叉集团股份有限公司（以下简称杭叉集团）通过产品结构调整、两化融合、机器换人、技术改造等手段加快转型升级的步伐，继续在中国叉车行业名列前茅。

2013 年，杭叉集团销量实现 76265 台，其中国内销量实现 56986 台，国外销量实现 19279 台。2014 年，杭叉集团完成叉车销售 77567 台，其中内销实现 61096 台，出口 16471 台。2013 年杭叉集团荣获“中国制造业 500 强企业”、“中国民营 500 强企业”称号，被国家发改委和科技部等五部门认定为“国家认定企业技术中心”，通过了“浙江省创新型示范企业”和“杭州市清洁生产企业”、“临安市创新型企业”的考评验收，赵礼敏董事长获第三届“品质杭商”称号，受到市政府的表彰。2014 年连续荣获“中国制造业 500 强企业”、“中国民营 500 强企业”、“中国机械工业排头兵企业”，获得了“2014 浙江经济年度榜样”、“2014 浙江省专利示范企业”、“杭州市工业功勋企业”、“杭州市机器换人示范应用企业”、“2014 年度系统安全生产先进企业”等称号。

（一）通过创新驱动，调整产品结构

叉车行业早已是竞争激烈的一片红海，同质化竞争、价格战处于一种常态，想要在这片红海中发展并取得制高点，产品创新是关键。2014 年杭叉集团通过了“国家级技术中心”、“浙江省企业研究院”、“浙江省工业车辆工程技术研究中心”和“浙江省工业设计中心”的评审和认定，通过了“国家认可实验室”的复审。

杭叉集团开发并完善了 A 系列仓储叉车。共有 23 个仓储类产品投放市场。研发了 A 系列 2. 5 ~ 3. 5 吨高性能电瓶叉车和 5 ~ 8. 5 吨重型电瓶叉车。针对特殊市场开发了 A 系列 8 ~ 12 吨叉车、R 系列 2 ~ 3 吨铁路专用短轴距叉车和 A 系列出租型叉车等。完成了 XF 系列 4 ~ 5. 5 吨内燃叉车、XF 系列 5 ~ 7 吨内燃防爆叉车、42 ~ 46 吨大叉车、5 ~ 7 吨 XF 系列液化天然气叉车的开发。在 2013 年成功完成 45 吨集装箱正面吊开发的基础上，2014 年又进行了空箱堆高车的开发。通过合作，成功开发了智能工业车辆（以下简称 AGV），并联合相关企业成立了产业联盟。AGV 车辆的成功开发是杭叉集团转型升级的转折点，意味着杭叉集团从传统型装备制造开始向智能型装备制造转型。

产品的创新是企业盈利的重点，2014 年杭叉集团的新产品产值率达到 39. 17% 。

（二）整机与配件并举开拓新市场，实现品牌化营销

结合新形势和产品战略，公司通过市场活动在电子商务、港口重型设备、零部件出口市场领域取得了显著的成绩：

（1）杭叉集团与众多知名网站、物流杂志社等合作，进行市场推广，获得产品招标信息、采购信息。

（2）在努力经营叉车整机业务的同时，积极开拓零部件国际市场。分别与美国、英国的等众多国际知名公司签订了供货协议并陆续开始供货。

(3) 加强“杭叉”品牌配件的推广工作。在前期配件品牌化试点基础上，全面实行配件“杭叉”品牌化经营。

(三) 加大技改投入，推进机器换人

随着新工艺、新技术、新设备、新材料的不断涌现，企业进行技术改造的空间越来越大、速度越来越快、获得的效益也越来越明显。投入巨资进行技术改造，加快生产环节“机器换人”的步伐，转向智能化制造。

通过与国际领先品牌的合作，引进自动化装配检测设备，实现与企业现有信息系统的实时交互，在行业内率先发起智能化改造，颠覆传统的生产和检测模式。

应用成熟的机器人技术，结合叉车门架的生产过程，与专业公司合作研发，在行业内首家组建了门架焊接机器人系统，突破了门架焊接智能化技术。使70%以上的门架产品实现自动化焊接。

引进了国际先进的加工中心、数控机床，变速箱清洗线、变速箱装配线、变速箱测试台架，增强了关键零部件生产的数字化和智能化水平，为关键零部件打开国外市场提供了有力的质量和技术保障。

通过这一轮的智能化改造，给企业的传统生产方式带来了变革，在提高劳动效率的同时，大大增强了产品质量控制的能力，减轻了员工在生产中的劳动负荷。实现了从传统制造向智能制造的华丽转身，在“智慧工厂”建设的道路上迈出了坚实的一步。

(四) 提升企业管理，防范经营风险

(1) 利用信息化技术，提高企业的管控能力。随着云计算、物联网、大数据、移动互联等这些新的信息技术广泛应用，新的企业管理方式在经营效率、质量控制、降低成本方面越来越显示出其作用。杭叉集团在2014年建立了自己的私有云平台，与香港大学签订了“物联网”技术方面的合作协议，正式迈入了物联网和云时代。实施完成了集团财务系统（EAS）。规范了整个集团的财务管理制度和流程，加强了总部对各子公司的财务监管力度，降低了集团财务运行的风险。

(2) 通过了ISO 18001职业健康安全体系认证和“国二级”安全质量标准化企业审核。为企业员工创造安全健康的工作环境的同时，公司的安全生产管理和作业环境本质安全性有了很大的提高，确保公司生产经营工作长期安全稳定发展。

(3) 员工是企业的财富，为给员工提供更好的生活和工作环境，公司重新装修了员工宿舍和餐厅，对车间厂房重新进行墙面粉刷，并投入巨资对车间内废气收集、过滤系统进行了改造升级，大大改善了员工的劳动保护和环境保护条件，使员工以健康的身体、饱满的情绪投入日常工作。

(五) 打造创新氛围，增强创新动力

转型升级创新是魂，杭叉集团把创新放到战略的高度。为激发广大一线员工的创新动力，每年都会评选一大批产品创新奖、技术创新奖和管理创新奖并进行公布和奖励，在日常的工作中开通了合理化建议的渠道，对好的建议进行研究分析，也在经济上进行嘉奖。2014年共评选创新项目75项，收到合理化建议2323份，奖励160多万元。在这样的创新氛围中，涌现出了大批成果，2014年杭叉集团主持起草国家标准5项；参与制订国家、行业标准7项；申请和获得专利56项，其中发明专利7项，包括1项国际发明专利（英国）。承接了省市两级项目20多项，包括1项浙江省重大科技专项。产品获国家级技术奖1项，省级技术奖3项，市级技术奖4项，见表4-1、表4-2。

表4-2　杭叉集团2013—2014年列入国家级、省级科技项目

序号	项　目　名　称	计 划 名 称	计划编号	级别	备　注
1	CPD10-35Ex-C1型气体粉尘混合防爆蓄电池叉车	国家重点新产品项目		国家级	
2	新型高效进集装箱作业叉车	2013年杭州市海洋经济产业项目		市级	
3	2~3.5吨内燃防爆叉车	杭州市国内首台（套）重大技术装备		市级	
4	绿色环保的X系列6~8.5吨大吨位电动叉车开发	网上技术交易成果转化项目（产学研）		市级	
5	叉车冷却系统散热优化分析及油箱油液数值模拟研究	临安市科技计划项目		市级	
6	28~32吨重型系列叉车	海洋经济发展引导资金项目		市级	
7	石材行业专用A系列叉车	杭州市首台（套）项目		市级	
8	冷链物流用耐腐蚀节能电动叉车研发及产业化	浙江省科技计划项目		省级	
9	智能工业车辆机器人及物流优化控制系统的研制与产业化	杭州市重大科技创新项目申报		市级	
10	大举力高效节能型电动叉车	浙江省装备制造业重点领域首台（套）		省级	

表4-3　杭叉集团2013—2014年获得的科技成果奖

序号	项　目　名　称	奖 项 类 别	等　级	获奖时间	级　别
1	A系列蓄电池叉车	杭州市工业设计大赛产品组铜奖	市级	2013年	铜奖
2	2~3吨站板式电动托盘车	浙江省机械工业科学技术奖	省级	2013年	三等奖
3	《工业车辆　稳定性验证　第1部分:总则》(GB/T 26949.1—2012)	2013年度杭州市标准创新贡献企业和杭州市研制与采用先进技术标准奖励三等奖	市级	2013年	三等奖
4	电动叉车1~3.5吨	2013年浙江省工业设计大赛银奖	省级	2013年12月	银奖
5	电动叉车1~3.5吨	中国企业产品创新设计奖银奖	国家级	2013年11月	银奖
6	《工业车辆　电磁兼容性》(GB/T 30031—2013)、《工业车辆　稳定性验证　第3部分:前移式和插腿式叉车》(GB/T 26949.3—2013)	2014年度杭州市标准创新贡献企业和杭州市研制与采用先进技术标准奖励三等奖	市级	2014年	三等奖
7	小吨位XF系列内燃平衡重式叉车	杭州市科技进步奖	市级	2014年	三等奖
8	大吨位XF系列叉车	中国机械工业科学技术奖	国家级	2014年	三等奖

（杭叉集团股份有限公司　王阜西）

大连叉车有限责任公司

大连叉车有限责任公司的前身大连叉车总厂始建于1946年，为国有大型企业。1958年，中国第一台5吨内燃叉车在这里诞生。大连成为“中国叉车摇篮”，并由此开创了中国叉车制造业史。

2003年10月，由国有企业整体改制为民营企业，新公司坐落于甘井子区营城子工业园区，占地面积14万平方米。依靠科技创新和技术进步，大连叉车现已有1～45吨全品种通用叉车、集装箱叉车、正面吊运机等10大类，30余个系列，300余种品种规格，其已成为以中、大吨位级为主导优势产品的叉车专业生产基地。内销网点遍布全国各地，出口遍布百余个国家及地区。

“大连叉车与世界同行”的壮志激励着新一代叉车人开拓创新，勇往直前，背负着梦想踏上信息化建设的征程。三条整机装备流水线、全自动涂装流水线、等离子切割、数控切割、加工中心等现代化的生产水平是大连叉车发展的基础；高素质的人才队伍、不间断的技术进步与创新、计算机辅助设计和U9ERP软件的成功应用，是大连叉车发展的支柱；“用户满意、员工满意、股东满意、社会满意”的核心价值观是大连叉车做大做强的思想基础。

大连叉车有限责任公司注重文化建设，强调“企业文化筑魂，行为理念塑身，提高队伍素质，促进公司发展”的企业文化。新公司成立后，一系列具有“大叉”特色的企业文化孕育而生。三大核心理念体系和28条行为理念是大叉文化的精髓；“承诺用户需求，追求尽善尽美，做到用户满意，实现互利共赢”是公司永恒的信念；厂徽、厂旗、厂歌是大连叉车独树一帜的标志性文化亮点。

良好的经营理念、和谐的文化氛围让大连叉车连年获奖无数，如中国机械工业500强、大连市企业文化建设成果奖、大连市和谐企业、全国厂务公开民主管理先进单位、省级党建工作示范单位、全国机械行业文明单位、全国双爱双评先进企业、辽宁省技术进步先进企业、大连市先进单位、大连市先进党委、市遵守劳动保障法律规范诚信A级单位、大连市AAA级信用企业等。大连叉车“犀牛”品牌也凭借良好的质量和信誉斩获多项殊荣，2012年还被国家工商行政管理局总局商标评审委员会认定为“中国驰名商标”，2014年获“辽宁名牌产品”荣誉称号。

2013年大连叉车有限责任公司主营业务收入为35086万元，2014年为29829万元，年销售量超过3000台。在2013—2014年大连叉车有限责任公司全力推动销售承包制，向各销售分公司“股份制”改革的方向迈进。加强重点目标大客户的走访工作，加强客户联系，不断提升大客户、重点目标客户的重复购买信心。在港口系统、国企系统、铁路系统、中字头央企以及总后勤部与总装备部军购系统等客户群中取得了一定效果，新增中标概率上升。通过与新代理商租赁相关业务的合作开展，使公司产品成功服务于一批“中国著名品牌企业”，并以优秀的产品品质与服务水平为持续合作打下了基础。积极拓展公司优势产品——大吨位叉车及正面吊运机在海外市场的销售工作，新增开发部分客户并实现批次持续供货合作关系。

为更好地与市场接轨，开发满足市场需要产品，公司积极推进组织机构调整工作，成立专门的新能源开发部与港机开发部，并加大重点地区走访频次，结合市场需求，推进新产品开发及产品升级工作。加大电动叉车开发及投入力度，不断推出绿色、环保、高效的电动叉车新产品。

2013年开发设计新产品12项，并纳入大连市工业企业创新项目：

（1）FD180CCK5型集装箱叉车。

（2）FD260CCK7 型集装箱叉车。

（3）FD150/200DC 型叉车。

（4）FD280/320DC 型叉车。

（5）CPCD100/CPCD160QAC 型叉车。

（6）CPCD50/60/70RD 型叉车。

（7）CPCD80/90/100SD 冈村箱叉车。

（8）CPCD50、60、70AD/FD 进箱作业叉车。

（9）CPCD80、90、100CF/SF 系列叉车。

（10）CPD10/15/18 冷库用蓄电池叉车。

（11）QD60 型冈村箱牵引车。

（12）CQD15FB 型前移式交流蓄电池叉车。

2014 年开发设计新产品 10 项，并纳入大连市工业企业创新项目：

（1）FD180DCK5 型集装箱叉车。

（2）FD260DCK7 型集装箱叉车。

（3）FD230、250CF/DF 型叉车。

（4）Q20/25/30AD 型牵引车。

（5）CPCD50/60/70BD 型叉车。

（6）CPCD50/60/70DD 型叉车。

（7）CPC45AB 型叉车。

（8）CPD20/25HB 型冷库叉车。

（9）CPD15HB 型锂电池叉车。

（10）CDD20FB 型步行式堆垛车。

2013 年新增 3 项专利：

（1）工程车辆用旋转加料装置。

（2）双臂吊具及起吊运输袋装物双臂吊具。

（3）远程进程双控互控电源总开关。

2014 年新增 4 项专利：

（1）双摇杆油门摇臂总成。

（2）盘形齿轮淬火压型模。

（3）管件阻焊用工装。

（4）轴衬压装装置。

（大连叉车有限责任公司　郑　刚　付晨阳　孙胜祖　王文忠）

林德（中国）叉车有限公司

（一）主要经济指标及市场销售情况

林德（中国）叉车有限公司［以下简称林德（中国）］在2013—2014年充分展示了自身业务模式的优势，继往开来，在稳健的经营模式下，业绩保持平稳增长，财务各项指标均取得良好成绩，总营业额、利润率和销售报酬率也有稳定增长。

2013年是林德扎根中国的第20个年头，为纪念这个具有非凡意义的一年，林德（中国）举办并参与了各项活动，包括支持厦门国际马拉松，叉车川藏挑战极限之旅，“1+N筑爱计划——爱在川藏南”公益活动，环保日等，不仅在业界进一步提高了影响力，而且为林德（中国）下一步从成功到卓越树立了里程碑。2014年林德（中国）加大变革及创新，不断完善销售网络，大力推广全价值链概念，规划清晰的战略，在稳健的经营模式下，业绩保持平稳增长，通过以客户为导向的流程和系统驱动业务增长，在高端市场保持首席品牌的地位。

目前，林德（中国）已在国内建立了将近50个分支机构，包括5个销售大区，46家分公司，10家经销商/代理商，135个销售服务网点。

（二）企业转型升级重要举措和成果

林德（中国）始终致力于改革创新，随着市场环境的不断变化，也在做战略性的结构调整。

作为国内外资叉车品牌的领导者，林德（中国）不断将全球领先的技术创新引入中国，在2014年根据不同行业应用及细分市场需求进行了系列升级及新产品发布。服务上，为适应中国市场需求开发经济型配件并建立二手车配件中心，为客户提供多样化选择。呼叫中心自2012年启动以来，目前已覆盖到全国，为客户提供更加实时高效的服务。另外在2014年试水电子商务领域，推出“林德旗舰店”入驻天猫商城，首推MT15型电动托盘搬运车进行预热，收到良好积极的反馈。

为更好地适应精益化管理的需要，林德（中国）在2014年启动SAP系统项目，它将量身定做一套符合林德（中国）业务要求和发展的灵活高效的系统，更好地为2020战略保驾护航。另外，公司秉持“质量第一，从我做起”的理念，顺利通过了专家评审组对公司ISO 9001质量管理体系的换证审核。专家组对公司质量管理体系的运作给予了充分的肯定，同时也为进一步完善体系提出了宝贵的意见。林德（中国）还成功取得了ISO 14001和OHSAS 18001的认证，这两个证书是对林德（中国）长期以来致力于环境和职业健康安全管理体系努力的肯定，也为今后的生产和发展再上新台阶奠定了基础。

2013年，林德（中国）叉车有限公司荣获“中国物流技术装备业十大知名品牌”、“中国物流技术装备业十大年度人物”、“2013年工业大奖”、“年度纳税特大户”、“品牌形象奖”、“中国冷链行业‘金链奖’”、“中国物流社会责任贡献奖”、现代制造“最佳人机工程奖”等奖项，获“中国质量诚信企业”、“中国服装物流优秀装备供应商”、“行业杰出贡献企业”等荣誉称号。创造“叉车行驶跨越海拔落差之最”的上海大世界基尼斯纪录。

2014年，林德（中国）叉车有限公司荣获“2013年叉车十大知名品牌”、“2013厦门优质品牌”、“2013中国物流技术装备年度人物”、“2013LT中国物流技术装备最佳企业”、“2013年度超1亿元纳税特大户”、“2014（行业）最具影响力品牌＋2014（行业）最具影响力人物”“2014中国物流与采购信息化优秀案例奖”、“仓储行业贡献奖”“2014中国能源物流最佳技术装备奖”、“2014应急物流优秀案例奖”、“中国质量诚信企业”、“中国物流知名品牌奖”、“2014 中国物流创新奖”、“2014 年度中国电子商务物流服务最佳技术装备（行业）大奖”、“2014 中国物流装备产业最具影响力品牌”、“2014 中国企业社会责任榜—优秀实践奖”、“2013—2014 中国冷链‘金链奖’——十佳仓储技术装备服务商”、“2015 年度物流技术装备推荐品牌”等奖项和称号。

［林德（中国）叉车有限公司　林海燕］

浙江诺力机械股份有限公司

浙江诺力机械股份有限公司（以下简称诺力）是国内 A 股主板上市企业（股票代码：603611），拥有十余年的工业车辆研发和生产经验。自设立以来，诺力通过不断的技术创新和有计划的规模扩张，产品销量逐年扩大，行业地位不断提高。公司主要产品销量已连续多年排名国内同行业第一位。

诺力目前已成长为国内知名的仓储物流搬运车辆制造企业，产品线从轻小型搬运车辆扩大至电动仓储车辆，在工业车辆中端及中高端市场名列前茅。未来几年，公司将以品质差异化、服务差异化、品牌差异化为核心，进一步利用自身规模优势、技术优势和渠道优势，在巩固轻小型搬运车辆行业龙头地位的基础上，通过借鉴轻小型搬运车辆的成功轨迹，进一步谋求在智能化电动仓储车辆领域的全面领先，实现产品结构高端化、差异化，争取成为世界级仓储物流设备创新者与服务提供商。

（一）2014 年主要经济指标完成情况，市场销售情况

2014 年公司实现产值 99307 万元，销售收入 99496 万元，利税总额 7893 万元。总体与 2013 年基本持平，应该说在 2014 年严峻的经济大环境下是来之不易的。除了手动搬运车由于种种原因全年产量有所下滑，其他的特种车、全电动叉车等产品都有了一定的增长。从这一点上也说明公司产品结构逐步向高端产品转变，形成了更具竞争力的良好态势。

外销积极开拓美洲市场，增长幅度较大，这一市场完成了出口销售 2. 09 亿元，较 2013 年同比增长 12. 13%。大品牌客户也在积极开拓，让客户对诺力的新产品信息得到及时、深入的了解，寻求一切合作的可能性，包括 OEM 的合作。同时，努力促进与国际大品牌公司的合作，与永恒力、林德、RAYMOND、TVH 等客户的合作都有了良好的进展，这都为未来发展添注了正能量。内销团队完成了 3. 2481 亿元人民币的销售额，取得了与 2013 年同比增长 8% 的业绩，创下了诺力内销团队历史上最好的成绩。马来西亚工厂在全体员工的共同努力下，各项供应及时，与本部配合默契，得到了良好的发展，2014 年也完成了 1. 1 亿元人民币出口业务。

受金融危机和欧债危机的严重影响，再加上国内宏观经济调控，由于以欧盟为主要出口市场的需求不断回落，导致诺力订单明显减少。尽管内销部门积极努力使公司在 2014 年国内市场销售有所增长，但由于外销在销售总量占比高的原因，还是没有能够从根本上改变公司整体指标的攀升。客观上是大气候的影响，但主观上也反映了新常态下诺力在市场开拓上还存在短板，在营销理念、产品质量、交货周期、研发速度、成本控制、售后服务、市场规范等方面还有很大提升空间。

（二）企业各方面转型升级重要举措和成果情况

2014 年我国经济增长速度放缓、产业结构优化调整、经济发展继续推进稳中求进的新常态，公司发展也面临了许多困难。在不利的经济大环境下，公司克服了许多难以想象的矛盾和困难，顶住压力、保持定力、坚定信心、主动作为，经受住了挑战和考验，保持了在行业低谷中的平稳运行。

（1）科技创新、引领高端、把握前沿，掌握核心技术和提升核心竞争力是企业发展的关键和核心。

公司在多年的发展中一直把科技创新提高到非常高的层面来认识。想要在日益激烈的国内外市场竞争中保持优势，必须增强科技支撑，加快从要素驱动向创新驱动的转变。2014 年市场带给公司不少新的课题和新的变化，竞争格局也慢慢地有了一些调整。公司成立以欧洲工程师为首的电动产品质量改善小组，电动产品的质量得到大幅提升并趋于稳定，计划 2015 年在欧洲办事处存放免费试用样车以进行推广。

为了研发更贴近市场需求，公司组织了多次研发人员参与的与经销商的会谈，并加快了研发速度。同时，研发流程中的立项环节更为严谨，市场需求为第一要素，研发会在立项之初考虑好产品成本与市场定位等。总体来说，2014 年新产品的质量比以往任何一年都要高很多。

（2）增强市场快速反应意识，整合流程、提升质量、优化服务、满足市场需求要作为压倒一切工作的重点。

为了进一步开拓和培育国内市场，2014 年公司成立了“营销服务委员会”，以加大对内销市场的重视和扶持，历时 63 天先后走访了 17 个省市 36 家经销商。在与经销商面对面的交流沟通中，掌握了市场第一手资料和信息，归纳反馈了“产品交货周期长”、“电动产品质量问题”、“研发速度慢、设计不周全、问题整改措施不力”、“投入与产出不成正比推高了管理成本”、“诺力品牌市场串货严重”等几个方面的问题，得到了公司高层领导的高度重视，不少问题正在整合解决中。

（3）努力、执着、坚毅、永不言弃，诺力股份股票在上交所主板成功上市，诺力人的夙愿得到完美诠释。

2014 年公司上市工作日趋成熟并有了实质性的进展，全面加快了工作节奏，先后完成了预披露、中国证监会发审会通过（首发）申请、中国证监会下发批文等重要环节和流程，形成了诺力股份上市的决定性一章。

诺力通过上市将引进国内外战略合作伙伴，借此来开拓市场空间，打通国际渠道。同时进一步规范公司的运作和管理，完善公司的治理结构，为企业长远健康发展奠定制度基础，步入真正意义上的现代化企业的发展轨迹。

（4）人才战略、党建工作、企业文化、安全生产等各项工作有效开展，融入和助推公司经济主线有序发展。

2014 年公司人才战略、党建工作、企业文化、安全生产等各项工作在各职能部门的努力下取得了较好的成效，融入和助推了公司经济主线的健康发展。多年来公司把人才战略提升到重中之重的战略高度，一直把引进人才、用好人才、留住人才作为企业发展的重要环节。对引进的人才体现了“知人善用、博大胸怀”的用人氛围，事实证明有很多员工和管理人员是很优秀的，他们对诺力忠诚敬业，勤勤恳恳，也为诺力的发展起了很大作用。公司党委紧密结合实际，围绕经济中心开展的工作和取得的成绩有目共睹，党员的先进性也得到了发挥。安全生产工作也取得了很好的成效，事故率明显下降。2014 年经过省安监局重新考核和通过，诺力再次保持“国家二级安全标准化企业”称号，标志着我们安全工作的持续性和有效性。

（5）面对新常态，提升信心、克服困难、化解矛盾，努力思考发展新谋略，积极推进公司稳健和持续发展。

2014 年底公司董事会和经营管理层对 2015 年的工作思路召开了几次会议，科学认识当前形势，准确研判未来走势，辩证认识我国经济发展的阶段性特征，准确把握经济发展新常态。会议认为，面对我国经济发展新常态，观念上要适应、认识上要到位、方法上要对路、工作上要得力。2015 年是公司上市元年，公司要在各个层面实现从“传统”向“现代”的跨越，以全新的姿态、清晰的目标、有力的举措，实现董事会确立的各项目标，回报股东、报效社会。以创新驱动、以技术为引领、以营销为抓手、以质量为根本、以服务为保证，抓住机遇、稳健发展，着力打造成技术一流、质量一流、服务一流的高端物流装备制造企业。

（三）企业科技研发、科技成果（新产品）和专利

2014 年新产品申报项目 16 项，其中国家级项目 3 项，省部级项目 8 项，地方科技项目 5 项。2014 年共有 8 个项目获批进入计划。另有 9 项新产品将在 2015 年第一季度申报，其中“2015 年省企业技术中心创新能力建设项目”、“2015 年度浙江省装备制造业重点领域首台（套）产品（RT 15M 型四向前移车）项目”、“长兴县重点企业研究院重大技术攻关专项”被列入浙江省重点项目。

2014 年 5 月，公司启动年产 22000 台电动工业车辆的数字化工厂项目。此项目基于企业互联网平台，将 RFID 技术、物联网技术和机联网技术的深度融合，通过智能化仓储物流、数字化产品设计、数字化制造技术等高新技术；通过智能制造技术和信息技术深度融合，全面提高工厂的设计、生产、采购、质量和销售管理水平，从而降低企业运营过程中的管理成本，降低能源消耗，提高生产效率。项目总投资 1 亿元，预计 2017 年 6 月竣工。

（浙江诺力机械股份有限公司　姚大申）

宁波如意股份有限公司

在 2013 年和 2014 年，宁波如意股份有限公司（以下简称如意公司）大力实施管理创新，并及时推行回报措施，不忘回报社会，不忘回报员工，从而提升企业的整体综合实力。2013 年实现销售收入 72106 万元，出口创汇 8220 万美元，利润 4311 万元，总资产 37810 万元，纳税 5615 万元；2014 年实现销售收入 82500 万元，出口创汇 9261 万美元，利润 6100 万元，总资产 45210 万元，纳税 6011 万元。

公司董事长储吉旺推出了以“六换工程”推进西林品牌建设的战略决策。“六换工程”就是指“腾笼换鸟、机器换人、空间换地、电商换市、清洁换尘、信心换危”，公司努力破解目前经济发展的一系列结构性问题，即过多依赖低端产业、过多依赖低成本劳动力、过多依赖资源要素消耗、过多依赖传统市场和传统商业模式。

管理创新的目的，是使管理过程顺畅、高效，创造一种有利于提升企业核心竞争能力的环境氛围。没有管理创新，技术创新就难以持续。如意公司的管理体制，成功开创了现代家族制管理体制，已成为行业内关注和赞誉的焦点，为民营企业的管理创新提供了有益借鉴。本创新成果主要体现在以下几方面：

破解过多依赖低端产业问题，如意公司必须加快“腾笼换鸟”。大力发展高新技术产业、高端装备制造业和现代服务业等高附加值、低能耗、低排放设备技术，积极淘汰低附加值、高能耗、高污染设备，用创新驱动的先进生产力替代资源要素投入驱动的落后生产力。技术创新是培育如意公司核心竞争能力的关键，尤其是针对核心技术的创新。如意公司始终实施物流搬运工具专业化的发展战略，始终秉承“高科技、高质量、高效益”的产品开发方针和“精品化”的制造方针，接连不断地研发出一流产品。公司提出“创新老产品，让市场围着产品转；创造新产品，让效益围着企业转”。传统产品要努力创新，做到“外观美一点，质量好一点，价格低一点，服务好一点，效益高一点”。

破解过多依赖低成本劳动力问题，加快“机器换人”。“机器换人”就是加快技术改造，用更加先进、自动化程度更高的工艺设备来替换相对落后的工艺设备，用先进装备替代低端劳动力，进而提高企业的劳动生产率、产品质量和市场竞争力，其本质是以设备更新为载体的技术创新、工艺创新和管理创新。

公司积极推进“机器换人”工作，从实施情况看，效果比较明显，生产效率提高了 800%，而且节约了焊丝、焊条，减少了校正这一工序。该工装自使用以来，在确保质量的情况下极大地提高了公司的生产力和工作效益，效果显著。

破解过多依赖资源要素消耗问题，加快“空间换地”。在经济下行和人力成本、原材料成本不断上升的多重制约下，国内部分省份持续 30 年来的经济高速增长势头开始放缓。在宁海，又面临着人多地少、生产模式粗放等发展困局，土地指标成为横亘在经济发展面前的“拦路虎”。如何解决“无米之炊”这一难题,成为政府经济新一轮发展的关键。公司通过“旧厂房改造”、“零增地”技改等一系列“空间换地”的做法,成功解决了企业“无米之炊”的难题。公司投入 3000 万元大力改造车间。

破解过多依赖传统市场和传统商业模式问题，加快“电商换市”。2013 年公司成立了电子商务部，陆续加入诚信通、阿里巴巴、天猫等电商平台；Xilin. com 官网、Global Source、Direct Industry 等先后上线，公司在阿里巴巴搜索综合排名中位列第五。

破解越来越严峻的环境挑战，加快“清洁换尘”。建设滨海生态企业、打造居住幸福地，势必要从改善环境出发。近几年如意公司大量投入资金升级设备，改造车间生产环境。今后，企业发展不能只考虑到创造产值，更多的是要想想自己生产过程中哪一环节更环保，哪一过程污染大，为生态建设做出一份贡献。

从如意公司的发展历程来看，“六换工程”战略是公司发展的根本动力，公司不断进行科技创新，辛勤耕耘，推动了企业自身发展，同时也推动了整个行业的技术进步。

如意公司近两年完成了三大转型：

（1）完成了从“低成本战略”向“差异化战略”转型。如意公司通过“六换工程”培养差异化竞争优势，形成了独特竞争能力。

（2）完成了从“多元化经营”向“归核化经营”转型。如意公司始终坚持核心化战略，以“仓储物流搬运设备专业化”为核心战略，以“仓储物流搬运设备第一品牌”为战略目标，大力实施“六换工程”战略，这次金融危机有力地证明了，如意公司的“归核化经营”策略是正确的。危机中如意公司抓住机会购进了有利于增强核心能力的资产，进一步增强了核心业务。

（3）完成了从“跳跃式战略”向“可持续发展战略”转型。如意公司一路稳步增长，始终坚持走可持续发展之路，着力打好企业基础，追求成长速度与成长质量、扩大规模与增加效益、实现有形资产与无形资产的有机结合。

公司拥有覆盖全国乃至全球的销售体系和售后服务网络，在上海、北京、广州等全国主要城市和地区设有直属分公司和近 200 个经销服务网点，国内市场占有率在 26% 以上。在海外，代理销售商和分公司已经达到 10 多个，“西林”商标已在全球 68 个国家和地区注册。

公司研发中心 2002 年被认定为省级企业技术中心，自 1999 年起就开始制定了研发和立项的相关程序和文件，有健全的研发管理制度。总工程师领导设计开发、引进创新、品质管理、工艺工装、试制检测、市场服务等。已经有 30 年的搬运车辆生产和设计开发经验，现拥有 94 项专利，其中发明专利 3 项，实用新型专利 67 项，外观专利 24 项。

近两年，相继与浙江大学、宁波理工大学开展了宁波市重大科技攻关项目（高位拣选设备关键技术的研究与开发）；与哈尔滨工业大学开展电动仓储搬运设备电助力转向系统项目、电动仓储搬运设备控制器项目、CAN 接口电动仓储搬运设备加速器项目；与浙江大学开展宁波市重大科技攻关项目、液压搬运车机器人焊接加工柔性自动化设备研发项目。

公司每年引进和培养的本、专科生和工程师都在 40 人以上。高学历、高职称员工在总员工中的比例以每年 4% 的速度递增。同时对研发人员实施绩效考核激励制度，设立“西林”杯科技奖、技术革新奖、育才奖、专利奖、小改小革、绿叶奖等奖项，单项奖金最高达 50 万元，累计已发放各类奖励近 1350 万元。

截至 2014 年 12 月，如意公司共向公益事业、消防、学校、医院、困难群众、汶川大地震、玉树灾区、舟曲灾区、慈善总会等单位捐助近 1.3 亿元，荣获首届“中华慈善奖”、“浙江省慈善贡献奖”、“宁波市慈善楷模”，并跻身胡润浙商慈善榜。

品牌的核心就是如意公司的文化，公司通过每月一期的企业内部《如意报》，不断将如意文化传播到每一位如意员工，每一个客户心里。公司“西林”品牌是如意的一面大旗。“人品、企品、产品”的三品合一构成了一个完整的如意品牌。

如意公司始终实施物流搬运工具专业化的发展战略，始终秉承“高科技、高质量、高效益”的产品开发方针和“精品化”的制造方针，接连不断地研发出一流产品。近两年共研发成功项目新产品 55 个，目前项目产品均已形成生产和销售能力，项目成果转化率为 100% 。项目成果获得国家火炬计划项目 2 项，浙江省科学技术三等奖 3 项，浙江省科技成果转化二等奖 2 项，宁波市科学技术一等奖 2 项、三等奖 4 项。

（宁波如意股份有限公司　叶国云）

台励福机器设备（青岛）有限公司

台励福机器设备（青岛）有限公司（以下简称台励福集团）成立于 1973 年，创立至今持续深耕于叉车技术领域，是全球著名品牌之一。除了在叉车领域中的基础扎根与前瞻研究，台励福也专注研发计算机数控冲床高端技术和开发，并掌握两者关键技术，依照客户的个别需求，量身设计高门槛技术产品，提供全球客户之所需，产品涵盖各大应用产业领域。

作为台湾省叉车专业品牌之一，台励福集团相当重视研发人员的精进与技术的提升，每年投入资金购买先进仪器以提升专业技术，并鼓励研发人员申请专利；同时与台湾学术界的产学合作，创立堆高机学习课程，期望透过涓滴之力替台湾地区培育更多专业性人才。

（一）导入丰田式生产管理

产品质量的升级需要技术与生产管理搭配升级，故台励福集团于2013年底全面导入全球知名丰田式生产管理即丰田生产体系，使台励福集团叉车质量达到国内最佳产品质量并重新定义国内叉车质量的新标杆。

（二）重新调整组织结构，顺应企业二代接班

台励福集团企业文化具有强烈的家族色彩，在相同的生命周期，不同企业的文化交织的导向、企业倾向性还是非常一致的，所以家族企业持续发展活力是不可低估，不可否定的。企业二代接班既为转折点又为创新点，家族企业继任是家族企业成长和发展的关键，与一般企业相比，其领导人的继任更显示出独有的结构性，具有创新、冒险、合作、敬业、执着等精神。利用企业二代接班的发展新模式来重新营造企业“新文化”，以新思维、新思路来创造更符合市场需求的产品。

（三）深化国内叉车后市场

任何产业服务的内容都是紧紧围绕消费者的需求改变，从而来修订产品，配件服务与售后服务也为一项产品，国内叉车业发展至今，该产业后市场保有车辆已高达150万台，因此叉车服务性质也都在围绕消费者需求而不断改变。2014年台励福集团设立4个大型结合服务、配件、售服教育的中心，全面覆盖全国，从而落实深化国内叉车后市场，提升品牌服务满意度。

（四）创新车型环保为先

随着环保意识的提升，台励福集团将着重于产品的环保，以“节能、环保、户车、提力”四大方向，开发产品，同时搭配日本丰田相关技术，从而引领国内叉车环保节能设计与带动国内市场环保意识。

（五）7 L升级进化版

台励福集团7 L升级进化版是台励福集团在中国市场开发的最适合国内使用的，更贴近用户的一款运动模式叉车。它突破传统的研发模式，提升效率，在取货卸货的工作中更快速的运行，效率提升达10%；同时，荷重能力提升10%，比同行业载重能力更大、更强、更有力。除此之外，本产品在用户操作舒适度上进行了升级，更符合人体工学，更贴近用户的设计，刹车操作更轻巧等，都代表着台励福集团两岸研发工程师的用心。

台励福集团研发7 L升级进化版主要的目的是为了吸引更多的客户。使用者平常的使用回馈，都是我们的研发目标。因此我们研发7 L升级进化版叉车用途将相当广泛，主要客户将适用在各个行业，包括重工业、物流业、租赁行业等客户。

随着时代的进步和发展，叉车不仅限于农用和建筑上的应用，而且更广泛地应用于我们的生活中，包括车站、机场、工厂、仓库等各个领域，其已成为我们生活中必不可少的“机器好帮手”。在当前国内外激烈的叉车市场竞争中，排名世界叉车制造业十六强的台励福集团一直坚持“技术升级”的经营理念，不断地创新发展，提升自我品牌价值，勇敢走向世界的舞台。

公司十分注重知识产权的保护，在技术中心设有标准化课，进行各类知识产权的管理工作，主要负责《知识产权管理制度》的建设与实施、各类知识产权的日常管理与维护、知识产权纠纷处理与诉讼、组织宣传和学习有关知识产权的法律知识并交流经验等。

近三年承担和完成的科技项目如下：

（1）SME型全交流蓄电池平衡重式叉车研发；

（2）H系列内燃平衡重式叉车研发；

（3）NA20型窄道式蓄电池平衡重式叉车研发；

（4）Z 系列内燃平衡重式叉车研发；
（5）E 系列内燃平衡重式叉车研发；
（6）新型电动叉车研发；
（7）内燃叉车高效散热系统研发；
（8）Z 系列内燃平衡重式叉车研发；
（9）H 系列内燃平衡重式叉车研发；
（10）NA20 型窄道式蓄电池平衡重式叉车研发；
（11）SME 型全交流蓄电池平衡重式叉车研发；
（12）E 系列内燃平衡重式叉车研发；
（13）新型国产托盘堆垛车 ETV15T 研发；
（14）直线自动焊接装置研发；
（15）四轮蓄电池平衡重式叉车 - SME 控制器全交流研发；
（16）新型分体式驾驶室研发；
（17）叉车用三截宽视野桅杆总成研发；
（18）三支点蓄电池平衡重式叉车 - SME 控制器全交流研发；
（19）叉车用新型转向桥研发。

2012 年以来，台励福集团共申请并获得授权实用新型专利共计 7 项。

［台励福机器设备（青岛）有限公司　林佳郁］

龙工（上海）叉车有限公司

龙工（上海）叉车有限公司（以下简称龙工叉车）成立经过八年发展，始终坚持“销售代理制”的“一大原则”，不断强化“质量、服务、性价比”的“三大优势”，构建起遍布全国的营销服务网络，与广大代理商进一步加强合作，共同打造“一小时销售服务工作圈”，加大专营店建设的力度，逐步缩小覆盖半径，提高整机销售和售后服务的水平。目前已有内燃叉车、蓄电池叉车、港机叉车、仓储叉车等四大系列近两百多个品种，产品技术含量高，性能稳定，性价比高。2013 年全球 20 强叉车供应商排行榜，龙工叉车跃居全球第 14 位。依照龙工董事会制定的《“二轮创业”发展纲要》和《“二五”发展规划》，“专心专注做好叉车，共同开创龙工叉车‘二五’工作新局面，在集团二轮创业中实现经济增长，确保年两位数复合增长”的总体目标和工作要求，全面实施“国际化定位、跨越式发展”的战略。力争早日成为叉车行业的领军企业；全力推进“龙工品牌”由“中国名牌”向“世界知名品牌”的战略跃升，为繁荣国内外物流市场和推动叉车行业的进步与发展提供强劲的动力。

龙工叉车 2014 年年底职工总数 492 人（其中技术人员 35 人），2013 年龙工叉车实现销售 16536 台，销售额 11 亿元 2014 年销售 21518 台，销售额 13 亿元。

在技术发展方面，随着业务的发展壮大，公司成立了技术中心，下设开发部、工艺部、信息化部和试验室。技术中心设一位主任，负责技术中心的综合管理；其他各部室各设一位负责人，负责部门内部日常工作管理以及部门间的协调工作。技术中心根据控股董事局“三升三降”要求，精简机构，强化“三定”，提高效率，把原三个部门职能撤并到技术中心。产品的研发按其生命周期可划分为P0～P6七个阶段，分别为：产品策划阶段（P0）、方案设计阶段（P1）、工作图设计阶段（P2）、新产品试制阶段（P3）、新产品推广阶段（P4）、新产品推广及运维阶段（P5）、产品退市阶段（P6）。产品研制过程中各阶段各部门的职责和要求严格按公司《质量管理体系程序》及《中国龙工控股有限公司技术管理制度汇编》执行。

在新产品方面，龙工LG30DT型三代车运用先进软件模拟出合理而低中心的车架，即增添了车架强度，又减轻了车架重量，降低了整车在工作中的能耗，减少了用户的使用成本。在转向灵敏性，操作流畅性、品质稳定性等方面取得突破。

在生产方面，公司现有蓄电池叉车、内燃中小吨位叉车、内燃大吨位叉车三条总装线，及结构件涂装线、平衡重涂装线、零部件喷粉线等三条涂装线，结构件与零部件全部采用先进的高效数控切割机、激光切割机、大型数控立式加工中心、数控五面体加工中心、焊接机器人等先进设备加工制造，是国内外同行中设备精良的企业之一。

在质量控制方面坚持贯彻质量标准，完善质量检验与质量管理；全面落实质量责任制，层层落实质量责任，实行“质量末位淘汰制”。着重抓过程质量、过程检验，严格执行“自检、互检、专检”三级检验制度，过程控制针对产品质量控制点配备检测设备和专职的检验人员重点监控。公司通过理论和实践，已形成了独具龙工叉车特色的“用户制”管理方法的系统化，已全面覆盖生产、经营、服务全过程。从单纯的生产、质量管理工具，拓展延伸至技术、销售、售后服务、财务等方面，主要宗旨是围绕以用户为核心的管理模式，基于“用户制”的管理方法。公司通过推行“用户制”，编制各工序的“用户制检查表”，使各岗位、各工序员工认真落实产品的自查自检，使得质量管理的三不原则——“不接收不合格品、不制造不合格品、不流转不合格品”得到了有效地贯彻。重点明确下道工序就是上道工序的客户，建立起服务下一道用户的服务意识，每个岗位、工序相互合作，相互监督、大大提高了各岗位、各工序的工作质量和产品质量，从而提升了公司的整体质量、提高了市场竞争力，超预期地满足广大客户对龙工产品的需求。公司还将进一步扩大“用户制”管理理念的推广，从企业管理延伸到经销代理单位对终端用户的管理，形成全面的、全员参与的“用户制”。加强质量信息管理和质量报表制度，落实解决措施并跟踪验证。推行质量报表制度，通过统计分析严防质量问题的发生，不断完善质量预防机制，将重大的、有代表性的质量问题汇编成册，定期组织进行质量案例学习，预防此类质量问题的再度发生。开展群众性的QC小组活动，对公司所有班组长以上员工进行QC小组相关知识培训，QC小组活动涉及产品质量改进，提高工作效率、降低成本等多个方面，通过各类激励措施，促使取得效果。公司每季度组织各工段开展质量竞赛活动，以及鼓励员工提交各类合理化建议。围绕公司的质量方针目标，扎实推进体系建设，公司每月组织一次质量管理体系监督检查，严格执行工艺纪律检查和作业指导书的检查，对各部门及工段的作业指导书执行情况，针对部门或工段负责人进行每月考评。同时积极推进卓越绩效管理，形成改进和创新的PDCA循环体系。

在供应商管理体系方面采取优化措施，控股公司于2013年成立采购运输管理中心，整合资源，控股管理，把“采”和“购”分开，极大发挥控股公司的资源优势，构建稳定的供应链系统，提高了产品的质量稳定性。

在叉车售后服务方面，定期举办产品及服务专项培训班，并邀请新老客户参与和了解龙工叉车产品；及时与代理单位保持沟通，并制定了一系列的业务指南，避免因沟通和宣传不到位造成客户后期更改；市场售后服务及跟踪采取售后服务费用包干代理制，在职能服务部门技术辅导、督促下进行。

龙工企业文化包括精神、制度、物质三个层面和三大核心理念，如图 4－1 所示。

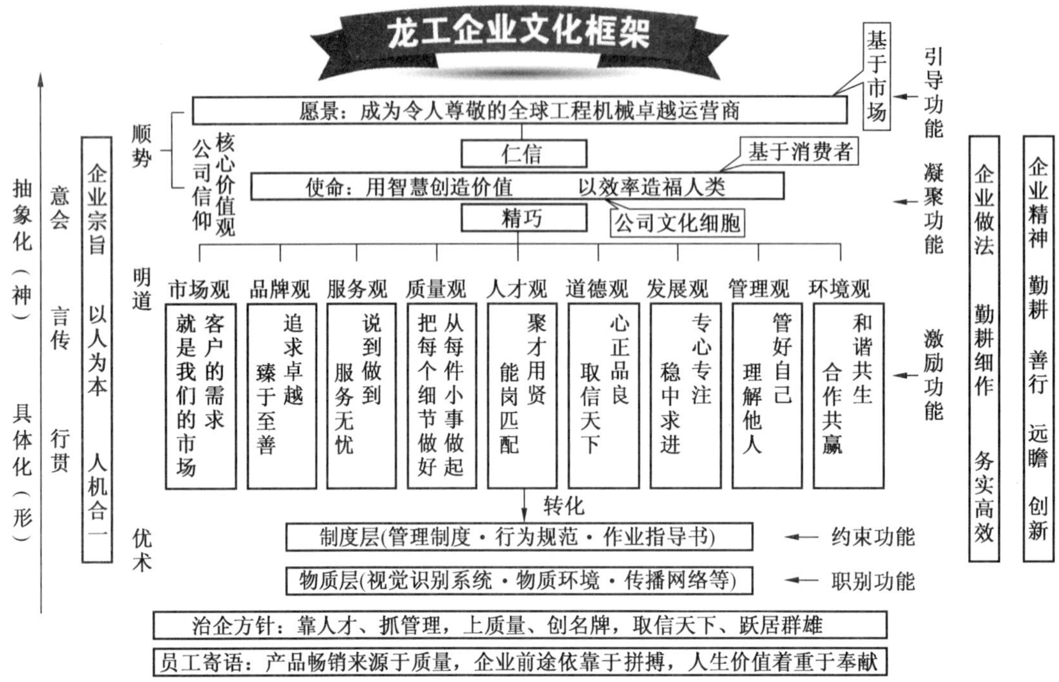

图 4－1　龙工企业文化框架

精神层包括愿景、使命、宗旨、精神、作风等核心价值观，及市场、品牌、服务、质量、人才、道德、发展、管理、环境等子理念群，是文化的核心和灵魂，是企业的“心”。

制度层由精神层转化而来，包括 100 多项的管理规章、10 多个行为规范和 20000 多份的作业指导书，涵盖企业管理、产品研发、生产制造、市场营销、售后服务、公关活动、后勤保障等方面，表现着公司强大的制度执行力，是企业的“手”。

物质层包括公司的视觉识别系统、物质环境，直至产品的外观与包装设计、企业文化的传播网络等，是精神层的载体，也是文化最为直观的外部系统，是企业的“脸”。

从精神层到物质层，由抽象到具体，从神到形，在执行中也就有了从意会、言传到行贯的偏向和侧重。

龙工叉车的三大核心理念为大家庭、大营销和大效益。

龙工叉车设有职工生活园区，阅览室、康乐室、文体赛、办报刊和外拓展等，为职工解决实际困难，丰富、活跃职工的业余文化生活。

2013 年，龙工叉车荣获上海松江新桥镇“2012 年度优秀企业”称号并通过上海市出入境检疫检验局叉车产品免验审验工作。当年龙工叉车实现销售 16536 台。

2014 年，龙工叉车荣获上海松江新桥镇“2013 年度优秀企业”称号、“上海市高新技术企业”证书、被授予“质量第一、诚信为本、中国质量诚信企业”称号并荣获国家质量监督检验检疫总局颁发“出口免检证书”。当年，龙工第三代 4.5 吨单排挡机械平衡重式叉车（LG45DXⅢ）投放市场、

LG10DL越野叉车和FD25Ⅱ短轴车成功下线。龙工叉车跨越20000台销量大关。

在中国工程机械工业协会工业车辆分会（CITA）第六届一次会员代表年会上，龙工叉车被选为副会长单位，并颁发了证书。同时，龙工叉车成为中国工程机械工业协会工业车辆分会制造商管理委员会成员。

［龙工（上海）叉车有限公司　人事部］

柳州柳工叉车有限公司

（一）企业概述

柳州柳工叉车有限公司（简称柳工叉车公司）是广西柳工机械股份有限公司的全资子公司，是集研发、生产、销售为一体的专业叉车制造企业。公司注册成立于2007年8月10日，注册资金1.6亿元，公司总规划用地面积208000平方米，规划年产30000台叉车及其零部件。公司一期建设项目总投资2.24亿元，其中固定资产投资1.64亿元，建筑面积35000平方米，项目于2008年8月竣工，具备年产20000台叉车及其零部件的生产能力。截至2014年12月，公司员工620人，其中研发及技术人员100多人，平均年龄34岁，是一支年轻化且充满朝气的队伍。

柳州柳工叉车有限公司旗下的上海柳工叉车有限公司前身为上海沪光叉车厂，始建于1958年，具有丰富的叉车研发和制造经验，在全国叉车行业中，年产量首家突破千台，累计总产量首家超万台，现在已成为柳工叉车在长三角区域的生产基地。2014年2月山东柳工叉车有限公司在临沂注册成立，成为柳工叉车的第三个核心制造基地，对提高市场响应速度，带动地方零部件配套有着举足轻重的作用，将为全球工业车辆客户创造更大的价值。

秉承柳工“客户导向　品质成就未来；以人为本　合作创造价值”的核心价值观，柳工叉车公司矢志于以一流技术开发产品、以一流产品和品质贴近顾客，为全球顾客提供高施工效率、高可靠性、高性价比的全系列工业车辆产品，2011年获得广西出口工业产品企业Ⅰ类企业。“柳工牌叉车”2012年被国家工信委和中国机械行业协会推荐为中国叉车民族品牌中的四家培育品牌之一；2013年1月荣获“2012中国物流技术装配十大新锐品牌”荣誉称号；2013年被中国机械工业联合会授予“2012年度中国机械工业优质品牌”称号。柳工叉车产品以国内一流的质量和可靠性水平先后通过GOST－R认证、CE认证等，满足国际标准要求，深受国内外用户赞誉。

（二）历史沿革

1958年6月，上海沪光叉车厂成立；

2002年8月，广西柳工集团有限公司投资收购，成立了上海柳工叉车有限公司；

2007年6月，广西柳工机械股份有限公司投资成立柳州柳工叉车有限公司，同时，收购了集团属下的上海柳工叉车有限公司；

2014年2月，柳州柳工叉车有限公司投资成立山东柳工叉车有限公司。

（三）主要产品及更新换代情况

一流的国际研发团队成就了柳工叉车公司强大的产品开发能力。柳工叉车公司现有内燃叉车系列、蓄电池叉车系列、仓储叉车系列及牵引车系列四大类产品线近80种叉车产品机型，自动导航物流车（AGV）等产品线的丰富，使得柳工叉车不但能满足当今严格环保控制，也能满足地方经济结构调整所带来的强劲市场和客户需求，为国际、国内市场用户提供全面解决方案。

1. 内燃平衡重式叉车

柳工叉车公司自2002年开始设计开发内燃平衡重式叉车产品，已涵盖了1.5～16吨内燃平衡重式叉车各类机型产品，可满足国内95%、国际70%市场的客户需求。柳工内燃平衡重式叉车包括CPC（D）系列1.5～4.5吨、CLG系列2～16吨及CLG2020－50H LPG型产品，其具有承载能力高、操作视野宽阔、散热性能良好、维修简易等特点。

2. 蓄电池平衡重式叉车

柳工叉车公司自2008年开始全新设计开发新一代电叉产品，已实现1.5～3.5吨的直流、半交流、全交流机型的全覆盖，满足国内95%，欧洲50%市场要求。柳工蓄电池平衡重式叉车包括：双驱四支点1.5～2吨系列、双驱三支点1.5～1.8吨系列、单驱四支点1.5～3.5吨系列。

双驱四支点电叉行驶双电机独立驱动，微电脑控制实现行驶差速，匹配湿式制动减速箱和宽基小直径实心轮胎，行驶过程不打滑，承载能力强，使用寿命长。双驱三支点电叉因后轮只有一个支撑点，可实现原地转弯，转弯半径更小，更适合小空间作业。单驱四支点电叉配备箱桥传动和空气轮胎，可适于路况较差的路面。同时，OPS控制技术、独有的专利工作液压系统智能流量控制节能技术，大大提升了整车的安全性及操作的舒适性；司机座椅、方向机、操作箱、操作手柄等可调式布置更加人性化，符合人体工程学，降低了操作强度，提高了作业效率。

3. 牵引车

柳工叉车公司2014年强力推出CLG系列蓄电池牵引车，具有能量转换效率高、噪声小、无废气排放、控制方便等优点，凭借柳工先进的技术优势立即打开市场销售大门：

（1）具有行业独一无二的转向轮自动回正功能，客观提醒驾驶人员正确操作，保证行驶安全；

（2）在国内创新采用转向主轴后倾，转向轻巧、灵活，转向角度大，转弯半径小，适用场所广泛，尤其适合狭窄场地的物流转运工作；

（3）弯道主动减速功能，避免运输货物甩出和牵引列车的蛇形运动，提高了货物运输的可靠性和安全性。完成了1.5～3.5吨站驾式、座驾式电动机型。目前，内燃类机型正在开发中。

4. 电叉仓储叉车

已拥有1.5～3.5吨步行式、站驾式、座驾式等电动搬运车、堆垛车，具备良好的技术优势：

（1）一体式动力单元，密封性能好，平稳可靠；

（2）交流驱动电机，免维护，爬坡能力强；

（3）驱动浮动可调系统，高速转向时车身平稳；

（4）电子转向功能，操作更轻便；转弯自动减速能力，使用更安全；

（5）电器系列具有自检测功能，节约保养维护时间。

（四）科技研发、科技成果、专利情况

柳工技术研究总院属于国家级的技术中心，拥有一支具备整机、零部件研发的一流的国际研发队伍，在产品研究、新产品推出方面一直处于行业领先地位。下属叉车研究所在产品研发过程中充分消化、吸收国内外的先进技术，以自主技术创新为主、模仿创新为辅的开发模式进行叉车产品的开发研制。在柳工的制度、技术、制造、配套资源共享平台充分保障下，叉车新产品的研发、生产和市场推广得以顺利实施、发展。

目前柳工叉车公司产品包括内燃平衡重式叉车、蓄电池平衡重式叉车等一系列丰富的产品线，通过各项国内、国际认证，产品出口欧盟等发达国家和地区，满足仓储物流、石材市场、冶金等各类特殊行业要求，作业效率高，产品可靠性好，深受国内外用户的赞誉。同时，产品技术不断创新，取得重大突破，目前产品已实现流量控制（IFC）、主动安全控制、OPS 控制等先进技术，达到国内领先，国际先进水平。公司于 2010 年获自治区高新技术企业称号，截至 2014 年 12 月，公司获得专利授权 27 个，其中发明专利 2 个，实用新型专利 19 个。

（五）产品销售情况

柳工进入叉车行业以来，致力于为客户提供全面、专业的物流解决方案，通过方案解决式营销全面满足客户需求，叉车销量以远超行业增长速度年年攀升（图 4－2）。经过仅 10 年的发展，公司的品牌知名度逐渐在提高，国内排名从 2008 年的第 18 位，提升到 2014 年的第 5 位。

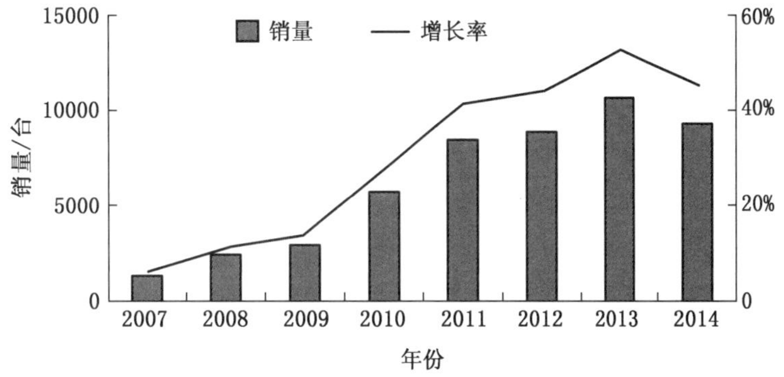

图 4－2　2007—2014 年公司产品销量与增长率

（六）技术改造情况

2008 年 10 月，投资 16000 万元、占地 311 亩的柳州生产基地阳和工厂正式投入生产，新增联合厂房 35000 m^2，配套设施约 1000 m^2，形成了年产 2 万台各种叉车的生产能力。

2009—2012 年，柳工叉车公司累计投资 1500 万元，用于数控机加设备、门架装配线、检测设备等，提升产品质量、提高生产效率。

2013 年策划建立山东柳工叉车有限公司，并于 2014 年 4 月完成公司注册，形成年产 5000 台的生产能力。

2013—2014 年，共投资 1000 多万元，主要用于焊接机器人、槽钢加工线、仓储中心建设，提升产品质量，提供自动化生产程度。

（七）企业管理情况

1. 生产管理

建立了基于 SAP/MES 系统集成的可配置的模块化产品平台，实现了面向订单的批量定制的生产方式。推行卓越制造理念，实现信息化与工业化相融合，柳工叉车公司业务均实施 SAP、MES、BPC 信息化管理，提高管理效率。

采用精益生产流水线，自动化生产保证产品质量及生产效率；采用数控机加、焊接设备，如数控折弯机、数控镗铣床、油箱焊接机器人、货叉架焊接机器人等，保证零件加工质量及生产效率；实施构件静电粉末喷涂工艺，保质、减排、降耗，漆膜强度优于喷漆；采用轨道装配小车柔性装配工艺，低噪、低耗、精益化，装配效率稳步提升。

实施了高度可信赖产品的全球采购，满足客户需求，如发动机、液压件、属具等全球品牌供应商配套，保证了整机产品的高可靠性。

2. 质量管理

建立健全内部管理体系，通过了 GB/T 19001、GB/T 24001、GB/T 28001 管理体系认证。积极推行现代、科学的管理方法和工具，应用柳工质量管理系统（QM），通过先进的测试、数据采集、信号处理仪器可完成各种性能参数、可靠性数据、排放、噪声、振动等的测试与数据采集，实施基于数据统计分析的持续改进流程，不断提升产品质量和可靠性水平。

推行一种技术 6sigma、现场快速响应团队（PPRT）、精益生产、LDP 等管理工具，不仅为企业可持续发展奠定了坚实的管理基础，同时通过先进管理工具的运用，培养了一支年轻的业务骨干队伍。

3. 服务管理

柳工叉车优质高效的服务贯彻设备使用全过程，建立客户档案，应用 DMS 系统进行售后服务管理，定期保养维护，贴心指导，2013 年度柳工叉车公司荣获中国工程机械工业协会用户工作委员会、全国建设机械设备用户委员会颁发的“用户满意服务明星”团队。

（八）企业获奖情况

2013 年，柳工叉车公司柳工牌叉车荣获 2012 中国物流技术装备“十大新锐品牌”、“2012 年度中国机械工业优质品牌”、中国交通运输协会颁发的“2013 年度中国物流技术装备行业创新技术产品奖”、“‘合力杯’全国第二届工程机械修理工（叉车）职业技能竞赛特别支持奖”等奖项，获选中国工程机械工业协会工业车辆分会副会长单位并成为世界工业车辆联盟会议成员单位。

2014 年，柳工叉车公司荣获中国物流品牌网评选的“2014 年中国物流知名品牌（叉车）”。

（柳州柳工叉车有限公司　行政人事部）

厦门厦工机械股份有限公司

由于国内宏观经济由高速增长转向中速增长等因素影响，工程机械行业发展进入寒冬季节。为尽快破解行业困局与自身面临的经营压力，厦门厦工机械股份有限公司（以下简称厦工公司）率先主动调整经营思路，紧紧围绕“新常态、新思维、新动力”精神，对内强化组织运行效率、开源节流；对外狠抓后市场开发、扩大盈利点。2014 年厦工实现营业收入 45.60 亿元，净利润 1727.74 万元，同比实现扭亏为盈。通过一系列改革措施，厦工公司已基本甩掉历史包袱轻装上阵，为将来打下坚实的基础。

（一）提效——促进生产优化

面对严峻的国内外环境和行业形势，厦工公司通过加强库存管理，推行“XPI521”和“SPI521”精益生产项目，加强“3 定 2S 活动”及 ERP 系统管理，健全采购招投标管理等，在生产方面不断提效。库存管理上，厦工公司重点加强呆滞存货的清理工作，完善各类库存管理制度，建立“特殊订单、特殊对待、快速反应”的通道；并推行主要工序实时报工制，严格再制品控制，降低库存资金占用；精益生产上，厦工公司自2012年起持续进行“XPI521”和“SPI521”精益生产项目，提升生产效率及品质；物流上，厦工公司完成了整机部件物流配送方式的改善工作，而随着新预装线的启用，三大件物流配送更趋完善；品质提升上，厦工公司通过“3定2S活动”，对外观、渗漏及早期故障执行针对有效地改善，完善装配工序品质体系；采购上，厦工公司健全采购招投标管理，有效实施“阳光采购”，优化采购流程，建立并完善供应商考核评价制度。2012年起，厦工公司通过进一步维护、强化与供应商的合作关系，探讨战略合作框架，推动供应商协同系统实施，提高订单处理效率及准确性，供应及时率达到99%。

（二）革新——驱动技术升级

厦工公司根据自身情况，提出“以创新驱动技术升级”的发展方略，本质上，就是把创新当作驱动企业发展的引擎、承载技术升级的战车。为构筑超强的战车，从四个方面入手：一是加强研发平台建设、二是持续创新人才培养、三是完善激励机制构建、四是实现技术战略转变。短短几年，厦工公司“创新驱动”的战车已经打造成形，技术创新的能力和实力显著提高：在国家发改委对全国887家国家级技术中心的考核评价中，厦工技术中心综合实力位列全国第67位，福建省第2位，厦门市第1位，工程机械全行业第2位。技术创新成果推陈出新：获得了国家机械工业科技进步二等奖、福建省科技进步一等奖、优秀新产品一等奖等科技成果奖励41项。承接了4项国家科技支撑计划项目，近10项省级、市级重大科技计划项目。主持或参与了55项国家标准、行业标准制定。获得了数百项核心专利技术。完成了国内首台新能源工程机械产品开发，奠定国内新能源工程机械基础。“创新驱动”为厦工的技术升级奠定了厚实的基础，为公司转型发展注入了强劲动力和澎湃活力。

（三）恒心——确保品质提升

新常态下，厦工公司通过制定、细化公司各部门质量目标和工作责任，开展质量月活动，成立各产品质量攻关小组，建立同行业质量竞争力指数评估体系等措施，强力推进以质量升级推动经济升级。高精尖的质量提升，源自优秀的实验室配置与检测能力提升。厦工公司围绕焊接实验室、工业设计实验室、理化实验室、加工精度实验室等引进一批具有国际最先进水平的检测设备。通过内部以老带新、外部借力等办法，强化技术人员培训、熟悉设备操作使用；通过即时即刻的项目学习、交流快速提升现场检测能力；优化内部质量提升激励机制，活化各产品质量提升参与人员动力。多年来先后多次荣获福建省、厦门市“质量奖”等相关称号。

（四）创新——模式变革促营销

厦工公司重视创新渠道管理模式，根据客户和行业变化，优化渠道布局，持续提升渠道综合实力，打造一支有实力的经销商团队，并积极推进海外渠道布局战略规划。厦工公司充分利用“一带一路”国家发展战略实施给行业带来的市场机会，通过改变贸易模式，突破贸易壁垒。此外，公司还创新性地开展新品上市试驾和推广活动，开展多样化营销，组织大型体验式销售活动等。公司已连续三届举办“厦工杯”全国交通运输行业操作技能竞赛活动，构建了交通运输系统操作手互动交流的平台。

厦工公司全面运用信息化工具开展营销管理，实现对市场、客户的全过程关注、维护，对经销商开展全方位支持和协助。公司积极推广GPS物联网系统，逐步打造智能服务体系，建设区域配送中心，实施整机、配件、服务一体化的联动机制。公司积极与经销商转变经营职能，积极构建满足客户需求的多产业经营体系，构建产品合作互补联盟，开展厦工认证的操作机手培训，逐步向提供系统解决方案的营销模式转变。

（五）服务——客户满意十年冠

“用心服务，厦工在您身边！”这是厦工公司对客户的真诚承诺，诠释了厦工“以客为尊，用心经营”的理念。为提升服务品质，公司力争在最短时间和最小服务半径内，为客户排忧解难，提供增值服务。2014 年 12 月 20 日在湖北武汉召开的中国工程机械工业协会用户工作委员会年会上，公司在 2014 年全国土方机械产品用户满意度评价调查中，服务质量用户评价优秀，被评为“用户满意服务”单位，至此，公司已连续十次获得“全国用户满意”单位殊荣。同时公司生产的 XG955Ⅲ装载机被评为“全国用户满意产品”。

（六）节能——着力绿色减排环保路

在低碳节能的时代大趋势下，公司秉承“高效、节能、灵活、环保”的技术追求，率先在我国工程机械行业内实现新一代清洁能源 LNG 技术开发与应用的系列化与规模化生产，为客户提供绿色新能源系统解决方案，并开展了工程机械新能源、节能、减排、减振、降噪技术研究，同时装载机、挖掘机、叉车、道路机械等主力产品实现升级换代，取得阶段性研究成果，引领行业的发展。

（七）新产业——战略合作春华秋实美

“致力于全产业链的精耕细作，为用户提供系列解决方案”一直是厦工公司努力追求的使命愿景。近年来，公司陆续通过合作、并购等方式进军装备制造业的其他领域，如隧道掘进与起重机械等。

2013 年 9 月，由厦工与中铁工程装备集团共同打造战略联盟，合资成立厦门厦工中铁重型机械有限公司，主要从事隧道掘进机械及其核心零部件的研究开发、设计制造和技术服务等业务。

厦工公司继在隧道掘进设备取得丰硕的成果后，还在汽车起重机领域取得突破。厦工公司并购山东泰安工程机械总厂后，注重技术研发，秉承精品原则，加快新产品开发，2014 年度厦工（泰安）公司实现了盈利。

（八）再制造——变废为宝促循环经济

厦工公司积极响应国家“转方式、调结构”号召，通过开展以旧换新活动。2013 年公司完成了国家科技支撑计划“桥箱再制造关键技术与装备”课题的全部技术研究。2014 年，公司连续完成了一台符合国Ⅱ排放标准的 D6114ZGB 发动机、XG955 整机再制造样机的试制工作。

（厦门厦工机械股份有限公司　营销中心）

安徽江淮银联重型工程机械有限公司

（一）主要经济指标完成情况、市场销售情况

1. 2014 年主要经济指标完成情况

全年销售叉车近 9000 台，同比增长 7.6%，实现销售收入 5.33 亿元，同比增长 4.3%。

2. 市场销售情况

1）营销体系运行质量提高

2014 年国内销售新建经销网点 40 余家，新建网点贡献率提升明显。核心经销商全年销售依赖度进一步降低。大客户销售业绩有所改观。

叉车出口业务扭转了持续下滑的局面，同比实现增长。

2）市场运作能力得到改善

加强了市场研究，针对竞品动态，全年在不同时期开展促销活动。举办了专业市场的宣传推广会，以及5个重点地区的产品推广会。

在渠道管理方面，编制了经销商手册，对经销商的营销活动行为进行了规范要求。但经销商评价指标的科学性还有待完善，评价结果也未能有效运用。

产运销存的衔接质量有所改善。

（二）企业各方面转型升级重要举措和成果情况

1. 产品力提升成效显著

产品开发工作更加贴近市场，技术系统进行多次市场调研，了解客户需求和竞品优缺点，产品适销能力进一步增强，新产品销售实现突破。内燃叉车完成了16吨、18吨重型车辆的研发工作；开发了物流专用车，全系列高端发动机搭载基本完成，极大地适应了市场的需求特点。

产品性能优化关注客户反馈意见，实施改进项目，提升了通过性、稳定性和可靠性。

2. 质量管理水平上新台阶

质量门管理体系逐渐成形，4个质量门的12项指标较上一年度均有一定程度的提高。质量绩效管理更加规范，全年发放质量绩效奖力度加大，质量责任追溯力度加大。

供方质量管理的手段更加丰富。全年实施二方审核20家，审核发现问题点200项，供方整改完成率80%。实施了关键件故障率管控，与33家供方签订降低故障率指标的协议，年末达成或基本达成目标的有14家。针对产品出现突出问题的供方，约谈了31家供应商，共实施整改项目105项。日常向供方发出161份《质量整改通知单》，整改措施返回率97%。

制定了实物质量三年规划，设定了质量门指标的三年目标和主导车型的三年内达标要求。实施实物质量问题整改项目314项，完成312项。组织质量顽症攻关活动，完成QC成果63个。加大力度提升外观质量，通过14次AUDIT评审发现并整改问题点302项；同时优化涂装工艺、投入74万元新建精整房，从工艺源头保障产品外观质量。

（三）企业科技研发、科技成果（新产品）和专利情况

1. 科技研发、科技成果（新产品）

2014年新产品开发情况：

全年内燃叉车完成了16吨、18吨重型车辆的研发工作，全系列高端发动机搭载基本完成，开发了物流专用车、木材陶瓷市场专用车、升级版10吨石材车，仓储车完成了型号CQD15L、BDD20、QD20、QD30、QD40、QD60的设计开发，电动叉车完成了CPD15冷库型专用叉车的设计开发，平衡重电叉的升级车型概念设计，属具开发了4.5吨整侧、2～3吨称重货叉、3吨侧移调距叉研发。

2. 2014年专利申报情况

截至2014年12月，公司拥有全部有效专利71项，其中5项发明专利在实质审查阶段，1项在2015年初已授权；

2014年全年共申报了19项专利，其中1项发明。

（四）企业获得的成绩与荣誉

2013 年，公司 1～10 吨内燃平衡重式叉车荣获“安徽省名牌产品”荣誉称号；自主研发的 J 系列 CPD20～25 和 J 系列 CPD30 蓄电池平衡重式叉车，荣获安徽省经信委颁发的“省级新产品”称号。公司通过了中国机械工业企业管理协会专家组的现场评审，被列入“管理进步示范企业”备选单位。

2014 年，公司顺利通过高新技术企业复审认定；经信委专家对公司 1 吨电动万向平衡重叉车、QCD250 内燃牵引车、WR－2 物资回收专用夹进行新产品鉴定，一致同意三项产品通过新产品鉴定；通过省安监局安全生产标准化二级企业复审工作。当年，公司获得中国机械工业企业管理协会认定颁发的“管理进步示范企业”奖牌。

（安徽江淮银联重型工程机械有限公司　汪景秀）

浙江美科斯叉车有限公司

浙江美科斯叉车有限公司（以下简称美科斯）在 2013—2014 年期间，公司各部门齐心协作，各项工作稳步推进。新产品、新系列成功推向市场。产品系列不断完善、产品质量不断提高、服务口碑不断趋好、销售网络不断完善，品牌建设逐年增强，充分展示了自身快速健康发展的态势，业绩台量、销售金额、利润等经营指标均良好增长。

至 2014 年底，美科斯以其靓丽的外观、优质和全方位的服务、安全可靠及高性价比的产品而备受国内外客户的广泛关注和青睐，产品出口到全球 100 多个国家和地区，在国内市场拥有 15 家省级分公司、40 余个办事处以及 130 余家经销代理及服务网点。

（一）企业转型升级重要举措和成果

美科斯始终致力于企业的改革创新，随着市场环境的不断变化，美科斯在各方面都取得了卓有成效的成绩。

企业转型升级方面，随着公司二期项目的顺利完工，产能效率得到进一步提升，目前已形成厂区面积 200 余亩，建筑面积 80000 多平方米，可年产工业车辆类别的产品 30000 台套。工厂拥有先进的部件加工中心、机器人焊接装备、部件自行输送线、涂装流水线、总装流水线、整机性能检测线、叉车部件试验台及 ERP 信息化管理系统。

产品研发方面，不断加大投入力度，目前已开发成功的产品有 M 系列平衡重式内燃 1.0～32 吨柴油叉车和 1.0～5.0 吨汽油/液化气/天然气叉车，平衡重式蓄电池 0.5～5.0 吨四支点叉车和 1.3～2.0 吨三支点叉车，仓储类蓄电池 1.0～2.0 吨前移式叉车、1.3～1.5 吨三向堆垛车、全电动堆高机/搬运车和全方位移动叉车，以及各类牵引车等 300 余种型号的系列产品；新产品 A 系列平衡重式内燃 2.0～3.5 吨叉车、集装箱正面吊、空箱堆高机、越野叉车等产品在 2014 年已陆续上市。

产品品质管控方面，品质管理部门不断提高自身的质量意识和专业技能，转变质量管控的方式、方法。完善质量考核追溯机制，并着力于问题源头的控制，加强与供应商的技术交流、质量反馈和跟踪工作。协助生产部门加快过程车辆的流转，提高生产效率，引入绩效思维，加强责任追查。质量管理体系不断推进及完善，委外培训了多名内审员，各部门都配有兼职体系管理员，员工质量意识较强，相关业务按公司策划要求、过程方法及规定执行。公司质量方针、质量目标、组织机构等设置合理、资源充足，满足质量管理体系的有效运行和持续改进。在质量方面得到了有效的管控。

管理创新方面，对营销系统的绩效考核制度进行了改革，实行了绩效包干制度。创新了销售经营模式、提高营销系统的自主竞价权限、简化费用审核方式、减少公司运营成本。同时制定三年业绩翻番计划目标，年度台量增长要求确保在25%以上。加强代理商信用额度的评估管理，加大对应收款的管控措施。充分发挥工厂、销售、渠道、客户的联动机制。

美科斯通过不断的改革创新，将以“技术创新、完善产品结构、提升产品质量与服务”为宗旨，以国际化、专业化、绿色环保的标准，将美科斯打造成为最受客户尊重的叉车品牌。

（二）企业奖项荣誉

2013年1月，被浙江省科技厅评为“浙江省专利示范企业”。

2013年1月，荣获“浙江出口名牌”荣誉称号。

2013年2月，荣获“浙江名牌产品”荣誉称号。

2013年10月，荣获“杭州·市长杯工业设计大奖赛”铜奖。

2013年12月，被杭州市科技局评为“市级高新技术企业研发中心”。

2014年1月，荣获“富阳市人民政府质量奖”荣誉。

2014年11月，被科技部火炬中心评为“国家火炬计划重点高新技术企业”。

2014年12月，被浙江省科技厅评为“省级高新技术企业研发中心”。

（浙江美科斯叉车有限公司　朱烈新）

浙江吉鑫祥叉车制造有限公司

浙江吉鑫祥叉车制造有限公司（以下简称吉鑫祥公司）是香港吉鑫祥集团下属，由集团法人张正茂先生，于2006年末在台州滨海工业区投资建设的，专业生产叉车和工程机械产品的大型现代化民营企业。公司现生产1～48吨内燃叉车和1～12吨电动叉车，以及3～12吨侧面叉车，电动仓储及环保清扫设备，公司现有员工400余人，其中大专以上人员和其他专业工程技术人员占总人数的30%以上，目前占地105亩，且有待开发土地82亩，为提高产品质量和持续发展，近几年先后投入巨资购置了大型数控火焰下料，等离子下料和激光下料，大型数控折弯和压力设备，以及涂装烤漆线，总装及部装流水线，零部件物流输送线和焊接机器人等150余台套。

吉鑫祥公司目前不但在台州当地具备年产20000台叉车生产能力，并在越南和俄罗斯各筹建一个叉车组装工厂。公司各种产品现已销售到国内31个省市区，国外已经销售到了120个国家和地区。“做一流品质，创世界品牌”是企业永远的经营理念。随着国家经济的快速发展，吉鑫祥公司必将成为一个国内顶尖，国际知名的大型现代化物流设备生产企业。

公司近两年主要状况如下。

（一）2013年公司状况

1. 2013年主要经济指标

（1）订单6228台，同比增长35%；

（2）出货6044台，同比增长37%。

2. 企业转型升级的主要举措和成果

从2013年开始，企业聘请了台州日资企业“铃木管理咨询有限公司”对吉鑫祥为期18个月的“精益生产”管理辅导和精益生产活动的实施。

通过18个月的“精益生产”辅导和实施，使吉鑫祥公司的生产管理上了一个大台阶，并有了以下收获：

（1）干部和员工对精细化生产的理解、认识提高了，管理意识、工作效率提高了；

（2）生产能力从402台/月提高到了650台/月；

（3）现场管理“5S”推行更有效有序，各车间生产现场管理大大改观；

（4）生产成本有了一定幅度的降低。

3. 公司科研产品、新产品

（1）FD330型，33吨重型内燃叉车；

（2）FD120型，12吨内燃叉车；

（3）FDS60型，5~6吨侧面叉车；

（4）FB60型，5~6吨电动叉车；

（5）FBS20型，新三支点电动叉车；

（二）2014年公司状况

1. 经营业绩

（1）订单7912台，同比增长了27%；

（2）出货8177台，同比增长了35%。

2. 企业转型升级的重大举措

（1）总装车间生产组织流程的改变，新增了车架预装流水线，发动机与变速箱组装流水线，仪表架安装流水线，满足了企业销售大幅度增加的需求。

（2）公司上半年与越南某公司签约，吉鑫祥公司负责生产、技术，越方负责市场，初期共同投资500万美元，利用越南现有厂房，组建叉车组装厂，项目也在实施之中。

（3）公司下半年由张正茂董事长带队到俄罗斯进行市场调研，并于2014年7月份与俄罗斯当地一新企业合作，组建俄罗斯GOODSENSE工厂。公司获得莫斯科南部工业区100亩土地，该工厂已于2014年8月份在当地奠基。

3. 2014年新产品开发成果

（1）从研发设计到试制成功交给客户试用，仅用了4个多月时间，就研发成功FD480型，国内目前最大吨位，并具有很多高科技功能的48吨内燃平衡重式叉车，盛装参加2014年上海汉诺威展会，并请国家工业车辆分会秘书长张洁女士为48吨叉车揭幕，展会后成功销售。

（2）研发成功国内最大的侧面叉车FDS120型，12吨侧面叉车，并形成销售。

（3）研发成功FDS30型3吨侧面叉车，完美的设计得到客户高度评价。

（三）公司取得的专利

2013年公司取得实用新型专利13项，外观专利2项；

2014年公司取得实用新型专利19项，外观专利2项。

（浙江吉鑫祥叉车制造有限公司　王　黔）

山东山推机械有限公司

（一）主要经济指标及市场销售情况

山东山推机械有限公司（以下简称山推机械）在2013—2014年秉承“以责任共赢未来”的企业核心价值观，坚持以稳定为基础，以转型为手段，以创新为动力，以制度为保障，推动公司生产经营持续健康发展，业绩水平保持平稳增长，财务各项指标均取得良好成绩，总营业额、利润率和销售报酬率也保持稳定增长。

2013年山推机械围绕集团“打造国际重工”的主题，积极开拓国际市场，实现了海外销售收入、台量同比增长；同时，通过强化内部营销管理，改革营销体制，开展形式多样、行之有效的促销活动，有效地促进了市场销售。2014年在分析和认清市场形势的基础上，山推机械积极调整战略目标，提升管控水平，不断完善销售网络，坚持以客户为中心，以市场需求为导向，完善营销管理服务体系，实现市场布局合理化，管理规范化；在稳健的经营模式下，业绩保持平稳增长。

目前，公司已在国内建立了包括4个销售大区，12个办事处，86家经销商/代理商，150个销售服务网点，叉车整机累积产销突破20000台。

（二）企业转型升级重要举措和成果

山推机械紧跟市场前进的步伐，积极进行战略调整，持续深化改革，探索出一条新常态经济形势下融合创新、转型升级的发展之路。

2014年山推机械全面实施科技创新，推进产品结构调整，根据不同行业应用及细分市场需求进行了系统升级及新产品发布，形成了针对石材市场、木材市场及物流市场的专用型叉车产品系列。针对营销策略的创新，山推机械提出“颠覆旧观念，转变新思维”的整体要求，树立“利润导向”和“规则第一”的原则，逐步实现向“技术型”营销方式的转变。依托山推进出口公司优秀的海外销售网络，立足济宁，放眼全球，产品出口欧洲、美洲、澳大利亚、非洲、西亚、东南亚、俄罗斯等100余个国家和地区。在服务方面，目前已在全球40多个国家和地区建立独立的销售服务网络和零配件储备基地，将快速反应作为公司发展的竞争力，为客户第一时间提供实时高效的服务。

公司秉持“质量第一”的原则，顺利通过了专家评审组对我司ISO 9001质量管理体系和ISO 14001环境管理体系的双认证，产品先后获得国家免检产品、欧盟CE认证、俄罗斯GOST认证等多项出口专业认证。

（三）企业奖项荣誉

2013年2月，荣获山东省“安全生产标准化二级企业（机械制造）”证书。

2013年3月，荣获“中国专利山东明星企业”。

2013年4月，山推机械技术中心被认定为“山东省企业技术中心 ”。

2013年5月，荣获山东省重点领域技术装备奖。

2013年6月，通过了省经信委和省财政厅相关专家的审核认定，并获得了省财政厅专项奖励资助。

2013年8月，荣膺“工程机械信息化应用优秀企业”金奖。

2013年9月，获得第四届山东省装备制造业计算机三维设计大赛一、二等奖。

2013 年 10 月，获得山东省企业创新能力提升专项资金。

2013 年 11 月，荣获全国第二届工程机械修理工（叉车）职业技能竞赛团体大奖和多项个人奖项。

2014 年 2 月，山推机械被授予“济宁市高级技能人才培养示范基地”。

2014 年 9 月，山推机械技术项目获得山东省科技进步奖。

2014 年 10 月，获得年度山东省“省级文明单位”称号。

（山东山推机械有限公司　叉车事业部）

杭州友高精密机械有限公司

（一）公司简介

杭州友高精密机械有限公司（以下简称友高公司）是一家专业从事叉车、仓储设备生产及销售的台湾独资企业，隶属于香港友佳国际控股有限公司，是国内叉车行业第一家在香港主板上市的企业（股票代码：2398）。

最初，友高公司为成立于 1979 年的台湾友嘉实业集团下属企业杭州友佳精密机械有限公司的叉车事业部，友嘉集团多年来坚持以“诚信负责、永续经营”的理念为经营宗旨，以“技术领先、品质第一、追求卓越”的精神为经营基石，历经 30 多年的努力和内部整合与革新，在全球拥有了 72 家公司。相互提携合作，形成完整的内部网络，充分利用集团共享资源，多元化的产品包括叉车、CNC 机床、建设机械、电动工具、气动工具、电梯、计算机、印刷电路板、立体停车库、传动组件、建筑五金等，满足不同行业客户的需求，并从 2000 年开始被商业周刊评为台湾 500 强之一，集团下属友佳国际控股与 2010 年在台湾主板上市，成为台资企业中唯一一家大陆发展后返台上市的企业。

随着“友佳叉车”事业的不断壮大，2006 年集团对友佳公司进行重组，在美丽的西子湖畔杭州创立杭州友高精密机械有限公司，专业经营叉车及仓储设备。注册资金 1000 万美元，并由国际著名的 ISO 认证机构严格检定通过 ISO 9001 认证，且产品均已获得欧洲 CE 认证、美国 EPA 认证、中国国家工程机械质量检验中心的检验证书。分别在国内外设有完善的销售及服务体系，同时产品大量出口至欧美发达国家及中东、东南亚等地区。未来友高将被打造成为全球领先、拥有核心技术、可持续发展的业内知名企业，为全球客户提供更优秀的产品、更优良的服务及创造出更大的价值。

友佳叉车全系列机型具体如下：

（1）1 ~ 42 吨内燃柴油叉车系列。

（2）1 ~ 7 吨内燃汽油/液化气叉车系列。

（3）1 ~ 8 吨全交流电动叉车系列。

（4）1.3 ~ 2 吨双驱全交流电动叉车系列（三支点、四支点）。

（5）2 ~ 6 吨三支点电动拖车头。

（6）6 ~ 10 吨四支点电动拖车头。

（7）1 ~ 2.5 吨前移站驾驶式电动堆高机系列。

（8）1 ~ 2 吨电动堆高机系列。

(9) 2~4 吨自走式电动托盘车系列。

(10) 1.5~2 吨自走式前移式电动堆高机系列。

(二) 产品销售情况

友高公司始终坚持销售代理制，不断拓展国内市场和国外市场，提高整机销售和售后服务的水平。

2013 年，销售 3226 台，2014 年销售 2997 台。

(三) 转型升级情况

(1) 根据市场需求，对现有产品增加配置，提升市场竞争力。

(2) 提高特殊机型的应变能力，增加销量。应市场需求，研发及服务更加贴近市场。

(3) 根据国家政策导向，强化电动叉车的发展，成立了电动叉车的专业部门。新产品研发，试制及生产进行系统化管理。同时对市场进行拓展，实行服务及培训同时展开的模式。

(四) 新产品情况

(1) 开发 FB50/60/80 型电动叉车，并批量生产。

(2) 开发 PBTW 型拣选车系列，并交付国家电网。

(3) 开发 FD30/35B 型标准版内燃叉车。

(4) 开发 FD30/35C1 型技术版内燃叉车。

(5) 开发 FB16/20/25/30/35 型标准版电动叉车。

(6) 开发 RBSB 型配重电动堆高机。

(7) 开发 FBR 型座驾前移式叉车。

(8) 开发 2.5~3.5 吨内燃越野叉车。

2013—2014 年友高公司有两项主要发明专利，分别为货架仓库的无轨智能化搬运装置［专利号：ZL 2012 1 0110978.4］和连杆前置式越野叉车［专利号：ZL 2012 1 0532846.0］。

（杭州友高精密机械有限公司　向礼昌）

浙江中力机械有限公司

(一) 概况

浙江中力机械有限公司（以下简称浙江中力）地处浙江省安吉县，是中力旗下一家专业生产电动叉车、电动搬运车等电动仓储设备的制造企业。公司成立于 2007 年 12 月，注册资本 1000 万美元，占地 200 亩。

公司以产品创新、满足市场需求为核心优势，在行业中异军突起，开发的小金刚系列及拣料派送系列，填补了国际空白。

公司在美国、欧洲、日本设有销售公司，在美国拥有 BIGJOE 工厂。

(二) 生产

2013—2014 年，浙江中力投入 1300 多万元用于生产技术改造项目，打造“制造信息化”和“制造自动化”的现代化叉车生产车间。例如：ERP 系统和车间现场“双箱制度 two-bin”物料管理方法结合，大大降低了外购零部件的库存量。同时，在焊接车间研发基于有限元分析的焊接自动化流水线，该项还成功通过了浙江省科技厅重大科技攻关项目的验收。

（三）销售

2013 年电动叉车、仓储车销售 12505 台，国内销售翻番。

2014 年在全球客户、员工、代理商、供应商的大力支持、共同努力下，再创佳绩。2014 年国外市场销售额 1. 01 亿美元，国内市场销售额 0. 34 亿美元。2014 年安吉工厂销售 15104 台，电动仓储车产销量名列前茅。

（四）创新

公司的轻小型电动搬运车产品获“德国国际工业设计大奖红点奖”、国家重点新产品（2013GRC2006）、浙江省经信委优秀工业新产品称号、浙江省科技进步二等奖、国家火炬计划（2014GH040759）、湖州市十大工业创新产品、2014 年度“浙江制造精品”；产品“站驾式电驱动电转向高位拣料车”、“面向楼层仓库的轻小型自动搬运车”列入省高新技术产品项目，产品“电驱动电转向电液比例控制前移式叉车”列入市级技术创新项目；产品“1. 8 吨全交流双驱电动四支点叉车”获得湖州市成果转化奖三等奖；公司还承担了浙江省科技厅重大科技专项（2010C01012 – 4）研究任务。

公司拥有授权专利 91 件，其中国外发明授权 1 件，国内发明授权 4 件，实用新型 64 件，外观专利 22 件。

（五）成绩

2013 年，浙江中力获“省级高新技术企业研究开发中心”、“浙江省专利示范企业”、第二届中国创新创业大赛浙江赛区“优秀企业奖”等奖项；公司生产的产品“适用于狭小通道的 1. 5 吨超小型轻量化电动搬运车”获浙江省科技进步奖二等奖，“站驾式电驱动电转向高位捡料车 ”列入省高新技术产品项目，“适用于狭小通道的 1. 5 吨超小型轻量化电动搬运车”列入国家重点新产品。

2014 年，公司通过知识产权管理体系认证。“适用于狭小通道的 1. 5 吨超小型轻量化电动搬运车”被评为湖州市工业十大创新成果；“1. 8 吨全交流双驱电动四支点叉车”获得湖州市成果转化奖三等奖。

（浙江中力机械有限公司　市场部）

韶关比亚迪实业有限公司

（一）企业概述

韶关比亚迪实业有限公司成立于 2009 年，隶属于比亚迪股份有限公司，选址于韶关市浈江片区。项目总投资为 5. 15 亿元，占地面积约 70 万平方米，主要从事电动叉车零配件生产及组装业务，包括电动平衡重式叉车、电动仓储式叉车等共用六条总装线，可满足年产 20000 台叉车需求。

韶关比亚迪实业有限公司拥有成熟的工艺和完善的管理，注重研发和技术的投入，根据公司发展规划，比亚迪新能源叉车融合了比亚迪汽车、IT 和新能源三大技术领先优势，致力于全球搬运设备的技术升级与服务标准的规范完善。为满足公司日益壮大发展过程中对技术革新的扩充需求，同时也是为公司的产业转型进行摸索探路，更是为了不断完善公司产业链，丰富公司多元化发展体系。

（二）历史沿革

2009 年 11 月，韶关比亚迪实业有限公司成立。

2012 年 6 月，比亚迪电动叉车在广州发布暨全国营销启动仪式。

2013 年 1 月，比亚迪总裁王传福出席比亚迪电动叉车 2.5 吨批量下线暨 3.5 吨揭幕仪式。

2013 年 8 月，比亚迪 3.5 吨电动叉车在韶关工业园顺利下线。

2014 年 7 月，比亚迪总裁王传福视察韶关电动叉车生产基地。

（三）主要产品及更新换代的情况

作为新能源叉车的领导品牌，比亚迪始终坚持“技术为王、创新为本”理念，融合公司内部全球领先的电池技术、电源管理技术、电机及电控技术，成功推出全球首款搭载铁电池的电动平衡重式（1.5～3.5 吨）、电动托盘式、电动前移式、电动堆垛式四大系列的新能源叉车产品。

1. 电动平衡重式叉车

作为比亚迪新能源叉车的主打车型，比亚迪电动平衡重式叉车是当之无愧的“环保卫士”、“省钱利器”。随着人们的环保意识增强，市场对绿色搬运的呼声越来越高，比亚迪电动平衡重式叉车搭载全新铁电池技术，零污染、零排放，第一次真正的解决了叉车行业的污染问题。可快速充电、随充随用，满足多种工况要求，且综合使用成本低，仅为内燃叉车的 10%，铅酸电池叉车的 50%，是真正的省钱利器。比亚迪平衡重式叉车采用先进的双前驱技术，搭载全球领先的电源管理系统，采用全中文显示仪表，配备座椅 OPS 系统功能、指尖操控系统，是一款环保、高效、安全、稳定的新能源叉车，可广泛应用于物流、仓储、食品、饮料、造纸、冷链、机场等行业。

2. 仓储叉车

仓储叉车涵盖电动托盘式、电动堆垛式、前移式叉车，分别完成仓储内常见的物流作业，如货物平面搬运、堆垛、挑选等，比亚迪仓储式叉车产品如下：

（1）电动托盘式叉车，额定载荷 2.0 吨，采用原装进口 AC 立式驱动单元和 DC 液压动力单元，工作平稳、节能、降噪，性能卓越，质量可靠；采用独特的转向线束走线方式、稳定可靠的平衡轮调节装置、五支点结构以及速接插式液压接头，让叉车使用寿命更长、行驶更稳、充电更便捷，配备的电子助力转向系统，轻便、低噪、更省力，女工也可自如操作，安全护栏、多功能储物台等人性化设计，让操作更安全、舒适。体型灵巧，重量轻便，转向灵活，让比亚迪托盘式叉车在室内相对狭小的空间内，仍能做到操作自如，适合于食品、纺织、印刷、超市、仓库等场所使用。

（2）电动堆垛式叉车：额定载荷 1.4 吨，原装进口 AC 立式驱动单元和 DC 液压动力单元，工作平稳、节能、降噪，性能卓越，质量可靠。

（3）电动前移式叉车：额定载荷 1.8 吨，比亚迪 CQD18 是一款性能卓越，安全高效的产品，采用全交流异步电机，不仅免维护，还降低了使用成本。能够利用其门架前移的特点，在窄通道仓库内依然可以搬运自如。

（四）科技研发、科技成果、专利情况

比亚迪一直坚持创新改变未来的信念，凭借对技术的狂热与执着，比亚迪于全球首创铁电池技术，引领着全球铁电池的技术攻关和商业应用。在环保动力电池领域，高品质、高安全、无污染的比亚迪铁电池，有望逐渐替代石油和铅酸电池成为电动汽车电池的首选。比亚迪铁电池已成功在 IT、汽车、储能电站、物流等多个领域普遍应用，搭载铁电池的比亚迪纯电动汽车 e6 和纯电动大巴 K9 已成功进入欧美市场，成为全球电动公共交通领域的首选。作为全球续航里程最长的电动车 e6，已在深圳组建了全球最大的电动出租车队，单车最高行驶里程已超过 55 万千米，相当于家庭轿车 25 年行驶里程。比亚迪铁电池的高品质和性能得到了市场的检验与认可。

比亚迪叉车搭载比亚迪全球领先的电源管理系统，实时对电池温度、电压及放电电流进行监控，对荷电状态进行精密计算，确保电池始终工作在安全状态，有效延长电池寿命，其静态功耗低、抗干扰性能强，工作稳定可靠。

（1）货叉自动找平功能：按住自动找平按钮，推动操作杆，这时采用传感器实时监测前倾角度，当角度为 90 度时锁止门架，会在货叉水平位置停止前倾。

（2）驻坡功能：叉车停在坡上，松开刹车的情况下短时间内不会后溜。

（3）高位前倾角保护：重载状态下，根据货叉提升高度和重量自动控制门架的前倾角度，放在门架前倾超出危险角度，降低货物跌落和车辆前翻的危险。

（4）超载保护：超过规定最大载荷时，仪表超载报警，且货叉将不能起升，保护整车稳定性和安全性。

（5）整车断电保护：整车断电后，电磁阀关闭，回路被阻断，门架不能起升和下降，不能前后倾斜。

（6）油缸低位缓冲：在油缸底部设置有缓冲装置，通过局部压力损失、锐缘节流、缝隙节流三阶段来实现速度的递减，直至为零。当货叉快速降到底部时，货叉迅速平稳降低速度至静止，防止机械碰撞产生冲击和噪声。

（7）低电量保护：电源管理器实时监控每节电池的电压、温度和电量，在电量低于 20% 时报警，低于 5% 时锁定起升，强制要求驾驶员去充电。

（8）能量再生制动：松油门踏板时，自动带电制动，将原来的动能转化为电能，电池回收能量，延长实际工作时间，同时降低对刹车片的磨损。

人性化的外观设计，开阔的前方视野、高置的 LED 灯、易于抓握的大型扶手、宽敞的腿部空间、小巧简约的造型，让操作更加舒适愉悦。

比亚迪“技术为王，创新为本”的理念，指引着每一个比亚迪人将技术创新作为比亚迪的核心竞争力。坚持着“从技术层面领跑行业发展”的理念，比亚迪叉车一直不遗余力地投入大量的资源进行研发和推广，保持技术领先优势，在整个研发团队努力下，比亚迪叉车取得不菲的科技成果价值。

（1）2012 年 11 月 5 日，比亚迪磷酸铁锂电池荣获“高新技术”称号。

（2）2013 年 3 月，比亚迪磷酸铁锂电池被认定为广东省高新技术产品。

（3）2013 年 12 月，比亚迪叉车荣获“中国物流装备产业技术创新奖”。

（4）2014 年 10 月，比亚迪电动叉车荣获“2014·最受全国先进物流企业欢迎的物料搬运设备奖”。

（5）2014 年 12 月，比亚迪电动叉车荣获“中国物流装备产业最具环保力品牌”荣誉称号。

（6）2014 年 12 月 12 日，比亚迪电动叉车荣获“2013—2014 中国‘冷链奖’优秀产品应用案例”荣誉称号。

目前比亚迪叉车已获得发明专利 18 项、实用新型专利 38 项、外观专利 19 项，正在申请的发明专利8项、实用新型专利12项，外观专利5项，并正在参与制定及修订国家与行业相关标准。

（五）产品销售情况

比亚迪叉车主要包括电动平衡重式、托盘式、前移式、堆垛式四大系列的新能源叉车产品，自2013年开始上市，2014年就跻身中国电动叉车销量前十，成功获得市场的检验与认可。随着比亚迪叉车国内市场的逐渐打开，欧洲、美洲、澳洲、亚洲等地区的订单也纷至沓来。为了给客户提供更有效、及时、贴心的服务，比亚迪叉车在全国设立七大销售大区，30个直属销售机构，60多支经销商服务队伍，涵盖全国103个城市，形成了具有较强抗风险能力的营销组织架构，为客户提供最快捷的销售及售后服务保障，让客户买得放心，用得安心。

（六）技术改造情况

比亚迪叉车承接了比亚迪集团制造领域的丰富经验，完整的整车生产线，采用机器人自动焊接工艺，可实现整车量产的高效率、高精度、高统一性，同时拥有六条总装线，以及结构件涂装、平衡重涂装、零部件涂装等四条涂装线，结构件与零部件全部采用先进的高速数控等离子切割机、激光切割机、数控车、数控铣、数控折弯等设备加工制造，形成年产各类电动叉车20000台的能力。

比亚迪兴建了专业的叉车冷库实验室，该实验室是全国最先进的低温实验室之一，为发展冷库叉车提供了专业的使用测试环境，确保各种低温性能得到充分验证。

比亚迪投资数千万元建立业内领先的检测中心，下设电学实验室、环境可靠性实验室、结构部件实验室、液压部件实验室、整车检测实验室，可完成整车和零部件的各种系统测试。

（韶关比亚迪实业有限公司　杨永海）

丰田产业车辆（上海）有限公司

（一）丰田产业车辆集团

丰田产业车辆集团是世界排名第一的叉车制造商,其母公司是丰田自动织机,旗下拥有TOYOTA、BT、RAYMOND三个品牌和最全的产品线。丰田产业车辆以其高品质的产品和物流服务在中国、美国、日本、欧洲等地为客户打造最匹配物流现场，帮助客户优化物流成本，提升物流品质，构建安全高效的物流环境，已成为客户坚实的物流合作伙伴。自2000年收购欧洲著名叉车制造商瑞典BT公司以来，已经连续13年位居全球销量榜首。

丰田叉车在全球拥有4个生产基地，分别是世界第一大叉车工厂日本高浜工厂、美国工厂、法国工厂和中国昆山工厂。

（二）丰田产业车辆（上海）有限公司

丰田产业车辆（上海）有限公司是丰田叉车在中国的总经销商，由丰田自动织机2003年投资成立。目前，丰田产业车辆除上海总部之外，在天津、广州、成都、大连设立4家直销分公司，并在全国29个省市拥有29家经销商，65个销售网点和位于昆山，佛山的两个生产基地。

（三）丰田工业（昆山）有限公司

丰田工业（昆山）有限公司是丰田叉车在中国的生产基地，也是丰田全球4大生产基地之一，于2003年投产。2013年TIK工厂搬迁新址，工厂规模得以扩大，工厂产能达到15000台/年、叉车工厂占地52000平方米。除了应对国内市场需求外，昆山工厂还向全球包括亚洲、欧洲、大洋洲及非洲等地区的国家出口多个车型的产品。

（四）丰田产品介绍

丰田旗下三大品牌产品覆盖CLASS Ⅰ~Ⅵ类车辆，同时还提供仓储系统解决方案服务。2014年丰田叉车在其昆山工厂全球首发了丰田8系列3.5~8.0吨内燃叉车、BTLPE系列电动托盘车和BT RRE B系列前移式叉车三款新品。

（五）CLASS Ⅰ（电动平衡重叉车）

0.7~0.9吨：丰田3FB系列四轮电动平衡重叉车。

1.0~2.0吨：丰田7FBE系列三轮电动平衡重叉车。

1.5~3.0吨：丰田8FBN系列四轮电动平衡重叉车。

3.5~4.5吨：丰田7FB(J)M系列四轮电动平衡重叉车。

（六）CLASS Ⅱ（电动乘驾式仓储叉车）

1）前移式叉车

1.0~3.0吨：丰田7FBR系列站驾式前移式叉车。

1.2~2.5吨：BT RRE系列座驾式前移式叉车。

1.45：Raymond 7000系列双深位前移式叉车。

2）拣选车

1.0~2.0吨：BT OSE系列低位拣选车。

1.36吨：Raymond 5000系列高位拣选车。

3）非常窄巷道叉车

1.0~1.5吨：BT VCE系列人上行非常窄巷道叉车。

1.2~1.5吨：BT VRE系列人下行非常窄巷道叉车。

1.36：Raymond 9000系列人上行非常窄巷道叉车。

（七）CLASS Ⅲ（电动步行式仓储叉车）

1）电动托盘搬运车

1.4~2.5吨：BT LWE系列电动托盘车。

2.0~2.5吨：BT LPE系列电动托盘车。

2.0吨：Raymond 102XM系列电动托盘车。

2.7~3.6吨：Raymond 8410/8510系列电动托盘车。

2）电动堆高机

0.8~2.0吨：BT SWE系列电动堆高机。

1.25~2.0吨：BT SPE系列电动堆高机。

3）室内小型牵引车

0.6吨：丰田7CBT系列室内小型电动牵引车。

2.0~4.0吨：丰田4CBT/4CBTY系列室内电动牵引车。

4.0~6.0吨：丰田CBT/CBTY系列室内电动牵引车。

5.0吨：Raymond 8610系列电动牵引车。

（八）CLASSⅣ Ⅴ（内燃平衡重叉车）

2.0～3.0吨：FGZN/FDZN Z系列内燃式叉车。

1.0～8.0吨：8FG/8FD8系列内燃式叉车。

[丰田产业车辆(上海) 有限公司 市场营销部]

永恒力叉车（上海）有限公司

2014年8月8日，永恒力叉车（上海）有限公司（以下简称永恒力）位于青浦（上海）的新工厂正式开业，取代先前与之距离不远的生产工厂。新工厂按照最新环保标准建设，叉车产能每年可达1万多台。今后，永恒力将在中国按欧洲标准开发和生产叉车，延续永恒力一贯以来的卓越品质。青浦工厂按欧洲质量标准生产现代化、高能效的永恒力叉车。新工厂的成立可以生产更多新车型，以满足市场需求。新工厂主要负责公司在亚太地区步行式电动搬运车、平衡重叉车以及前移式叉车的研发和生产。为此，永恒力在青浦工业区购买了6万平方米土地。新工厂生产厂房占地3.6万平方米，三层办公楼地占地面积约4000平方米。先前的工厂成立于2006年，已达到产能极限，将由新工厂取代。新工厂主打环保概念，被授予Leed Silver证书。Leed Silver是美国绿色建筑委员会（U.S. Green Building Council）制定的建筑生态评级系统，该系统制定了一系列建筑环保标准。

2014年永恒力全系列叉车开展全国巡演。8月永恒力在深圳市深国际华南物流有限公司展开了永恒力全系列叉车的首站全国巡演，来自深圳各个行业20家公司的四十多位嘉宾朋友参加了巡演活动，正式拉开了“激情十年，共逐梦想”庆祝永恒力中国公司正式成立10周年系列活动的帷幕，随后在多个城市展开巡演活动。

2014年永恒力EFG S40s获得IFOY2014的3.5吨以上级平衡重叉车的年度大奖。此款车型制造精良，符合人机工学，操作简便，噪声小且效率高，节省高达30%的能耗。S级车的工作效率非常高，且全系列标配了侧向电池更换系统，大大缩短了更换电池所带来的停机时间，同时比传统的电池吊装更换方式更具安全性。2014年，永恒力在汉诺威国际物流展览会（CEMAT）中高调亮相了此款车型。

永恒力叉车作为2014年南京青年奥林匹克运动会叉车供应商之一，携EFG平衡重叉车权力助阵青奥会。比赛期间，永恒力叉车每天都会向奥体中心、五台山体育场等场馆和青奥村发运几批器材及物资，为现场提供足够的物资保障。奥体中心货物运输要求严格，需要在短时间内进行卸货、搬运和存储，而高效率、低能耗的永恒力叉车在比赛现场表现极佳，为赛事的物流仓储保障工作带来稳定高效的表现。

2014年永恒力推出众多针对高效密集型仓储物流的解决方案，其中包括适用于双深位应用的ETR伸缩式前移式叉车、UPC密集型穿梭式系统、能大幅提升高架仓库存储效率的仓库导航系统，以及无人驾驶的APM全自动搬运车。所有这些产品及系统都能极大提高仓库的空间利用率及仓储作业效率，为仓储物流带来新的动力。

[永恒力叉车（上海）有限公司 市场部]

上海海斯特叉车制造有限公司

2014年对上海海斯特叉车制造有限公司（以下简称海斯特）来说是不平凡的一年，是进入中国的第十五个年头。海斯特叉车作为最早进入中国市场的世界著名叉车公司之一，通过十五年的努力，海斯特叉车品牌以耐用、性能卓越和适应最严苛工况的特点和优势已经深入中国用户心中，得到用户的赞赏，更在中国获得多项物流行业大奖。公司获得“2014中国物流知名品牌奖”、“2014LT中国物流技术创新产品奖”、海斯特CNG新能源叉车和EVNA系列特别窄巷道三向叉车获“2014LT中国物流技术创新产品”等奖项。公司在2013年和2014年期间举办各种大型活动。

2013年4月海斯特大型叉车新品鉴赏会以“积聚全球力量，彰显强悍典范”为主题，通过一场别开生面的叉车作业秀，让来自全国各地的200多位来自特殊行业的专属用户参与并见证了海斯特叉车在繁重工况中驾驭自如的特质。

2013年9月海斯特“我为蓝天环保骑行活动”在北京举行。该骑行活动是为海斯特和经销商北京恒日为响应首都北京蓝天工程所发起的公益活动，近80名参与者在两台叉车开路先锋（UTILEV30P和HYSTER H3.00DX）的带领下从大本营驶往怀柔青龙峡。

2014年5月海斯特在欧洲举办HUB全球性大型活动。这是海斯特公司首次举办跨国式活动，不仅仅是客户，来自各地的经销商伙伴也积极响应。从德国到荷兰，为期三天的HUB活动为500多名来嘉宾带来了一场记忆深刻的叉车之旅。在活动中，公司现场模拟了各种特殊工况下海斯特叉车的专业表现，使与会嘉观看感受到了从船舱至仓库的物料转运过程中，物料搬运设备这一角色的重要性。

2014年6月海斯特十五周年庆典在上海总部举行。纳科集团亚洲副总裁Victoria Rickey女士、纳科集团亚洲及中国总经理梁锦鸿先生、海斯特中国总经理林孝昌先生、中国工程机械工业协会工业车辆分会秘书长张洁女士、全国各地的海斯特客户代表、代理商及各界媒体参加了庆典活动。

2014年7月海斯特正式推出新产品LO5.0T牵引车。这是一款能够轻松牵引5000公斤货物的牵引车。它经常出现在企业生产线投料补给或大宗商品出入库运输的一线。在汽车总装厂、电器制造厂等大型生产制造车间和塑料切片粒子、盐业、制糖业等大宗商品仓库内它更是独放光彩。用它来替代传统的叉车长距离搬运模式后，搬运成本可以大幅降低，甚至超过50%。

（上海海斯特叉车制造有限公司　吴峥嵘）

北京现代京城工程机械有限公司

（一）2013年工作

2013年，北京现代京城工程机械有限公司完成叉车销售2630台，销售额23367万元。

1. 转型升级，调结构促发展方面

（1）加强新产品开发力度。针对北京市环保局发布的非道路机械车辆排放限制，公司投入最大精力开发满足北京市排放标准的工业车辆，开发完成满足排放要求的产品，并通过排放认证。

（2）定期走访供应商制度。公司由采购部、质量部、开发部组成的联合小组，不定期对供应商进行走访，针对近期发生的品质问题现场指导、纠正，取得良好效果，有效提高部件质量。

（3）定期走访代理商制度。由售后服务部、开发部、质量部组成的联合小组，不定期对代理商进行集中走访、培训、答疑，现场解决或记录产品问题，带回公司进行改善，在提高产品品质方面效果明显。

2. 研发和科技成果方面

产品研发方面重点针对蓄电池叉车的研发，2013 年，公司先后开发完成：

（1）蓄电池交流牵引车 HBT40、蓄电池搬运车 HBP15，该系列在原有直流基础上，对操作舒适性、噪声和机动性做了改善，得到客户的认可。

（2）针对集装箱客户开发的大吨位整体式侧移器，填补公司产品的空白。

（二）2014 年工作

2014 年，北京现代京城工程机械有限公司完成叉车销售 2296 台，销售额 14460 万元。

1. 转型升级，调结构促发展方面

（1）加大对产品开发的投入。先后开展组织员工赴韩国现代重工集团进行研修、邀请韩方专家来公司对新开发产品测试等工作。2014 年 9 月扩建新产品试制车间，更新试制车间工具、吊具和扭矩扳手，大大促进了新产品开发速度。

（2）新购置移动三坐标检测仪器，可以对供应商的工装卡具进行现场检测，有效提高部件质量。

（3）在品质改善方面。每月 2 次由质量总监主持的，总裁、副总裁出席，相关部门参加的周质量报告会，总结汇报半月内发生的部件问题、整机问题及售后服务部门反馈的问题，逐一提出改善对策，并制定日程，按期检查，对产品品质改善起到非常明显效果。

（4）改善工厂排污，为首都蓝天做贡献。公司投入 300 万元改造涂装流水线，使涂装的粉尘排污降低 6.3%，高于环保要求。

2. 研发和科技成果方面

随着环境问题的日趋严重，减少尾气排放必将是我们工业车辆企业面对的话题。2014 年，公司加大对电动车辆的新产品开发力度，先后开发完成：

（1）蓄电池平衡重式三支点叉车（HB15/18/20S）。该车型重要功能键全部采用国外成熟的配套件，结构件是现有的供应商通过更加精细化的制造手段制造的部件，使得该车型集性能、经济、舒适、环保为一体。

（2）蓄电池平衡重式叉车［HB10/15/18E(07)］。全车采用交流控制系统，采用国内新开发电控系统，在经济型和性能方面达到新的结合点。

（3）通过市场调研走访，根据需求开发出蓄电池前移式仓储车［HBR20/25(AC)］，整车采用交流控制系统，静音齿轮泵为液压系统提供动力，更大容量的蓄电池使整车续航能力更持久。

（4）为降低叉车操作者的劳动强度，开发了整体式调距叉，降低劳动强度的同时，提高了工作效率。

（5）为特定客户开发出叉车速度表，为工作现场的安全提供保障。

（北京现代京城工程机械有限公司　庞瑞峰）

斗山叉车（烟台）有限公司

（一）企业简介

自1968年生产第一台叉车以来，斗山叉车一直致力于制造和提供世界一流的产品和服务，通过先期的技术合作，不断提高自身的设计能力，并在1993年开始进行斗山叉车独有的模型设计，从而满足市场对高端产品的需求。

现在斗山叉车已成长为韩国最大的产业车辆生产企业，坚守着韩国国内第一品牌的宝座。截至目前，公司已具有年产3万多台的生产能力，全球市场销售已经突破40多万台。

在研发领域，公司独立开发了核心部件。同时，通过人机工程学设计，来最大限度地实现产品的人性化，提高驾驶员操作的舒适性，从而提高工作效率。公司不断致力于开发高功能及高品质的产品系列，目前主要从事生产、销售、租赁平衡式、前移式、内燃式、电动式，载荷在重量1～25吨的符合客户需求的各类叉车36大类133种机型。

公司已经获得了ISO 9001、ISO 14001以及UL、CE、EMC、EC Noise Directive等许多国际性认证。在全球117多个国家设立了完善的销售网络，并在全球许多国家设立了销售法人和部件供应基地，从而为用户提供及时、周全的服务。

核心人才是推动公司发展的引领者。在每个关键岗位都安排优秀的核心人才，并为优秀员工提供业界最高水平的报酬。根据实力提升的晋升制度，斗山产业车辆部门的所有员工都是从事创造性工作的人员，不会根据资历决定员工报酬，也不存在性别歧视，只是根据个人实力晋升员工。

斗山产业车辆坚守以人为本思想，满足顾客要求作为经营管理的核心，同时提供优质产品与服务，竭力打造成世界一流品牌。

（二）主要经济指标

斗山叉车(烟台)有限公司已在中国设立代理网点及维修中心50多处。同时,斗山叉车(烟台)有限公司还全权负责海外进口(韩国本土生产)叉车的销售与服务。2013—2014年斗山叉车(烟台)有限公司累计生产及销售叉车6000多台,其中国内销售1700多台,产品销售到世界超过117个国家和地区。

（三）企业科技研发、科技成果和专利情况

（1）2014年6月推出仓储叉车：电动堆高车BWS系列和电动托盘车BW系列。

（2）2014年1月推出QUAD6100四级门架，便于进行集装箱作业。

（3）2014年4月推出D30Se限速报警装置，提高车辆驾驶安全性。

（4）2014年5月BR14/16S－5叉车，升高到10米以上叉车上市。

（5）2014年5月对平衡重式叉车转向桥进行设计优化。

（6）2014年5月出口非洲车辆散热器加大散热面积进行温度改善。

（7）2014年6月对出口型叉车进行电子换向的改进，操控性提高。

（8）2014年7月D30G系列进行噪声和震动改善，得到驾驶人员的认可。

（9）2014年10月推出D/G30G速度显示装置，提高车辆驾驶安全性。

［斗山叉车（烟台）有限公司　营业支援部］

凯傲宝骊（江苏）叉车有限公司

（一）集团简介

德国凯傲集团是欧洲第一、全球第二的物料搬运设备、服务和解决方案的供应商和领导者，拥有6个品牌。凯傲集团旗下品牌林德（Linde）和斯蒂尔（STILL）专注于全球高端的物料搬运市场。宝骊（Baoli）致力于价值和经济型市场。Fenwick是法国领先的物料搬运设备品牌，欧模（OM）是意大利领先的物料搬运设备品牌，Voltas是印度第二的物料搬运品牌。这6个强大的品牌实现了集团在2013年超过45亿欧元的销售额，超过22000名凯傲员工夜以继日地为客户提供卓越的服务。

（二）公司简介

凯傲宝骊（江苏）叉车有限公司（以下简称凯傲宝骊）是德国凯傲集团旗下一家国际性且极具竞争力的经济实用型物料搬运设备制造商。公司地处江苏省靖江市经济开发区内，占地面积12万平方米，现有700多名员工，在全球80多个国家均设有经销商。公司提供全系列的产品包含载重量1～10吨的柴油/汽油/液化气叉车以及电动叉车和仓储车。公司拥有自动化涂装线、整车装配线和关键零部件生产线，产能雄厚，为业务的增长提供了有力的支持与保障。

作为凯傲集团的品牌之一，凯傲宝骊结合凯傲的卓越运营与宝骊综合制造平台的竞争优势，为大众市场提供实用可靠的产品，并通过规范化的优质服务，成为全球市场上领先的经济型叉车品牌。

（三）2014年市场销售情况

凯傲宝骊提供全系列的叉车，包含载重量1～10吨的柴油/汽油/液化气叉车以及1～3.5吨电动叉车和1.5～3.0吨仓储车，畅销欧洲、亚洲、非洲、美洲等国家和地区。发展至今，国内有130多家代理商，销售及售后服务网络已覆盖国内29个省份（西藏和青海除外）；国外有50多家代理商，此外公司在欧洲、南美洲和亚洲均设有销售中心。这些遍布全球的服务网点都配备了经验丰富的售后工程师和常用配件库存，为客户提供便利、快捷和高效的本地化优质服务。2014年销量达到6800台，同比增长了25%，连续七年保持2位数的增长的趋势。

（四）企业科技研发、科技成果（新产品）和专利情况

凯傲宝骊叉车非常重视产品的研发，每年投入销售额的5%～8%用于产品的研发、测试以及现有产品的改进。2014年，研发成功并投放市场包括仓储车、蓄电池平衡重式叉车、内燃叉车等8项新产品。同时，运用新技术，新材料进行研发设计，取得国家发明专利1项，实用新型专利9项。

[凯傲宝骊（江苏）叉车有限公司　市场传播部]

科朗叉车商贸（上海）有限公司

科朗叉车是世界最大的物料搬运设备制造商之一，以其屡获奖项的产品设计、先进的技术与科技以及卓越的售后服务而享誉全球。科朗叉车的经营理念是应用垂直整合流程设计、制造及分销创新的产品与解决方案来提高客户的生产和运营效率。公司全球总部设在美国俄亥俄州新不来梅，并在中国、澳大利亚、德国和新加坡设有区域总部。全球员工人数超过11000名。科朗叉车的服务和分销网络遍布80多个国家，超过500个销售服务中心。

科朗叉车于2006年进入中国，在上海成立销售和售后中心，并相继在苏州、广州和天津等地成立分公司，至今绝大部分车型已经引进到中国，并在国内建立了完整的售后网络体系，2013年和2014年更拓展了多个地区的销售和服务网络，覆盖网络已经涵盖中国大部分地区。

科朗叉车同时在苏州设立工厂，其生产的液压搬运车和部分电动搬运车不仅供应中国市场，更出口东南亚和欧美市场。2013年，科朗更实现了电动搬运车WP系列的国产化，年产量超过10万台。

作为一家有社会责任感的企业，科朗叉车关注生态环境保护和可持续发展，并率先发布了Ecologic生态理念报告和《2013年全球可持续发展报告》。在开发和制造工艺上，科朗叉车做到尽可能减少浪费，有效利用能源，并最大程度延长产品使用寿命。

2013年和2014年两年间，科朗叉车（中国）在全体员工的共同努力下，实现了销量的连续增长，公司规模也在原来的基础上逐渐扩大，目前商贸公司员工已超过100名，设备公司近300名员工。

（一）公司获奖情况

1. 2013年获奖情况

InforLink®车队管理系统荣获的国际叉车年度大奖（IFOY）；

新款QuickPick®远程控制系统在今年的LogiMAT展览会上荣获“2013年最佳产品”奖；

WT 3040托盘搬运车在2013年伯明翰IMHX展上荣获设计安全大奖；

RM 6000前移式叉车赢得GOOD DESIGN™优秀设计大奖；

2013年获得由中华人民共和国国家知识产权局颁发的一种电动叉车蓄电池辅助更换装置实用新型专利证书。

2. 2014年获奖情况

QuickPick® Remote获得iF设计大奖；

QuickPick® Remote再次获得2014年IFOY大奖；

科朗叉车被评为北美洲最佳表现叉车；

科朗设备公司第十三次获得国际GOOD DESIGNTM优秀设计大奖。

3. 其他荣誉

与美国国防部延续合作关系。

（二）2013—2014年科朗叉车（中国）新增加的车型

（1）推出新款ESi 4000和ETi 4000堆高机；

（2）TSP特窄巷道三向堆垛叉车推出新款7000列；

（3）ESR前移式叉车系列推出新款5220，5440系列产品；

（4）对RR型号的前移式叉车进行全面升级；

（5）SC4500平衡重叉车升级至5200系列；

（6）2014年引进InfoLink车队管理系统。

（三）2013—2014年科朗叉车（中国）工厂新增加的车型

（1）WP3060站驾式；

（2）WP3000带挡货架；

（3）WP3000 叉齿外侧宽 560；

（4）WP3000 Keypad 密码启动。

［科朗叉车商贸（上海）有限公司 市场部］

第二节 配套件供应商

浙江新柴股份有限公司

浙江新柴股份有限公司是由成立于 1958 年的浙江新昌柴油机总厂改制而成，是国内著名的小缸径多缸柴油机生产企业，具有年产 30 万台柴油机生产能力。企业规模在 2001—2013 年增长 10 倍（由 2 万台增至 22 万台）。

公司拥有省级企业技术中心、省级研究院，设有国家级博士后科研工作站，与天津大学合作共同建立了"非道路发动机联合研发中心"，与江苏大学、无锡油泵油嘴研究所及美国西南研究院、日本电装公司、奥地利 AVL 公司、英国里卡多公司等建立合作关系。产品不断升级换代，开发出了低油耗、低排放、低噪声、高可靠性的非道路机械的专用配套动力。

产品实验室配备国际先进的研发实验设备，如配进气空调，燃油、机油、冷却水、中冷温控系统，采用冷冻机组集中供给冷却水，能满足柴油、CNG、LPG 等发动机的性能及排放测试，冷启动试验，高低温冲击试验，噪声试验等。

产品已形成了 N、D、K、V 四大平台，涵盖 485、490、495、498、4102、4108、4V33 等八大机型，300 多个变型产品的完整产品结构。功率范围 25～140 马力，全部达到国家环保法规要求。产品广泛应用于工程机械、农业机械、发电机组、轻卡等领域。在国内 1～4.5 吨内燃叉车动力配套市场占主导地位。

同时拥有国内一流的生产设备，具备装备精度等级优良、自动化程度高和自动测量功能的总装线；具备数据信息联网和自动对接系统、智能系统的柴油机测试台架；具备日本 MAZAK 卧加、美国珩磨机及辅助设备组成的机体、缸盖加工中试线的机加工线，关键工序在线检测、翻滚浪泳加定点定位清洗、涂油防锈等，工艺水平国内领先，为产品升级换代做好了准备。

（一）主要经济指标完成情况、市场销售情况

近 5 年来，销售收入复合增长率 15%，毛利率和净利润率均高于同行企业，资本保值增值率均在 130% 以上，股东回报率较高。2014 年实现销售柴油机 21 万台，销售收入 15 亿元。

（二）企业各方面转型升级重要举措和成果情况

1. 提高研发与创新能力

（1）加快新产品引进步伐，全部机型达到非道路国Ⅲ标准，导入产品开发流程新方法。

（2）抓好技术改造，提高产能和工艺装备水平。实施产品技术改进，提高 C490BPG 等的可靠性。

（3）邀请浙江大学动力机械及车辆工程研究所专家为公司非内燃机专业工程技术类人员举办内

燃机专业课程培训，以提升内燃机基础理论水平及工程设计能力。

2. 管理创新和提升

邀请国内著名的卓越绩效标准专家为公司进行培训指导，以驱动改进和创新的管理系统，形成长效改进和创新机制。

3. 整合供应链，建立采购管理新流程

关键零部件的采购采用国内同行一流的企业为主，同时提升和淘汰一批供应商，对整个供应量进行优化整合，以最低的成本产生最大的效能。

（三）企业科技研发、科技成果（新产品）和专利情况

企业科技研发：4D25、4D35、4K41 等十多个机型通过环保部非道路国Ⅲ排放认证。

（1）2008 年以来，公司作为主要成员，起草和参与制定了包括 GB/T 6072. 1—2008、GB/T 21404—2008、GB/T 10826. 5—2008、GB/T 8190. 5—2011 在内的 4 项国家标准和 4 项行业标准。

（2）公司不断改进和创新，开拓新领域，至 2014 年底，已获得多项发明专利及实用新型专利共 100 多项。

（3）主要产品 C490 和 A498 取得了美国的 EPA 和欧盟的 E－Mark 认证，取得了国际市场的通行证。

（4）重点科技成果奖项：

工程机械用节能环保型系列柴油发动机的研发与产业化、柴油机欧Ⅲ排放和噪声的研发分别获得浙江省科学技术奖二等奖、浙江省科技成果转化奖一等奖。A498BT 柴油机、A498BT 柴油机是国家重点新产品。

（浙江新柴股份有限公司　办公室）

卡斯卡特（厦门）叉车属具有限公司

2012 年第二季度开始，中国 GDP 同比增速低于 8%，中国经济进入“新常态”。平衡重式叉车年销售量的增长速度也从 2013 年的 14%，回落到 2014 年的 7%。面对市场出现的新情况以及卡斯卡特并入丰田的影响，卡斯卡特（厦门）叉车属具有限公司［以下简称卡斯卡特（厦门）公司］及时调整战略部署，努力开发新产品和非标产品，力争“人无我有，人有我优”，努力贴近市场和客户，实行灵活价格政策，加强团队建设，营造和谐安全健康的工作环境，叉车属具及侧移器的年度产销量分别在 2013 年和 2014 年创历史新高，2013 年实现销售收入 40962 万元，2014 年实现销售收入 46320 万元，同比增加 13%。

（一）持续技术升级和设备更新，不断提升企业技术生产能力

2013—2014 年，卡斯卡特（厦门）公司引进并推广卡斯卡特最新的产品设计开发系统以及 Team Center 等全球技术工作平台，中国的技术团队可以更加便捷地共享卡斯卡特全球技术资源，分享最新技术成果，参与全球技术开发项目，独立或与北美、欧洲、澳大利亚等全球各地技术中心协作开发更适合中国市场的产品。

2013—2014 年，根据卡斯卡特全球部署和规划，卡斯卡特（厦门）公司继续投资数控加工中心、焊接机械手等先进设备，生产效率得以提升，产品质量更加稳定，交货期进一步改善。

与此同时，公司关心员工健康，重视安全与环境建设，厦门工厂建设项目职业病防护措施经政府验收合格，准予正式投入生产使用。

（二）持续技术创新，全面满足客户需求

技术领先是卡斯卡特在全球最大的优势之一，卡斯卡特（厦门）公司以此为支撑，根据中国市场实际情况，不断推出适应不同客户需求的新产品和个性化产品，主要有：

（1）H 系列纸卷夹开始全面替代 F 系列纸卷夹；

（2）根据中国客户特点推出 A 系列软包夹；

（3）多点可调式纸箱夹夹臂和铝合金夹板结构，为纸箱包装以及无纸箱包装的白色家电提供更便捷、更好夹持效果的众多个性化产品；

（4）推出改进型旋转推出器、快装型推拉器、滑板可留式推拉器等多款满足带状软包物料搬运的新产品；

（5）120G/140G/170G 系列软包夹、120F/160F 系列纸卷夹和 150D 系列旋转器等大型属具，以及针对 Tissue 纸卷特性的国产化夹板等。

此外，还向中国用户推荐 iFoks 称重货叉、TFC 智能夹紧力控制系统等传统机械产品与信息化技术结合的前沿技术。

强大的非标产品开发和制造能力是卡斯卡特在全球的核心竞争力之一，卡斯卡特(厦门)公司不断为中国用户提供个性化定制产品的服务,2013—2014 年,非标产品占全部产品的比例已经从 27% 上升到 43% 。

（三）实施多项“超值”服务项目，客户切实获得品牌提升的实惠

2013 年 9 月，卡斯卡特率先在全球推出以两年质量担保政策为中心的“附加性能（Performance Plus）”系列项目，包括让利于客户的全新配件价格体系、防伪设计的新版配件包装系统、全面实施区域化销售支持和服务支持等具体措施，为客户提供形式多样的“超值”服务（Value Added Programs）。这些举措，不仅让客户能以更低的总成本（包括采购成本和使用成本）获得卡斯卡特产品，并在相对更长的质保期安心无忧地使用产品；同时，卡斯卡特人员更加贴近市场，迅速响应客户需求，中国客户可以更方便、更直接地获得来自卡斯卡特的全方位服务与支持。总体而言，客户切实分享到卡斯卡特发展过程中所带来的越来越多的实惠。

［卡斯卡特（厦门）叉车属具有限公司　办公室］

卡斯卡特（河北）货叉有限公司

近年来面对全球及中国工业车辆发展需求和新时期新的挑战，卡斯卡特（河北）货叉有限公司总经理杨宝勤提出了“提升设备智能化，创新管理智慧化”的战略部署，并确定这一战略部署为今后一段时间企业发展的基本纲领。2013 年和 2014 年的公司货叉产销量均实现 10% 的增长，确保了全球货叉的市场需求。

2013 年和 2014 年，公司顺利完成了两条标准货叉自动化生产线的技术改造，引进了两套日本

OTC焊接机器人，并自主研发了燃气连续热处理炉等智能设备，大大节约了人力成本和生产成本，增强了产品质量的稳定性，确保了公司年产载荷1~46吨级50万条货叉的生产能力。

为了更好地服务客户，2013年公司进口了一批货叉试验设备，建立了具有国际先进水平的货叉综合实验室，并于2014年得到了国家工程车辆试验中心的评定，同时被授予“中国货叉检测研发基地”。2013年9月公司在国内市场同步推出了两年质量担保政策，让客户享受相对更长的质保期，同时公司提升货叉制造装备水平，创新内部管理，有效降低了成本，最大限度的让利于客户。

为了更好地开拓市场，公司不断加强销售团队建设，积极开发建筑工程机械市场，为顾客量身定做特殊货叉和大吨位货叉，把非标准货叉建设成新的销售增长点。

［卡斯卡特（河北）货叉有限公司　行政部］

江苏万达特种轴承有限公司

（一）2013—2014年主要经济指标完成情况、市场销售情况

1. 2013—2014年叉车门架轴承产量、销售收入情况

2013—2014年叉车门架轴承产量、销售收入情况见表4-3。

表4-3　2013—2014年叉车门架轴承产量、销售收入情况

项　　目	2013年	2014年	同比增长（%）
门架轴承产量（万套）	322.25	373.95	16
门架轴承销售收入（万元）	14893.5	17628.4	18

2. 2013—2014年内外销市场配套销售情况

2013—2014年内外销市场配套销售情况见表4-4。

表4-4　2013—2014年内外销市场配套销售情况

项　　目	2013年	2014年	同比增长（%）
内销门架轴承（万套）	184.79	201.64	9
出口门架轴承（万套）	139.16	178.34	28

（二）企业各方面转型升级重要举措和成果情况

（1）导入卓越绩效管理，升级ERP信息管理系统，被政府主管部门推荐参加市长质量奖评审；

（2）管理队伍学历提升教育与全员培训并重，全面提升员工素质。44名管理人员及职工完成大专、本科教育，205名职工接受专业培训；

（3）以精细化管理支撑“多品种、小批量、交货快”经营特色，全面提升应对市场服务客户、满足需求的能力，月产销型号规格达500多个，满足客户一单小批量多规格配套需求；

（4）生产线自动化改造，推动产品质量、生产效率双提升。以一机多能，一人多机，连线改造

思路，投入1000万元推行车削、装配线改造，工序质量稳定，产能提升。

（三）2013—2014年主要科研成果、专利情况

1. 科研成果

（1）2014年10月，公司结合自主研发的滚动轴承抗冲击性能试验台设计与应用实践，在中国核心期刊《中国轴承论坛》杂志发表学术论文，题为《滚动轴承抗冲击性能试验台设计研究》。

（2）2014年，公司研发投入706.2万元，占销售收入的4.01%。完成研发项目4个，分别为“叉车门架滚轮改型升级研制（YF1401）”、“双排球结构侧滚轮轴承的双硬度开发（YF1402）”、“轴承寿命与强度关系测试（YF1403）”、“轴承零件的寿命设计与测试（YF1404）”。

（3）“采用特殊热处理工艺制造的滚动轴承”被江苏省科技厅认定为“高新技术产品”，证书编号：140682G0517N。

（4）2014年与华中科技大学继续签定科技合同，进行《滚动轴承抗冲击实验规范》、《JB/T 7360 滚动轴承、叉车门架用滚轮、链轮轴承技术标准》的版本修订，计划2015年完成。

2. 专利情况

2013年，共获实用新型授权专利15个；2014年，共获授权专利11个。其中，实用新型专利7个，发明专利4个。

（1）2013年实用新型专利：

一种角接触球式侧滚轮轴承（ZL201220602546.0）；

一种满装圆锥滚子复合滚轮（ZL201220602668.X）；

一种带自锁式挡圈的轴承（ZL201220602686.8）；

一种双内圈轴承（ZL201220602979.6）；

一种大载荷圆锥滚子侧滚轮轴承（ZL201220602760.6）；

一种间隙可调式偏心侧滚轮轴承（ZL201220602759.3）；

轴承定量注脂机（ZL201220624376.6）；

一种大吨位用侧向滚轮轴承（ZL201220371101.6）；

一种支架用侧向滚轮轴承（ZL201220371090.1）；

一种垫片调节复合滚轮（ZL201220602978.1）；

一种耐磨侧滚轮轴承（ZL201220602678.3）；

垫片调节型复合滚轮轴承（ZL201320266383.8）；

双供油系统的组合轴承（ZL201320266382.3）；

组合轴承中的支架侧滚轮组件（ZL201320266569.3）；

倾斜式安装滚轮轴承（ZL201320266289.2）。

（2）2014年实用新型专利：

非对称内角的叉车轴承（ZL201320653934.6）；

一种轴承内圈磨削砂轮专用修整砂轮（ZL201320338835.9）；

直读式扭矩检测装置（ZL201420254951.7）；

双密封结构的转向回转轴承（ZL201420254835.5）；

内置式密封回转轴承（2014202546839）；

带密封导向的回转轴承（ZL20142025504603）；

满装滚子的窄挡边密封轴承（ZL201420254946.6）。

（3）2014 年发明专利：

采用特殊热处理工艺制造的滚动轴承（ZL201210467590.X）；

耐高温的滚动轴承制作方法（ZL20131080976.7）；

一种多用炉预冷淬火工艺（ZL201310199974.2）；

一种垫片调节复合滚轮（ZL201210459076.1）。

2014 年，公司被地方人民政府授予“知识产权工作先进企业”。

（江苏万达特种轴承有限公司　办公室）

淄博火炬能源有限责任公司

（一）企业经营情况

2014 年度企业实现营业收入 128620 万元，企业完成各类蓄电池产品产量 1812128 kV·Ah。从业人员 1727 人，其中从事科技活动人员 221 人，享受国家国务院特殊津贴人员 3 人。

（二）企业各方面转型升级重要举措和成果情况

公司产品创新方面取得重大进展。围绕铅酸动力电池主业，不断完善三项机制，加大铅酸电池技术研发队伍及核心人才的培养，技术创新硕果累累，特别是酸循环化成技术的大范围推广和落后外化成生产线的淘汰，高性能牵引电池的成功转型，极大地提高了生产效率，确保了产品性能的提升，深受用户好评，市场竞争力大幅提高，并在行业环保整治与核查过程中赢得先机，市场占有率持续领先。

基础管理水平不断提升。公司通过组织机构改革和资源整合，进一步规范了科研、生产、营销、管理等生产经营活动，部门职能和岗位职责进一步明确和清晰，组织结构更趋合理。同时为加快生产方式转型，提高生产效率，提升供货能力，公司试点推行精益生产，并取得了阶段性进展。

（三）企业科技研发、科技成果（新产品）和专利情况

企业当年投入 4852 万元用于科研经费和科研基建经费支出。当年实现新产品产值 20619 万元、新产品销售收入 20778 万元。本年度企业发表科技论文 20 篇，登记科技成果 6 项，获得省部级科学技术奖 5 项，其中一等奖 2 项。本年度企业专利申请数 6 项，授权 5 项。2014 年末企业拥有有效专利 40 项，其中发明专利 14 项、实用新型 26 项。

（淄博火炬能源有限责任公司　营销管理部）

镇江液压有限责任公司

2013 年度实现销售收入 4.18 亿元。主导产品全液压转向器服务的相关行业中，农机行业受国内政策惠顾增幅明显、叉车行业平稳小幅增长、工程机械主机行业延续上一年度的下滑态势并继续低迷；主导产品摆线液压马达服务的相关行业中，对外出口和国内销售同步小幅增长。

2014 年度实现销售收入 4.01 亿元，比 2013 年下降 4.32%。主导产品全液压转向器服务的相关行业中，工程机械主机行业延续上一年度的下滑态势并继续低迷，其他行业基本保持上一年度的水平；主导产品摆线液压马达服务的相关行业中，继续保持小幅增长。

2013 年度公司在完善搬迁后续的相关事宜的基础上，完成了阀芯、阀套外圆在线测量型设备升级，实现圆柱度精密控制。

2014 年公司采用引进技术，完成了零件热处理设备的换代升级，实现了无氧碳氮共渗并超低温处理，避免零件氧化皮和热处理的变形；自创并自制设备，完成了铸件零件的湿式加工和流程再造，根除铁屑随工序的流转，提高了零件的清洁度，避免转序的磕碰划伤。

2013 年度公司申请专利 14 件，其中发明专利 4 件，实用新型专利 10 件，获得授权专利 12 件，其中发明专利授权 2 项，实用新型专利授权 10 项。2014 年度公司申请专利 17 件，其中发明专利 3 件，实用新型专利 14 件，获得授权专利 13 件，其中发明专利授权 2 项，实用新型专利授权 11 项。截至 2014 年 12 月 31 日，申请专利 95 件，其中发明专利 38 件，实用新型专利 57 件，获得授权专利 79 件，其中发明专利授权 22 项，实用新型专利授权 57 项。

2013—2014 年，公司承担了江苏省重大科技成果转化项目（BA2009115），并顺利通过验收。公司自主开发的扭矩放大器等 6 个新产品通过科技成果鉴定，公司主持修订的 JB/T 9839—2013 等 2 项行业产品标准发布，公司主持制定的 JB/T 11717—2014 等 3 项行业产品标准发布，公司荣获 2013—2014 年“中国机械工业品牌竞争力百强企业（中小）”。

（镇江液压股份有限公司　厂部办公室）

蚌埠液力机械有限公司

蚌埠液力机械有限公司（以下简称蚌埠液力）是安徽合力股份有限公司的子公司，始建于 1958 年，是一家具有五十多年历史的国有控股企业。

该公司占地面积 139229.35 平方米，绿化面积近 40000 平方米，其中草坪 7500 平方米。工作环境优雅，是一个“四季花不断，月月有新枝”的花园式企业。现有员工 616 人，有各类专业技术人员 118 人，其中工程技术人员 61 人。

2014 年公司实现工业总产值 42655 万元，完成全年预算 5 亿元的 85.3%，与去年同期 40436 万元相比增加 2219 万元，同比增长 5.5%。

2014 年实现营业收入 41660 万元，完成全年预算 5 亿元的 83.3%，与去年同期 41016 万元相比增加 644 万元，同比增长 1.6%。

2014 年实现利润 6536 万元，完成全年预算 7000 万元的 93.4%，与去年同期 6002 万元相比增加 534 万元，同比增长 8.9%。

2014 年叉车变矩器累计生产 57935 台，完成全年预算 62500 台的 92.7%，与去年同期 50239 台相比增加 7696 台，增长 15.3%；叉车变矩器累计销售 57616 台，完成全年预算 62500 台的 92.2%，与去年同期 51718 台相比增加 5898 台，同比增长 11.4%。

2014 年叉车油缸累计生产 519981 根，完成全年预算 633695 根的 82.1%，与去年同期 503732 根相比增加 16249 根，同比增长 3.2%；叉车油缸累计销售 511723 根，完成全年预算 633695 根的 80.8%，与去年同期 510574 根相比增加 1149 根，同比增长 0.2%。

2014 年工程油缸累计生产 21841 根，完成全年预算 23860 根的 91.5%，与去年同期 11997 根相比增加 3696 根，同比增长 82.1%；工程油缸累计销售 16680 根，完成全年预算 23860 根的 69.9%，与去年同期 10108 根相比增加 6572 根，同比增长 65%。

公司主要生产叉车液压油缸叉车液力变矩器，可满足 1～46 吨叉车及各类工程机械的需求，除了为综合实力排名世界第八的合力叉车全额供应油缸和变矩器外，还与凯傲宝骊、广西柳工、台励福、北京现代、斗山机械、海斯特、大连叉车、山推、扬州海沃、克拉克等国内外知名工程机械企业建立良好、互信的业务关系，市场份额逐年增大，在行业中处于龙头地位，销量连续多年稳居国内行业第一。

之所以在行业中处于领先地位，是因为蚌埠液力始终秉承“专注”和“创新”精神，坚持精益生产、精益管理，以美誉度高、性价比好、品质精良、有自身特色的产品在叉车油缸和叉车变矩器市场中占据优势。

（一）专注叉车液压件领域，市场升级

企业是多元化发展还是专注细分行业？不少大型企业都有这样的困惑，作为中小企业的蚌埠液力机械有限公司多年来专注生产油缸和变矩器，专注于自己熟悉和擅长的领域，做到这个领域的最强，公司不断改进和提升技术水平，开发新品种，开发新客户，聚焦精力抢占市场份额，专注为叉车、工程机械配套各类油缸和液力变矩器，目标成为国内领先，国际一流液压件企业。现在，蚌埠液力机械有限公司的品牌在行业的影响力稳步提升，市场占有率不断提高，油缸和变矩器市场占有率分别达到 46% 和 58%，在行业中处于龙头地位，具有年产 8 万台液力变矩器、60 万根各类油缸的生产能力。

（二）精究技术和工艺，技术升级

加强科技创新能力，全面提升关键零部件的科技含量，加快产品的研发步伐，只有不断开发出新产品才能赢得新客户。2012—2014 年，公司共开发液压油缸新产品 600 多项，液力变矩器新产品 40 多项。2013 年公司取得 5 项实用新型专利，同时在中国液压气动密封件工业协会会刊上发表论文 5 篇，R&D 经费投入占销售收入的 3.14%。公司高度重视技术攻关与积累，除了加大技术资金投入力度外，还采取了一系列措施提升公司技术能力。

（1）校企合作，助推产品升级，提高技术人员业务水平。公司注重产学研结合，先后与上海交通大学、北京理工大学、天津工业机械研究院等院所建立了密切的技术合作关系，其中 2011 年与北京理工大学三院车辆实验室合作“YJH265、YJH315、YJH340 变矩器设计分析与性能提升”项目，由著名教授闫清东主持，并为公司后续在变矩器性能提升方面提供宝贵意见。

（2）不断开发新技术、引进先进工艺。为了适应液压缸应用范围的扩大，不断开发新颖结构的液压缸，如新 H 两节后缸缓冲结构；全面提升关键零部件的科技含量，专注于限速阀、防爆阀技术攻关，为海沃机械有限公司提供带液控单向阀的互锁液压缸。为了提高产品质量和效率，降低成本和劳动强度，公司采用了多种先进工艺，如缸筒刮削滚光技术、活塞杆双层电镀技术、隐形覆膜技术、级进模技术等。

（3）为广大职工营造创新环境，建立激励机制，开展全员性的改善提案、QC 攻关活动，利用员工智慧群策群力。

（4）自2010年开始和蚌埠技师学院合作，定点招收学员，通过考核进入公司，提高了一线技能人员水平；鼓励员工继续教育，提高一线技能人员学习积极性和业务能力。

（三）打造特色管理模式，管理升级

2013年制定并实施部门绩效考核办法，同时不断强化内控管理、精益管理等基础管理。在集团公司的指导下，引入先进的SAP系统，进行财务、销售、设备、人力资源等方面的管理，促使企业内部管理顺畅、流程清晰、效率提高，使管理有章可循、有据可依，为公司的发展提供更好的管理支撑。

（1）持续关注精益管理。公司先后导入精益生产模式，2S、TPM、标准作业、改善提案，并持续进行推行，精益生产最大限度地减少各种形式的浪费，合理利用资源，提高公司整体效益。

（2）严格把控质量关口。2013年公司顺利通过ISO 9001：2008质量体系复审，以保证质量管理体系有效运行；加强供应商动态管理，提高外购件采购质量，尤其是密封件；坚持每周四公司质量例会制度，对市场及客户反馈的重点质量问题展开有效攻关。

（3）重视企业文化建设，打造品牌影响力。2013年公司建立新版官方网站，开通了公司官方微博，全方面展现公司风采，为客户多方面了解公司提供了平台；参加宝马展、长沙工程机械展等大型专业展会，推进企业之间的交流与合作，使更多的客户和供应商了解蚌埠液力卓越的叉车及工程机械配套能力，扩大影响力，开拓新市场。

蚌埠液力机械有限公司大力推进产学研的交流与合作，近两年先后同安徽叉车集团国家级技术中心、北京理工大学、天津工业机械研究院等单位院校合作，致力于高性能、高附加值新产品的研发，以风险共担、资源共享、优势互补、互利共赢为原则，整合科技资源，追求“聚合效应”。

科研项目的选题立项坚持以市场为导向，2013年公司共实施研发11项新产品系列，新产品年销售收入14747万元；2014年实施研发8项新产品系列，新产品年销售收入12914万元。

技术中心成功研制出起升油缸的缓冲结构、油缸复合型支承系统、油缸卸荷阀系统等核心技术，产生了一系列具有自主知识产权的科技成果，其中获得市科学技术奖二等奖1项，市科技项目2项，安徽省级新产品2项，安徽省高新技术产品13项。

公司突出自主知识产权促进科技进步与鼓励创新的作用，打造核心竞争力，不断提升市场竞争力。2013—2014年，公司共申请专利27项，其中发明专利10项，共获得18专利授权，其中发明专利1项，实用新型专利17项，另有10项发明专利处于实质审查阶段。

2013—2014年，公司荣获了很多荣誉称号，其中包括“2012年度职工培训先进单位”、“蚌埠市先进单位”、“安徽名牌产品”、“优秀配套件供应商荣誉保持者”、“蚌埠市弘扬先进企业文化示范单位”、“劳动关系和谐单位”。

2013年，蚌埠液力机械有限公司实现销售收入4.1亿元，利润6000万元，同比增长29.5%和36.3%，公司主要经济指标再创历史新高。

（蚌埠液力机械有限公司 李 根）

合肥长源液压股份有限公司

（一）2014 年度主要经济指标完成情况

工业总产值 32948 万元，销售收入 29224 万元，利润总额 2052 万元，净利润 1831 万元。

（二）市场情况

合肥长源液压股份有限公司是专业从事液压元件的研发、生产和销售的高新技术企业，主要产品为齿轮油泵、齿轮马达、液压阀、液压油缸，具有较强的综合配套和服务能力，经过多年的建设，现已形成年产各类液压件 100 万台的生产能力。公司现为中国液气密工业协会常务理事单位，中国工程机械行业协会理事单位，工业车辆分会和配套件行业协会理事单位。

合肥长源液压股份有限公司从我国计划经济时代就作为叉车液压元件的主要生产供应商，一直为国内叉车制造厂商提供齿轮油泵、多路阀、限速阀、分流阀、动力制动系统等产品，产品配套 1～10 吨内燃叉车，10 吨以上重装叉车，3.5 吨以下规格电动叉车以及牵引车等。产品享有良好的市场口碑，近年来在工业车辆领域年均销售额近亿元。

合肥长源液压股份有限公司是国内迄今为止为叉车配套的齿轮油泵产品规格最全、配套量最大的厂家，跟随中国叉车行业的发展，不断进行产品的升级和换代，曾经具有代表性的齿轮泵产品有 CBQ、CBF、CBFL、CBT、CBTDH、CBHZ、CBHY、CBHQ、CBK、CBKL、CBHCB 等系列产品，其中 CBF 系列产品在 1985 年就获得国家质量奖。适用未来叉车发展的新品无侧隙啮合低噪声齿轮泵 CBHV 近期已研发成功并开始装机使用。

为叉车配套的多路阀产品中，公司生产的 ZS 系列产品在中国老一代叉车配套中占据一半以上的市场份额。现在正在被广泛使用的 CDB＊系列产品也是我公司配套叉车主机的主要产品，公司产品现在是国内主机生产商的主要供应方。为了适应安全和环保节能的要求，公司最近大力开发的带 OPS 模块的 CDC＊系列和优先阀功能模块的 YCDB 系列多路阀产品，此类产品大量被应用于电动，内燃叉车对安全防护有强制要求的市场，产品的性能和质量已经经过客户的验证，获得用户的一致认可和好评。

除了齿轮泵和多路阀两大类产品之外，公司还为叉车配套了大量的限速阀、切断阀产品，其中限速阀的供应量占据了市场需求总量的一半以上。专门为 5～10 吨叉车配套生产的 OBV/HXQ＊动力制动系统也是公司的主要产品之一，现在已经成为国内大吨位叉车动力制动系统的主要供应商。

几十年来，公司一直为中国叉车制造业各个主要厂家提供液压产品，长期合作的用户有合力叉车、杭州叉车、柳工叉车、林德叉车、凯傲宝骊、厦工叉车、龙工叉车、台励福叉车、斗山叉车、山推叉车、比亚迪叉车、江淮银联重工、浙江美科斯叉车、吉鑫祥叉车、青岛地恩地叉车、大连叉车、中联重科叉车等国内绝大部分叉车生产厂商。

在与上述用户的合作过程中，公司连续多年获得合力叉车、杭州叉车、柳工叉车、厦工叉车等主要用户颁发的“优秀供应商”、“优质服务商”等荣誉称号。

公司秉承“为客户创造竞争优势，与客户共同成长”的经营理念，与客户共创共进，把握未来。

（三）企业科技研发、科技成果（新产品）和专利情况

1. 2013—2014 年研发的新产品

2013—2014 年研发的新产品情况见表 4－5。

表 4－5 2013—2014 年研发的新产品

序号	年 份	新 产 品 名 称	备 注
1	2013	CBHYC－G＊＊/F＊＊－ATΦ＊系列双联齿轮油泵	均通过省级新产品鉴定，获省级新产品证书
2	2013	DLT/3－＊系列多路阀和 HCS6＊系列转向阀控制阀组	
3	2013	＊HSTG（220～90）系列双作用多级油缸	
4	2014	CMZ＊＊系列双向齿轮马达	
5	2014	DLT/5－50 整体阀	
6	2014	HSG90/70－80/63 系列随车吊伸缩臂油缸	

2. 2013—2014 年三项新产品获中国液气密行业技术进步奖

（1）DL＊＊－＊20 系列电液、手控多路阀获 2013 年中国液气密行业技术进步奖三等奖。

（2）CBHYC－G＊＊/F＊＊－ATΦ＊系列双联齿轮油泵获 2014 年中国液气密行业技术进步奖二等奖。

（3）＊HSTG(220～90）系列双作用多级油缸获 2014 年中国液气密行业技术进步奖三等奖。

3. 企业获得专利情况

2013 年企业申报专利 12 项，其中申报发明专利 4 项；2014 年企业申报专利 43 项，其中发明专利 17 项。2013 年、2014 年获得专利授权 38 项，其中发明专利 2 项。

（合肥长源液压股份有限公司 赵 岗）

佛山市顺德区金泰德胜电机有限公司

（一）企业经营情况简介

2014 年度企业实现营业收入 8.3 亿元。年末从业人员 1072 人，其中从事科技活动人员 158 人。

（二）企业各方面转型升级重要举措和成果情况

公司产品创新方面取得重大进展。围绕驱动电机主业，不断完善，技术创新硕果累累，极大地提高了生产效率。电动叉车用交流电机的外置式传感器及其配套结构主要用于电动叉车用交流电机的测速和控制，利用霍尔式传感器和脉冲码盘配套使用，输出两通道固定频率的矩形波，并利用两个通道波形之间的相位差来检测电机前进或后退和电机转速，这种结构成本较国外类似产品成本少 40%～50%，且具有维护方便，性能稳定，结构简单，维护成本较低等优势，产品和结构可应用于所有电动叉车车辆所用配套的牵引电机、油泵电机和转向电机。

目前已经成功配套应用于海斯特、力至优、优嘉力、合力、杭叉、比亚迪、诺力等国际国内知名品牌的电动叉车上，深受用户好评，市场竞争力明显大幅提高，市场占有率持续领先。

基础管理水平不断提升。公司通过组织机构改革和资源整合，进一步规范了科研、生产、营销、管理等生产经营活动，部门职能和岗位职责进一步明确和清晰，组织结构更趋合理。同时为加快生产方式转型，提高生产效率，提升供货能力，公司试点推行精益生产，并取得了阶段性进展。

（三）企业科技研发、科技成果（新产品）和专利情况

企业2013—2014年投入2165万元用于科研经费和科研基建经费支出。当年实现新产品产值49871万元、新产品销售收入49871万元。2014年末企业拥有有效专利20项，其中发明专利4项、实用新型16项。

（佛山市顺德区金泰德胜电机有限公司　市场部）

天津岛津液压有限公司

（一）企业概述

天津岛津液压有限公司（以下简称TSH）是日本株式会社岛津制作所在天津的全资子公司，坐落在天津市西青经济技术开发区，总占地面积12000平方米。

1994年8月，由日本株式会社岛津制作所与天津液压机械集团公司共同出资成立了TSH，中日双方各占股权50%。

1999年，天津液压机械集团公司上市，更名为天津特精液压股份有限公司。2005年，天津特精液压股份有限公司与美国派克汉尼芬公司合资，将上市公司资质及持有的天津岛津液压有限公司的股份一并转让天津百利特精电气股份有限公司。

2009年，中日双方的股权发生重大变化，由成立之初的5：5转变成中日比例2：8，员工也增长了近10倍。

2013年1月，日本岛津制作所实现了100%控股，TSH成为外商独资公司。

TSH 2010年年生产能力为4万台齿轮泵、2.5万台多路阀，在2015年年产量将提升至14万台齿轮泵和4.2万台多路阀。公司20%左右的齿轮泵出口日本。

（二）主要产品

TSH的主要产品包括引进日本岛津的具有国际先进水平的SGP1、SGP2、SDY系列高压齿轮泵，DSG05、TMG1低噪声齿轮泵和MSV04、MSV04C、MSV04A系列多路阀。这些产品主要为叉车等工程机械配套，可以满足引进、合资或开发主机更新换代的需求。

另外，为了适应市场需求，2015年，TSH将引进、转化适用小型电动托盘车的液压源产品，并进行小批量生产。

（三）市场经营与销售

针对中国叉车行业较多的借鉴日系叉车技术的特点，TSH在营销策略上采取了先服务于国内知名的日本叉车企业，配套成熟以后再渗透国内较大的叉车企业的策略，从而快速地覆盖了中国叉车市场。

为实现公司发展，2010年，公司扩大了销售队伍，并将公司市场重点转移到国内市场。

自2011年以来，TSH开始进入增长转型期，公司开始大力引入最新的适用于未来叉车发展的新产品，适用于4－10T经特殊工艺处理的高压齿轮泵，带安全功能的蓄电池、内燃叉车多路阀、无侧隙啮合齿轮泵等，这些成熟的产品进入中国市场以后，给 TSH 注入了新的活力。

十余年来，TSH 专注于中国工业车辆市场的发展与需求，市场结构的 90% 以上是中国工业车辆行业市场。截至 2015 年，中国绝大部分叉车生产企业与 TSH 建立了业务往来。

（四）企业管理

1. 管理机构

为适应企业不断发展，TSH 设有七个管理部门：总经理室、企划总务部、品质保证部、技术部、经营销售部、制造部和财务部，公司设有工会，共有员工 133 人，拥有专科以上学历的 39 人，技术人员 19 名。

2. 质量管理

TSH 于 1998 年取得了 ISO 9001 质量体系认证和高新技术企业认定证书，拥有健全的质量控制体系和专业的质量控制人员。公司非常重视质量管理，注重质量工作和每一个重要环节，如质量策划与质量教育、检验与试验、过程质量管理和质量信息管理等。同时，岛津总部不断对天津岛津进行品质控制工作指导，严格执行总部质量控制标准。

3. 生产管理

TSH 生产管理是以改善效率为目的，推崇单元化流水生产方式，以 ERP 系统为技术手段，以市场为导向，实现公司整体战略资源整合，如标准化作业、生产线平衡、布局改善、TPM、5S 作业环境改善等方式。2012 年，公司引入制造执行系统（MES），提高了对生产过程的管控，工序间的品质控制，生产节拍更为清晰。生产管理着眼于将“持续改善，最好地服务于客户”的理念延伸至整个供应链的各个环节。

4. 企业文化

TSH 一直秉承“以科学技术向社会做贡献”的宗旨，在持续发展的中国液压件市场，将产品和服务做得更好，将市场做得更大，将品牌做得更强，为实现繁荣的经济而积极努力。

（天津岛津液压有限公司　张卫军）

安徽全柴动力股份有限公司

（一）企业概况

安徽全柴动力股份有限公司是集内燃机研发、生产、销售、外贸于一体的上市公司（代码：600218），注册资金 28340 万元，是国内最大的中小缸径多缸柴油发动机生产基地。公司是安徽省创新型企业、安徽省技术创新示范企业、安徽省知识产权示范企业、安徽省产学研合作示范企业。公司产品广泛应用于轻卡、皮卡、SUV、农业装备、工程机械与发电机组，功率覆盖 20～380 马力，是福田汽车、江淮汽车、东风汽车、福田雷沃重工、合力叉车等国内多家知名整车企业的供应商。2014 年，累计产销各类多缸柴油机 33.8 万台，连续 7 年产销量名列全国柴油机行业前列，四缸柴油机稳居国内行业首位。

公司拥有国家级企业技术中心，安徽省车用柴油机工程技术研究中心，安徽省中小功率柴油机工程实验室，设有安徽省博士后工作站，与国内外多家内燃机科研机构及院所建立了良好的合作关系，确保公司的产品技术始终紧跟全球先进水平。依靠前瞻性的产品研发与创新能力，公司相继承担和参与了多项国家“863 项目”、国家级重点新产品项目和国际合作项目。系列发动机产品在经济性、可靠性、环保性等方面均达到国内同类先进水平。近年来，连续荣获中国机械工业 500 强企业、中国内燃机行业排头兵企业 、安徽省百强企业等荣誉称号。

（二）科技研发情况

作为国内专业的柴油发动机研发与制造企业，近年来，公司一直致力于柴油机产品技术的创新和升级，坚持实施创新战略，以领先的创新思维，高水平的创新平台，推动了企业产品结构的不断转型和升级。系列产品在中轻卡、大中型农业装备、叉车等细分市场具有明显的竞争优势。

随着国家级企业技术中心、安徽省博士后科研工作站的建设，公司进一步夯实了在国内四缸柴油发动机行业的领先地位，技术创新力、产品创新能力进一步加强。企业拥有一系列具有自主知识产权的专有技术和产品，建立了一支创新能力强、知识结构合理、具有国际视野的高水平技术团队。

近年来，公司致力于具有市场前景的新产品、新技术、新工艺研究，对引进的国内外新技术进行消化吸收和再创新，积极进行国际国内的技术合作与交流。先后承担了科技部国际合作项目 2 项，国家重点新产品计划 4 项、参与国家“863 计划”2 项、省科技计划 20 余项，参与制定国家和行业标准 8 项，申请专利 172 项，获得省部级科技奖励 2 次。

在节能环保柴油机的研制和关键技术开发方面取得了一系列重大成果：具有自主知识产权的国四系列车用柴油机投入批量生产，该系列柴油机为国家大力支持的新兴、高效、节能、减排产品；开发的满足欧 IIIA 排放标准要求的 4C 系列柴油机，填补了国内同类机型空白，促进了我国工程机械用柴油机行业技术进步。随着 GB 20891—2014《非道路移动机械用柴油机排气污染物排放限值及测量方法（中国第三、四阶段）》标准的发布，公司及时启动了非道路国三动力的开发。借鉴车用柴油机的成功开发经验，采用先进的电控燃油系统成功开发出了 B、C、D 三大系列非道路国三柴油机，共包括 15 种基础机型、50 种变型动力，功率覆盖 25 ~ 140 马力，主要适配于工程机械、农业装备等领域。公司 10 余款产品被认定为省级以上新产品，其中 4B1 – 88C40、4B2 – 95C40、4C5 – 60M34 型柴油机分别荣获 2011 年、2012 年、2014 年度国家级重点新产品。

（三）加快制造能力的再提升

制造能力决定产品的品质和竞争力。近年来，在成本和市场的双重竞争压力下，公司加快柴油机制造信息化、智能化、数字化和自动化技术的应用。先后投入数十亿元，用于产品设计、加工、装配等方面技术改造工作，保证了制造水平和产品技术的同步提升。

投资 2.7 亿元新建年产 10 万台低耗能低排放商用车柴油机生产线，主要用于国四及以上排放柴油机的生产，进一步提高公司产品的装备制造能力，质量控制能力，提升企业竞争实力。

投资 2.3 亿元新建年产 10 万台高效节能非道路柴油机项目。项目抢抓我国农业机械产品转型升级和推进工程机械产业由制造大国向制造强国转变的发展机遇，瞄准中高端农业机械和工程机械等产品市场。

（四）市场经营与销售

1. 市场开发与维护

公司每年组织制定市场调研计划，并按计划及时开展市场调研活动，包括收集、整理、分析竞争产品的结构、配置、性能、价格等各类市场情报及相关行业政策信息，综合客户反馈意见，定期撰写市场调查报告。

2. 销售管理

公司销售管理分为售前、售中、售后三部分。售前管理首先是营销策划与策划方案的组织执行；其次是品牌策划、推广与维护管理；再次是做好新产品的上市管理。售中管理是开展销售活动，定期开展市场调查，通过各种途径收集并分析客户资料，开发客户，完成公司制定的销售目标。售后管理：一是对客户信息进行管理，二是提供技术支持，三是做好产品维修和更换管理，四是积极有效处理客户诉求。

（安徽全柴动力股份有限公司 技术中心）

靠普—东方（厦门）叉车属具有限公司

德国KAUP公司是世界知名的叉车属具制造商，1962年开始致力于叉车属具的生产。靠普属具以其高品质、多品种、良好的服务和及时提供配件而闻名。

1996年，德国KAUP公司来到中国，不仅为中国及亚太地区用户提供具有世界领先技术的靠普宽视野叉车属具，更提供全面科学的配套服务，如售前选型、属具知识培训，安装维修以及良好的售后服务。靠普—东方（厦门）叉车属具有限公司位于厦门市海沧区，为德国KAUP的全资子公司，占地20000平方米。先进的生产设备和工厂规划使得公司产能得到进一步的提高，合理的工艺流程保证了产品质量的稳定，现代化的企业管理系统保证了产品从原材料直至售后服务等一系列环节的连贯性、可控性和准确性。

KAUP可提供载荷量1000～40000 kg液压控制的叉车属具，所有产品均经过DIN EN ISO 3834－2：2006－03和ISO 9001：2008认证。

主要有以下几类属具：纸卷夹、纸箱夹、载荷稳定器、前伸叉、软包夹、侧移器、多托盘叉、叉夹、桶夹、多用平夹、旋转器、串杆、烟包夹、调距叉、推拉器。

还可根据客户的实际工况需要设计制造特殊用途的属具；通过PTB认证，KAUP可提供防爆型属具产品。

（一）KAUP在中国获得多项荣誉

（1）2010年 第一届林德“优秀供应商”；

（2）2011年 第一届中国工业车辆“优秀供应商”；

（3）2012年 海斯特“优秀供应商”；

（4）2012年 第二届林德“优秀供应商最佳技术支持奖”；

（5）2013年 第二届中国工业车辆“优秀供应商”。

靠普—东方（厦门）叉车属具有限公司在厦门成立19年来，公司不断投入先进的生产设备。尤其是2009年入驻厦门海沧自主购入的厂房之后，公司加大技术改造的投入力度，健全和完善技术研发队伍，从产品设计研发到生产水平不断接近国际先进水平，成为行业的佼佼者。

（二）先进的生产设备为生产高品质的产品保驾护航

1. 机加工生产设备方面

公司拥有 4 台数控加工中心，全面提高加工的精度。

2. 焊接设备

公司已通过 ISO 3834 国际焊接质量认证，并且拥有 2 台焊接机器人，大大提高了焊接的质量和效率。

其中，整体式侧移器是采用先焊接再利用加工中心加工的方式，为客户提供高精度的产品。

3. 表面处理

拥有关于表面处理的全套工艺设备，包括抛丸、清洗、烘干、油漆等。

4. 先进的检测设备

（1）三坐标：精确检测产品尺寸。

（2）超声波检测仪器：检测焊道及材料内部缺陷。

（3）光谱仪：原材料化学成分分析为半成品及成品检测提供可靠的依据，提高产品合格率。

5. 技术及信息管理

技术研发部门使用 Pro E 软件，并且所有的加工程序，如数控下料火焰切割程序，都通过 Internet 管理，与德国总部同步。保证了技术及加工程序走在国际前端。

（三）公司经营理念

（1）客户的满意。

（2）客户的评价决定我们的市场地位。

（3）认同 KAUP，具备熟练技能及有良好的质量意识的员工是公司成功的基础。

（四）公司的策略

（1）以客户为中心。

（2）团结所有的员工。

（3）持续改善。

［靠普—东方（厦门）叉车属具有限公司　张佳虹］

江苏龙蟠科技股份有限公司

江苏龙蟠科技股份有限公司（以下简称龙蟠）针对目前国内外润滑油产业的市场竞争情况以及车用润滑油的市场需求现状以及发展趋势，确立了研发销售中高档车用润滑油为主的市场定位，凭借在研发实力、资源、技术与设备、品牌和市场等方面的竞争优势，不断增加研发投入，创新管理、拓展市场，引进和培养人才，实现在“新常态”形势下的产业发展“弯道超车”。

2014 年，江苏龙蟠科技股份有限公司营业总收入达到 8.62 亿元，在国内民营润滑油企业中名列前茅。公司旗下生产的国四柴油车专用的车用尿素溶液产品子公司“可兰素”在中国市场的占有率达到 45%，连续两年位居全国第一（英国 Integer 机构调研数据，2015 年 4 月）。

2014 年，公司顺利完成股份制改造，由原名“江苏龙蟠石化有限公司”更名为“江苏龙蟠科技股份有限公司”。在公司旗下，目前已经拥有江苏可兰素汽车环保科技有限公司、南京尚易环保科技有限公司、南京精工塑业有限公司、龙蟠润滑新材料（天津）有限公司、龙蟠科技（香港）有限公司等五家子公司。

在技术研发方面，公司近3年来累计立项十余项新技术，成功开发十多款节能环保润滑新产品，其中5款产品被认定为江苏省高新技术产品；拥有授权发明专利5项以及非专利核心技术25项，上述成果均已投放市场并取得了较好的经济效益。2014年，公司被科技部评定为“国家火炬重点高新技术企业”。

未来的龙蟠，将以更加现代化的企业架构、更卓越的公司治理和多元化的发展态势，成为一家横跨润滑油、车用与家用养护品、汽车尾气污染治理与净化产品、塑料包装产品等多个产业领域的高科技创新企业集团。

（江苏龙蟠科技股份有限公司　陈晓星）

郑州嘉晨电器有限公司

郑州嘉晨电器有限公司是一家对电动车辆控制系统及相关部件进行研究开发的专业化制造企业。是经国家认证批准的高新技术企业和省级企业技术中心，具有商务部批准的进出口自营权。

公司自20世纪80年代初开始一直承担省、部和国家电动车科技攻关项目，是国家高新技术发展计划（“863”计划）项目实施的重要参与者，因在电动车科技攻关中的突出贡献，荣获国家重大科技成果奖和个人突出贡献奖。

公司目前是国内主要电动车辆制造企业稳定的合作伙伴和供应商，为客户提供电动车辆电器系统的系列产品、技术支持及售后服务工作，具备提供电动车辆控制系统全系列产品的能力。

公司销售额连续十年位居行业前列，产品市场占有率在60%以上，2014年，公司销售额首次突破2亿元。公司主要客户有安徽合力股份有限公司、杭叉集团股份有限公司、浙江诺力机械股份有限公司、宁波如意股份有限公司 、安徽江淮银联重型工程机械有限公司、安徽梯易优叉车有限公司、中联重科安徽工业车辆有限公司、浙江吉鑫祥叉车制造有限公司等知名企业。

公司自成立以来，一直秉承“以人为本，以市场为导向，以新技术为立足点，着力于为顾客创造价值”的经营理念，主要依托于国内、外著名公司和院校的技术和产品优势，立足于认真研究客户的需求导向来做产品，以技术为重心来搭建未来架构性的平台，努力使自己在高性能、高技术、高质量的控制设备的研究、销售和服务等方面成为业界领先者。

（郑州嘉晨电器有限公司　程秀波）

科蒂斯仪器（中国）有限公司

科蒂斯仪器公司成立于1960年，总部在美国纽约。20世纪60年代，科蒂斯的仪表产品在美国阿波罗登月计划中成功使用；70年代，承担了美国联邦政府研制发展电动商用轿车行走控制系统的委托，成功地制造出高效率、高可靠性的电动车辆行走控制器；经过半个世纪的发展，科蒂斯仪器公司已成为全球最大的以研发、生产、销售电动车辆控制系统及与此相关的监控仪表为主的跨国公司。目前，科蒂斯仪器公司在美洲、欧洲和亚洲拥有3个制造基地、4个研发中心、15个分支机构，以及遍布全世界的经销网络。

科蒂斯仪器（中国）有限公司是美国科蒂斯仪器公司的独资子公司，成立于1995年，主要从事集成电路模块、电机速度控制器、电子仪表等系列产品的生产及销售，负责科蒂斯仪器公司在中国以及部分亚洲地区的业务。科蒂斯仪器（中国）有限公司在苏州高新技术开发区设有生产基地，占地面积8000平方米，厂房面积3000平方米，工厂配备了世界最先进的生产设备，以及高素质的管理人员，并通过了ISO 9001：2008质量管理体系认证，以及ISO 14001：2004环境管理体系认证。2013年，科蒂斯仪器（中国）公司被评为“中国工业车辆优秀配套件供应商”。

2012年4月，在科蒂斯仪器（中国）有限公司研发团队的基础上，科蒂斯技术（苏州）有限公司在苏州工业园区成立，注册资本200万美元，主要从事设计、研究和开发集成电路模块、电子仪表和电机速度控制产品，提供相关的技术服务和技术咨询。科蒂斯技术（苏州）有限公司是科蒂斯仪器公司在亚太地区的研发中心，拥有30多名专业的研发人员。自成立以来，公司坚持走科技创新道路，不断提高新产品的自主研发和系统集成能力；公司拥有10多项专利，这些科技成果形成的样机或产品已成功转移制造，并实现销售，取得了显著成果。2013年，公司被认定为为苏州市外资研发机构，2014年，公司被认定为江苏省外资研发机构。2014年，科蒂斯技术（苏州）有限公司被评为“国家高新技术企业”。

经过十几年的发展，科蒂斯仪器（中国）有限公司在制造、市场销售、研发方面取得了重大进展，先进的设计和精良的制造工艺使科蒂斯产品在世界范围内被广泛应用于物料搬运设备，工程机械，高尔夫球车，医疗设备，以及太阳能、风力发电等新能源行业。2008年的北京奥运会、2010年的上海世博会和广州亚运会等大型重要活动所使用的电动车辆的控制系统均来自科蒂斯仪器公司。

作为行业的领先者，公司将一如既往地专注于产品的品质、优秀的设计和生产的可靠性，始终如一地为客户提供整体标准化的系统解决方案，并提供优异的本地化服务，努力促进新产品和新技术的研发，将环保的理念和技术赋予精良的产品，并在行业中大力推广开来。

［科蒂斯仪器（中国）有限公司　总裁办］

广西玉柴机器集团有限公司

（一）2013—2014年发展概况

1. 概况

广西玉柴机器集团有限公司（以下简称玉柴集团）总体发展平稳健康，核心业务持续增长，新增业务拓展顺利。发动机、润滑油、配件专卖实现同比增长。其中，核心子公司玉柴股份2013年发动机销售50.2万台，2014年销售48.3万台，连续位居发动机行业榜首，市场份额持续提升，品牌认可度进一步提高。

2014年，玉柴集团位列中国企业500强排行榜第278位，中国制造业企业500强第138位，中国500最具价值品牌第103位，中国机械500强企业第17位。

2. 产品谱系及新品推出

玉柴集团拥有两条产业链：发动机产业链和石油化工产业链。发动机产业链里，玉柴股份公司产品包括10大平台30大系列的微、轻、中、大型柴油发动机和气体发动机，功率覆盖20～2700千瓦，是国内产品品种最丰富、型谱最完整的发动机生产企业。公司产品广泛应用于卡车、客车、乘用车、专用车、农用车、发电机组和轮船等领域，是国内众多整车品牌的首选配套动力。

石油化工产业链中主要企业玉柴马石油润滑油公司产品包括车用润滑油、工业油与汽车养护品等系列产品，拥有YC、悍虎、骏龙等多个产品品牌，涵盖18个系列、150多个品种，主导产品有YC系列通用内燃机油、高级轿车用油系列、悍虎专用油系列、摩托车油系列、高清洁抗磨液压油、齿轮油、润滑脂以及高级防冻液、制动液和添蓝尿素溶液系列等。

2013年，为了抢占国Ⅳ、国Ⅴ市场先机，公司率先推出了12款发动机新品，其中，国Ⅴ天然气发动机7款，分别为YC4DN－50、YC4GN－50、YC6JN－50、YC6GN－50、YC6LN－50、YC6MKN－50、YC6KN－50；国Ⅳ柴油发动机5款，包括了全新平台的产品YC4S，在原有平台升级的产品YC4EG，YC6A－45，以及卡车专用产品YC6J－46、YC6A－46。玉柴燃气发动机受到市场欢迎，全年较好完成了专项销售目标。卡车重点战略产品和市场均实现大幅增长，总体市场增幅远高于行业水平。

2014年，公司在广西南宁举行2014年新产品发布会，发布了8款新产品，涉及了商用车、通机、船电各个应用领域。其中，YC6G220L－T31和YC4FA45－T30系列柴油发动机均达标T3排放标准。YC4E－48、YC4S－48和YC4D20的2升纵置柴油动力等3款产品是玉柴征战轻卡、轻客市场的细分产品。第二代混合动力系统总成、公路卡车的400马力YC6MK发动机、船电专用动力YC6CL1035L－C20也对外发布。

3. 市场亮点及进出口

2013年玉柴卡车动力销售超24万台，同比增长20%；客车动力销售超12万台，同比增长8%；通机动力销售10万台，同比增长31%；在船电和乘用车动力领域，玉柴则是基本持平。

2014年，玉柴股份在卡车、客车发动机板块继续保持优势，新拓展的重型、轻型发动机领域实现稳步增长；船电发动机板块逆势增长6.5%；农用发动机成为“农业装备首选动力”；发动机海外出口额增长12%，创历史新高。

2014年，玉柴股份在非道路用柴油机及工业车辆领域取得长足的发展，销量再创新高，达到12万台。YC6B、YC4A两个系列的柴油机在叉车龙头企业迅速地扩大规模配套量，成为3吨以上（不含3吨）的叉车动力匹配首选机型。

玉柴马石油合资优势凸显，逆势再上，营业收入和经营效益实现两位数增长。

2014年玉柴产品海外总进入量任务完成率超过100%，实现年度海外总量专项目标。特别是车用发动机增长超过15%，其中，卡车板块增幅较大，达77.0%；客车板块小幅增长，达3.9%。

2014年海外市场全年销售收入同比增长14.2%，其中配件出口销售额同比增长30.6%。

另外，玉柴国际进出口（北京）有限公司也于2014年成立，未来的主营业务是出口玉柴集团各子公司的产品。

4. 合资合作、重组整合情况

玉柴内练实力、外强合作，积极寻求国内外合作。

2013年5月28日，玉柴集团旗下子公司玉柴船动与瓦锡兰集团合资成立的瓦锡兰玉柴船动中速机制造项目，在珠海市富山工业园区动工建设。该项目建成后，主要生产瓦锡兰品牌W20、W26和W32中速柴油机，应用于船舶动力主机和发电用辅机。

5月30日，玉柴股份与中国兵器工业集团公司下属的北奔重汽在北京签订北奔玉柴发动机合资框架协议，双方合资在包头市建立重型车用发动机生产基地。

6月13日，玉柴润滑油公司与马石油公司合作成立的新公司玉柴马石油润滑油召开了第一届董事会，开始正式运营。

6月28日，玉柴四个重大项目竣工仪式在工程研究院气体机项目重机试验车间举行。这四个重大项目分别为气体发动机生产基地建设项目、6C柴油机能力形成项目、国4柴油机技改升级项目、国家级技术中心创新能力建设项目，均落户在玉柴工业园。

11月20日，玉柴集团与秦皇岛北方船舶机械进出口公司达成共识，签订共同成立合资公司框架协议。合资公司旨在加大玉柴各产业板块产品的出口力度，加快玉柴国际化步伐。

12月28日，由玉柴集团和重庆润通控股集团有限公司共同投资30亿元的玉柴润通新型节能环保高品质小型柴油机项目落户重庆两江新区龙兴工业园。

2014年2月玉柴股份与广东粤运交通股份公司签署战略合作协议。2014年3月14日，玉柴与湖南大学签订战略合作协议，双方进一步加强在科技研发、人才培养、学生就业等方面的合作力度。2014年4月26日，玉柴集团为扩大海外市场份额、助力各子公司开拓产品出口渠道而联合具有丰富进出口经验及网络的北方船舶共同组建玉柴国际进出口（北京）有限公司。2014年7月，玉柴股份与卡特彼勒（中国）投资有限公司达成协议，买断后者所持合资公司玉柴再制造工业（苏州）有限公司中49%的股份，实现完全控股。2014年7月15日，“之星船舶”项目合作方广西玉柴机器集团有限公司、大连因泰集团有限公司以及上海佳豪船舶工程设计股份有限公司在大连召开第一届股东大会，大连玉柴能源有限公司正式成立。公司经营范围涵盖液化天然气（LNG）动力船舶销售、管理、租赁，国内货运代理，LNG业务以及相关投资等。该公司的组建和运营为玉柴船电事业及能源战略的发展提供一个全新的平台。2014年10月24日，玉柴股份与机械科学研究总院签订战略合作协议，在科技研发、基地建设、人才培养、国际交流和成果推广等方面展开广泛合作。2014年12月26日，玉柴与河南省中原内配股份有限公司、浙江银轮机械股份有限公司、全兴精工集团有限公司等9家企业就入驻玉柴产业新城事宜签约，这意味中原内配等9家企业成为了入城的先锋部队，同时也标志着玉柴产业新城招商工作取得了重大突破。

2014年，玉柴股份的组织机构形成了24个部门、9个工厂、9个子公司的新格局，该机构的运行让公司的市场反应更快速、机构进一步扁平化、资源和职能布局更合理、内部协同更高效，有利于提升公司的制造能力、管控能力、综合竞争能力。

5. 研发能力

玉柴研发实力雄厚，是国家级高新技术企业。拥有国家级企业技术中心、国家认可实验室、博士后工作站、院士专家企业工作站，是内燃机国家工程实验室、广西柴油机工程院唯一依托建设单位。其中，企业技术中心在全国887家国家认定企业技术中心评价中名列第20位，位列发动机行业第一。通过与英国布鲁奈尔大学、德国亚琛工业大学、上海交通大学、天津大学等国内外名校、研发机构合作，共同建立了10余个国内外产品技术研发中心。

2014年，牢牢抓住商用车国Ⅳ切换机遇，玉柴投入研发资金超过7亿元，在产品研发、技术创新等方面持续发力。在重型发动机、气体机和船用发动机等系列产品研发上取得重要成果，创新成果受到社会充分肯定，荣获“百强制造工艺创新基地”、“中国工业大奖提名奖”等荣誉。

2014年，玉柴工程研究院南宁基地投入使用，苏州基地起步建设。7月15日，由玉柴集团承建的“高效节能环保内燃机国家工程实验室建设”项目顺利通过国家发改委验收。自此，玉柴研发硬件基础设施进一步完善，科技创新获得更充分保障。玉柴2014年申请专利850件，获授权专利637件，连续9年专利申请量排名广西第一。同时，玉柴发布了国家强制性标准1项、行业标准1项，参与制修订国标、行标共7项。

在发动机排放技术上，玉柴掌握了欧Ⅵ排放控制技术，YC6L－60机型顺利通过欧盟E/e－mark认证试验，为欧Ⅵ发动机成功实现市场化做好充分准备。2014年，玉柴欧Ⅵ柴油机作为国产唯一欧Ⅵ发动机获得北京公交的订单，充分证明玉柴在低排放发动机上的领先地位。

除了推进自主研发，在研发、制造等领域，玉柴不断拓展对外合作，与国际、国内知名科研机构开展联合技术攻关。如与美国思达耐公司签订战略合作协议，与机械科学研究总院签订战略合作协议，提升并扩大玉柴在非道路用发动机研发与制造、数字化成形技术、先进成形工艺、先进成形装备上的优势，加速玉柴快速制造、智能制造的产业化。

6. 集团战略发展规划

2014年，玉柴集团开启了“二次创业”征程，发布新的战略规划。新规划明确目标直指千亿元销售规模，即2018年底，年销售规模超过1000亿元；同时，将集团战略定位确定为“两条产业链，两大服务平台”，即“发动机”和“石油化工”两条产业链，“金融”和“物流”两大服务平台。

未来玉柴将坚定不移地推动变革创新，系统再造，提升企业核心竞争力。争取用三年左右的时间完成系统升级，优化生产、组织、研发、营销、服务等各个系统，提质增效，大力实施创新驱动发展战略，增强企业盈利能力，提高国际化经营能力，培育打造国际知名品牌，积极拓展国际市场，做强做优企业。

（二）2013—2014年主要经济指标及汽车产品产量见表4－6

表4－6 2013—2014年主要经济指标及汽车产品产量

年份	全年工业总产值（当年价）（万元）	工业增加值（万元）	年末从业人数合计（人）	年末主要设备拥有量（台）	年末资产总计（万元）	主营业务收入（万元）	柴油机产销量（台）	
							生产	销售
2013	2356088	446739	20083	—	3701700	4246700	512508	615820
2014	2100475	427653	—	—	3644525	4012402	576107	625350

（广西玉柴机器股份有限公司 通机动力事业部市场科 刘深华）

采埃孚（中国）投资有限公司

（一）公司介绍

在工程机械行业，采埃孚是装载机传动领域的领导者，同时采埃孚在轮式挖掘机和其他轮式工程机械额的市场占有率也相当高。长久以来，采埃孚变速箱也是重型叉车（5～60吨）传动系统的技术领导者，Ergopower变速箱应用在卡尔玛、海斯特、斗山、现代、林德以及合力、杭叉等知名国际叉车制造商。采埃孚GP21以及GP25双驱变速箱也应用于永恒力、海斯特、Yale、丰田、合力、中力等的高端车型上。在2015年，采埃孚将生产四万台以上的GP系列变速箱应用于全球2万台以上叉车上。

在2014年，采埃孚开始生产应用于三支点电动平衡重叉车的电转向系统EPS3。EPS3能够为整车节省13%的电量。从节能减排以及长久的产品寿命角度，虽然使用采埃孚部件一开始的采购成本可能较高但是最终的经济收益是高于其他同类产品的，电转向，低噪音，高效率是欧洲电动叉车市场的技术趋势。

采埃孚叉车产品的应用范围是电动叉车（1，2，3类）的变速箱以及电转向系统，同时覆盖5～60吨的大吨位叉车，这个和本身叉车市场的热点也是高度契合的。在1～2.2吨的电动平衡重叉车上，采埃孚的GP系列变速箱是市场技术的领导产品，而GPA35双驱动车桥则广泛应用于海斯特、Yale、三菱、卡特彼勒等。

（二）EPS3系统介绍

EPS3：电动机械转向。这款电动机械转向产品很快将取代前轮驱动三轮平衡重式叉车中目前所使用的静液压转向系统。因此，电动叉车也一如既往地步入几年前汽车行业的后尘，用高效能的电动转向系统替代液压转向系统。该电动机械转向产品的特点：

（1）行驶过程中节能超过10%；

（2）大幅减少叉车装配过程中的工作量；

（3）功能系统的安全性通过了技术控制委员会的认证；

（4）自适应转向传动比；

（5）集成一站式机械、电气、电子和软件功能的即插即用式成套系统；

（6）电压范围：24～48 V。

EPS3由采埃孚和叉车电子控制器的市场领导者飒派公司联合研发。两家公司针对该产品整合了各自的专业技术，严格针对现代平衡重式叉车的需求将该系统投放到市场。

［采埃孚（中国）投资有限公司　非公路传动事业部］

上海施能电器设备有限公司

（一）企业概述

上海施能电器设备有限公司的前身为上海施能电器设备厂，成立于1984年10月，是一家专业设计、制造蓄电池专用充、放电机等设备的民营企业，也是充电机领域的先行者之一，自1984年生产出第一台充电机以来，通过孜孜不倦的追求，赢得了广大客户的信赖和关注。树立了良好的“施能”品牌形象。现有专业技术人员占全厂员工的35%，并依托多家科研机构及著名高校科技力量，使产品技术得以不断创新。

公司出色的业绩来源于产品品质——技术先进、功能强大、质量保证。坚持“质量为本，科技为先，超越自我，追求第一”的质量方针，通过对人、机、料、法、环五个环节严格的质量控制和严密的工艺控制手段，使产品质量得到了可靠的保证。企业在同行业中率先取得ISO 9001国际质量管理体系认证，并获CCC及CE认证。

二十多年来，公司产品遍布全国并享誉海外。企业秉承来自国际一流的服务理念，为用户着想，让用户满意，打造出一套为用户量身定做的多方位、人性化的服务系统，从而赢得了国内外客户的青睐和好评。

（二）历史沿革

1984年10月，上海航船电器厂。

1985年3月，公司第一代自动恒流充电机问世。

1986年，更名为“上海施能电器厂”。

1987年3月，公司第二代充电机通过上海市市级鉴定。

1987年，施能商标注册使用。

1988年，更名为“上海施能充电机厂”。

1988年，施能充电机荣获“上海科技进步三等奖”。

1992年6月，施能第二代充电机升级后被列入上海市星火计划。

1992年，施能LGC、HGC两大系列充电机被评为上海市市级新产品。

1992年5月，自动恒流放电机获得实用型专利。

1993年，企业利润超百万。

1994年，投资新建变压器车间，结束变压器外发的历史。

1995年，投资建设机箱车间，结束机箱外发历史。

1996年，研制成功第四代03系列恒流恒压充电机。

1998年，中国人民解放军总后勤部充电机定点采购单位。

2000年，第一代智能充电机和高频充电机诞生。

2001年，更为“上海施能电器设备厂”。

2001年，由集体企业转为股份制合作企业，并通过ISO质量管理体系。

2002年，建立产品实验室，销售额突破2000万元。

2003年，建立新厂区，被评为合同信用等级为AA级。

2005年，充电机生产线采用流水线操作。

2006年，机箱车间操作全部使用数控设备。

2006年，中国互联网新闻中心授予“中国名企”称号。

2008年，合同信用等级提升为AAA级，销售额突破5000万元。

2009年，荣获上海市“高新技术企业证书”。

2011 年，成为林德合格供应商。

2013 年，更名为“上海施能电器设备有限公司”。

（三）主要产品及产品更新换代情况

（1）1985 年 3 月 7 日，第一代 AGS－1 自动恒流充电机试制成功。

（2）1986 年 6 月，第二代的 HGC 自动恒流充电机试制成功，并相继开发了一路、二路、三路、六路四个品种的充电机。

（3）1992 年，第三代的 HGCZ02 系列自动恒流充电机研制成功。

针对第二代充电机只能对八档蓄电池电压充电的局限和集成化程度不高等弱点，采用了多种改进措施提升产品性能：

① 采用多功能无级调节，使充电机可适用于 6 V 以上各种蓄电池电压充电，整个充电过程可一次自动完成；

② 在电路设计中，采用线性度良好的电流－电压变换技术和先进的 PID 技术，使恒流系数的精度控制在不大于 2% 范围内，其精度比第二代充电机提高约一倍；

③ 电路集成程度明显提高，使线路简单，操作简便，机器故障大大下降。

同年，开发研制成功了 172 系列自动恒流充电机，它采用三相变压器，适用于电池组串联充电，为企业生产多路输出、大功率充电机打下了基础。

另外，当年研制成功了测试蓄电池储能性能的 FHZ1 自动恒流放电机，该产品的开发成功，填补了国内同类产品的空白，并取得国家专利。

（4）1996 年 3 月，试制成功了第四代的 03 系列恒流恒压型充电机，新问世的 03 系列充电机具有性能先进，操作简便，外形紧凑美观等特点。

（5）2003 年，研制成功了 CZC1 高频充电机，它采用了高频开关电源技术，具有体积小、重量轻、操作简单、携带方便、充电效率高、可靠性高等特点，一改工频机体积大、能耗高、不易搬动的局面。

（6）2004 年，研制成功了适用于叉车用的 CZB1 智能充电机，首次采用 DIN 标准提出的 Wa 充电曲线，充电电流随电压上升而减小，改变了原来充电机只有恒流恒压二阶段的充电模式，更符合蓄电池的接受能力。同年，研制成功了 HCF1 充放电一体机。

（7）2005 年，设计更新各种老的产品设计，相继开发了 CZC2 高频充电机、HGCZ172 充电机；一批更新换代产品 HGCZ172B 充电机、FHZ2 放电机、HCF2 充放电机、CZB2 智能充电机由此问世。

（8）2007 年，研制成功了 CZB3 智能充电机取代 CZB2 智能充电机。CZB3 智能充电机第一次在产品上引入数码显示充电电流、充电电压、故障代码等信息，一改过去指针显示模式。

（9）2008 年，在 CZB3 智能充电机基础上，针对市场需求，又拓展开发了 CZB3F、CZB3E 等系列产品。

（10）2009—2012 年，成功更新了一批老产品的设计，相继开发成功 HGCZ07 系列自动充电机、HCF3 恒流恒压充放电机、CZC5 高频自动充电机、FHZ3 自动恒流放电机等新产品。这些更新产换代产品，采用了微机控制技术，LCD 液晶显示屏全中文显示、人机界面新颖、操作方便、显示清晰易懂，将原来的模拟控制改为数字控制，因此在控制速度、控制精度、控制的灵活性得到了大幅提高。

（11）2013 年，成功研制了 CZC7 高频充电机，通过完善主电路设计，改善充电控制方法，采用最新充电控制平台等，解决了 CZC5 高频充电机可靠性较低，故障高，销售成本居高不下等问题。

（12）2013—2014 年，公司针对目前主导的 CZB3 系列产品进行大手笔的设计创新与改进，陆续开发了不同档次的 CZB5P、CZB5C、CZB5E 系列；新的系列产品采用全新控制平台，提升控制的精度，优化和充电的功能，实现了多种特殊的充电功能；全系列的 CZB5 系列产品，通过产品功能的提升与细化，满足不同层次客户的要求，使 CZB5 系列产品的市场竞争力得到极大的提升。

（13）2014 年，成功研制了 HCF5 充放一体机。HCF5 系列产品，不仅性能上采用全新的 32 位嵌入式控制平台，实现控制方式的飞跃，而且，经过专业的外观设计，完成了产品外形的华丽蜕变，为公司这一个特殊市场发展奠定了稳定的基础。同年，研发成功了 CZC9 三相大功率高频充电机。

高频大功率充电机一直是公司产品的一项空白，为了填补这项空白，研发部积极组织资源，设计人员经过不断的尝试与改进，开发了全新的 3 相高频大功率充电机；随着市场的逐步推广与成熟，该产品未来有望成为企业一个新的增长点。

（四）科研成果

上海施能电器设备有限公司自 1985 年成立以来，充电机产品曾获得“1988 年上海科技进步三等奖”。1991 年，“自动恒流充电机”获得首届上海科学技术博览会优秀奖和“七五全国星火计划成果博览会金奖”；

1992 年，FHZ 恒流放电机、HGCZ02 自动恒流充电机、HGCZ172 自动恒流充电机等被评为“1992 年上海市市级新产品”；

1993 年在常德全国星火计划成果展销洽谈会上被评为金奖；

1994 年，充、放电机曾双双被评为“上海科技星火三等奖”；

1996 年，FHZ1 系列自动恒流放电机，获上海市优秀发明十年成就展银奖；

1999 年，自动恒流充放电机，获第十届“星火杯”创造发明竞赛金奖；

自 2003 年起，连续十多年，CZ 系列智能充电机一直被上海电器行业协会评为上海电器行业名优产品；

2004 年，CZB1 充电机获得上海市高新技术成果转化项目证书；

2007 年 CZB3 智能充电机产品获上海市高新技术成果转化项目；施能充电机被推荐为上海市装备制造业与高新技术产业自主创新品牌；

2007—2014 年，企业被认定为“上海市高新技术企业”；

2014 年 CZC7 充电机产品获上海市高新技术成果转化项目；

目前，公司每年研发投入达企业当年主营业务收入的 4% ~6% 。

至 2014 年，公司已获得 23 项专利，其中发明授权专利 3 项、实用新型授权专利 17 项。

（上海施能电器设备有限公司　陈　波）

伊　顿　液　压

伊顿液压总部位于美国明尼苏达州的 Eden Prairie，在世界范围内拥有 50 多个生产制造基地，20 多家工程技术中心。

伊顿液压拥有世界级的产品品牌，包括 Eaton® 液压传动系统液压阀、柱塞泵、齿轮泵、Vickers® 液压阀、柱塞泵、Char－Lynn® 转向单元及液压马达、JEIL® 行走马达、回转马达、工程机械阀、Aeroquip® 胶管系列、SEL® 工业管、Hydro－Line® 工业油缸等，为客户提供动力源、控制元件、执行器、流体连接件及全套液压系统。

伊顿液压服务的市场涵盖行走机械行业及传统工业这两大行业的八个核心领域，其中包括物料搬运及公共事业机械等。

从 1993 年至今伊顿液压已经在中国走过了 20 年的发展之路，到目前为止伊顿液压在中国拥有 1300 多名员工、5 个生产制造基地、4 工程技术中心以及 20 多个销售办事处。其中生产制造基地及工程技术中心分别位于济宁、上海外高桥、宁波、泸州和香港。济宁工厂是伊顿在中国的第一家制造企业，主要生产液压马达、转向器、液压阀、柱塞泵、扭矩发生器，目前已成为伊顿在亚太地区最大的液压产品生产基地。上海外高桥主要致力于方向阀，比例阀，伺服阀，中载荷产品，叶片泵，工业泵，动力泵站、工业刹车和离合器的生产。宁波和泸州的主要产品为流体连接件。香港主要负责香港、澳门、华南和台湾地区技术支持，销售和售后服务。在伊顿的各个制造基地及技术中心都配备有领先的精密生产及测试仪器，不但保证了生产的能力，更保证高质量的合格产品。伊顿经验丰富的制造工程团队和产品工程团队使伊顿液压的产品设计、生产、检测及产品测试都得到了强有力的保证。

伊顿液压全球完善的分销服务网络体系，确保客户享受到及时，快捷，便利的优质服务，从传统工业到行走机械，从单个元件到系统解决方案，伊顿液压都是客户值得信赖的伙伴。

伊顿液压在 2013 年和 2014 年荣获合力叉车年度优秀供应商，在 2014 年获得福田颁发的零部件产品金奖。

［伊顿流体动力（上海）有限公司　市场部］

浙江恒久机械集团有限公司

（一）公司简介

浙江恒久机械集团有限公司始创于 1953 年，有 62 年的链条设备和链条的制造经验。公司拥有 7 家工厂，其中有 4 家链条厂，在德国、匈牙利有自己的子公司。公司先后获得了“中国链条出口生产基地”“浙江名牌产品”、“中国制造业 500 强企业” 等荣誉。2014 年全年销售额已超 12 亿元人民币。

（二）技术能力

公司有 1 家省级链条研究所，1 家省级链条设备研究所，已获得国家授权专利 45 项，其中发明专利5项；已被受理的专利申请16项，其中发明专利4项。

（三）叉车链条

1. 技术特点

2010年公司成立了专业的叉车链事业部，有独立的生产线，独立的检测设备和管理团队。公司于2000年开始与日本DID公司合作生产叉车链，至今已有15年的叉车链制造经验。公司生产的叉车链条具有高耐磨性、高疲劳性能，能满足高负荷连续作业的工况条件，具有以下技术特点：

（1）采用高耐磨的渗碳销轴或整体淬火的销轴，以提高优越的抗冲击性来适应不同场合的需求。

（2）采用钢球连续挤孔技术，对链板内孔进行挤压，消除链板内孔表面残留的压应力，从而有效减少疲劳引发的断裂缺陷。

（3）采用气氛可控的表面处理，并对零件进行抛丸强化和整链预拉强化。

（4）链条表面采用磷化发黑处理，大大提升了链条的抗腐蚀的能力。

2. 业绩

在国内与公司合作的客户有：杭叉集团股份有限公司、安徽合力股份有限公司宝鸡合力叉车厂、宁波如意股份有限公司、安徽江淮银联重型工程机械有限公司、中联重科安徽工业车辆有限公司、韶关比亚迪实业有限公司、浙江省美科斯叉车有限公司、凯傲宝骊（江苏）叉车有限公司、浙江中力股份有限公司、山东雷鸣重工股份有限公司、伟伦叉车（东莞）有限公司、福建华南重工机械有限公司、江苏靖江叉车有限公司、苏州先锋物流装备科技有限公司等叉车主机厂。

公司重视技术创新，“恒久牌”主导产品在国内同行业居领先水平，畅销全国，远销欧美、东南亚等50多个国家和地区，赢得了国内外用户的青睐。

（浙江恒久机械集团有限公司　企管部）

第三节　检　测　中　心

国家起重运输机械质量监督检验中心

（一）受企业约请进行产品型式试验

质检中心在2013—2014年，共计完成近百台叉车产品型式试验报告，产品类型包括内燃平衡重式叉车、蓄电池平衡重式叉车、托盘堆垛车、伸缩臂式叉车、三向推垛叉车、插腿式叉车、前移式叉车、越野型伸缩臂式叉车、防爆叉车、油电混合动力型叉车等。

（二）受企业约请进行企业条件评审

质检中心在2013—2014年，接受了国内二十多家叉车企业的约请，完成了叉车制造条件的鉴定评审，使企业顺利通过国家质量监督检验检疫总局的审核，获得叉车制造许可证。

（三）完成的重要工作

（1）为贯彻落实《国家中长期科学和技术发展规划纲要》和《国务院关于加快发展循环经济的

若干意见》等文件精神，由北京起重运输机械设计研究院牵头，负责国家科技支撑计划“绿色制造关键技术与装备”项目中的“通用型桥式起重机轻量化设计技术及应用”课题的研究工作。质检中心在该课题中主要负责主要受力构件的疲劳试验和整机的试验验证工作，已完成疲劳试验和整机的试验验证，该课题获得2014年中国机械工业集团科学技术一等奖，并获得国家科技部拨款600多万元。

（2）根据国家质量监督检验检疫总局“关于下达2009年度质检公益科研专项项目计划的通知”的要求，由北京起重运输机械设计研究院作为牵头单位，完成公益性科研项目“起重机械能耗测试方法标准研究”。质检中心负责和参与了冶金起重机、起重及冶金用电机、制动器、电动葫芦的能耗测试方法和能耗限定额的研究工作，并对起重及冶金用电机、电动葫芦进行了大量的试验验证工作，得到了大量的数据，为今后国家开展起重机械能效评定做了必要的准备工作。

（3）接受山东省某法院的委托，完成机械式停车设备7项专利知识产权鉴定任务。

（4）接受山东省某法院的委托，完成一台通用门式起重机质量纠纷鉴定任务。

（5）完成了与河南某企业合作开展的“电动单梁起重机质量提升咨询项目”。

（6）开展了起重机安全监控系统的委托检验工作。

（7）协助政府部门开展了重大活动的特种设备安全保障工作。在北京APEC会议期间，受国家质量监督检验检疫总局的委托，会同北京市特种设备检测中心共同对颐和园活动专用电瓶车车辆进行了细致检查、动态测试等一系列安全评估工作，并提出了相应的改进方案及安全技术要求，得到了APEC会议领导人配偶集体活动礼宾组的肯定和一致好评。会议圆满结束后，质检中心收到北京市质量技术监督局的感谢信，对给予的大力支持和优质服务表示了衷心的感谢。

（8）获得三项实用新型专利。

（四）获得的奖项

（1）负责起草的GB 6067—2010《起重机械安全规程第一部分：总则》荣获2013年中国特种设备检验协会颁发的科学技术二等奖。

（2）研制的起升机构试验台荣获2013年中国特种设备检验协会颁发的科学技术三等奖。

（3）质检中心荣获机械工业联合会2013年度质检机构先进集体和个人。

（4）负责起草的GB/T 3811—2008《起重机设计规范》荣获2013年中国特种设备检验协会科学技术一等奖、中国标准创新贡献奖二等奖。

（5）负责起草的GB 26469—2011《架桥机安全规程》和GB/T 26470—2011《架桥机通用技术条件》荣获2014年度中国机械工业科学技术奖三等奖。

（6）参加的“通用型桥式起重机轻量化设计技术及应用”课题获得2014年中国机械工业集团科学技术一等奖。

（7）参加并完成的国家公益性科研项目“起重机械能耗测试方法标准研究”，获得北京起重运输机械设计研究院2014年科技进步二等奖。

（北京起重运输机械设计研究院　闫淑卿）

机械科学研究总院工程机械军用改装车试验场

2013 年和 2014 年共完成主营收入 2.48 亿元和 2.66 亿元，其中检测收入 7.8 亿元和 8.3 亿元，工业车辆的检测收入分别为 700 万元和 750 万元；叉车门架异型钢收入 1.65 亿元和 1.8 亿元，另有少量的其他产业收入。具体情况如下。

（1）2013 年、2014 年共完成各类检测项目 4500 多台次，其中叉车试验 108 台，涉及企业 37 家，含外资（包括合资）企业 6 家。2014 年 113 台叉车试验。涉及企业 38 家，其中外资（包括合资）企业 6 家。

（2）2013 年、2014 年参加评审的企业数量分别为 46 个、41 个，2013 年新增 8 家叉车制造企业，分别为：安徽力诺机械制造有限公司；韶关比亚迪实业有限公司；山西天脊山电动车船有限公司；杭州港力液压机械有限公司；安徽兴华叉车有限公司；如皋市宝象叉车有限公司；安徽凯莎工业设备制造有限公司；浙江宇捷机械有限公司。2014 年新增叉车制造 6 家企业：江苏新宇博恒机械制造有限公司；广东玛西尔电动科技有限公司；上海东裕电动车有限公司；富阳卫国机械有限公司；江苏科力机械有限公司；上海力至优叉车制造有限公司。

（3）2013 年、2014 年的试验结果看，国产叉车在制造上向大吨位发展，更多的企业开发了仓储车辆，轻量化设计在叉车制造上得到了体现，叉车的性能和可靠性有了进一步的提高。新技术得到了广泛使用，如降噪技术，减振技术，叉车称重及超载报警技术在新产品上得到了广泛使用，许多企业还开发了锂电池作为动力源的叉车，节能减排的技术也得到了广泛地开发，如天然气叉车等。

（4）2013 年、2014 年通过检测，国内叉车与国外叉车相比尚有不足，需要进一步提高。

首先要提高主要零部件、配套件的质量。提高整机产品可靠性水平，必须从零部件入手。目前我国在发动机、驱动桥、变速箱、液压泵、阀等基础件与专用配套件方面的研究投入太少，关键零部件的技术质量水平落后，长期制约着整机技术质量的提升，并与主机开发脱节，形不成同步开发、优化配套件的体系。

其次要提高叉车整车的可靠性寿命。为了提高叉车可靠性，企业的零部件应当做好台架试验，新产品在交付试验场进行型式试验的同时，还应进行 2 年的工业性试验或增加可靠性试验的时间。

最后将两者的问题改进后，再投入市场。由于我们行业企业急功近利，同国外企业相比，减少了许多环节，因此，可靠性一直差距很大，大约可靠性寿命仅为国外的三分之二。

还有就是要提高外观质量。我们企业的外观质量主要是，边、角、缝上瑕疵较多，另外，油漆质量欠佳，主要是新车漆面明亮而耀眼，半年后油漆剥落且陈旧等。

（5）叉车的发展的趋势有以下两个方面。

节能环保。随着我国《大气污染防治法》和《特种设备安全法》的贯彻实施，全社会环保意识的增强，以新型低排放内燃车辆、纯电动、CNG/LNG//LPG 新燃料、混合动力等新型节能环保型工业车辆将是中国工业车辆的发展趋势之一。

静压传动。欧系叉车主要代表为静压传动。静压传动叉车具有微动性能好，传动效率高，易于布置的优点。随着我国近年来液压件产品质量的提升，为静压传动叉车的开发提供了条件，近两年，有许多企业在尝试生产静压传动叉车。

（6）叉车门架的异型钢。2002 年试验场受行业企业的委托，组织行业开发叉车门架异型钢，并成立了机械产品国际采购协作委员会，到 2014 年已开发了 7 个 C 型钢，4 个 J 型钢，2 个 H 型钢，能够满足国内 1 吨到 12 吨叉车的使用，并结束了我国没有 J 型和 H 型叉车门架异型钢的历史。

2014 年又推出了 12J 和 18J 两个异型钢截面，实现了国内制作 1. 5 吨到 4. 5 吨叉车门架时，C 型和 J 型门架异型钢的配对使用，提高了产品质量和生产效率，降低了生产成本，为叉车行业的发展做出了贡献。

（机械科学研究总院工程机械军用改装车试验场　雷晓卫）

第五章　法律、法规与标　准

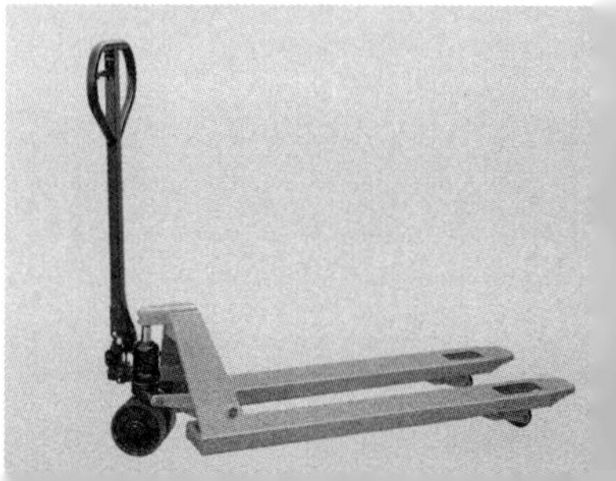

第一节　2013—2014 年国家颁布的与工业车辆相关的法律、法规和标准

2013—2014 年国家颁布的与工业车辆相关的法律、法规和标准见表 5-1。

表 5-1　2013—2014 年国家颁布的与工业车辆相关的法律、法规和标准

序号	名　　称	发布机构	发布时间	实施时间
国家质量监督检验检疫总局令				
1	《质量监督检验检疫行政许可实施办法》	国家质量监督检验检疫总局	2012 年 10 月 26 日	2013 年 1 月 1 日
2	《中华人民共和国工业产品生产许可证管理条例实施办法》	国家质量监督检验检疫总局	2014 年 4 月 21 日	2014 年 8 月 1 日
国家质量监督检验检疫总局公告				
1	《特种设备作业人员考核规则（TSG Z6001—2013）》	国家质量监督检验检疫总局	2013 年 1 月 16 日	2013 年 6 月 1 日
2	《特种设备无损检测人员考核规则（TSG Z8001—2013）》	国家质量监督检验检疫总局	2013 年 1 月 16 日	2013 年 6 月 1 日
3	《特种设备检验人员考核规则（TSG Z8002—2013）》	国家质量监督检验检疫总局	2013 年 1 月 16 日	2013 年 6 月 1 日
4	《质检总局关于批准境外从事进口旧机电产品装运前检验机构资格的公告》	国家质量监督检验检疫总局	2013 年 4 月 7 日	2013 年 5 月 1 日
5	《质检总局关于调整〈特种设备检验检测机构核准规则〉中有关高级检验师要求的公告》	国家质量监督检验检疫总局	2013 年 5 月 8 日	2013 年 6 月 1 日
6	《质检总局关于发布〈出入境检验检疫信用管理办法〉的公告》	国家质量监督检验检疫总局	2013 年 7 月 16 日	2014 年 1 月 1 日
7	《质检总局　海关总署关于调整〈出入境检验检疫机构实施检验检疫的进出境商品目录〉的公告》	国家质量监督检验检疫总局	2013 年 8 月 1 日	2013 年 8 月 15 日
8	《质检总局关于开展工业产品生产许可证无证查处工作的公告》	国家质量监督检验检疫总局	2013 年 8 月 1 日	2013 年 8 月 1 日
9	《压力容器监督检验规则》	国家质量监督检验检疫总局	2013 年 12 月 31 日	2014 年 6 月 1 日
10	《质检总局关于修订〈特种设备目录〉的公告》	国家质量监督检验检疫总局	2014 年 10 月 30 日	2014 年 10 月 30 日
11	《特种设备安全技术规范制定导则（TSG 01—2014）》	国家质量监督检验检疫总局	2014 年 12 月 26 日	2015 年 4 月 1 日
12	《移动式压力容器安全技术监察规程第 1 号修改单（TSG R0005—2011）》	国家质量监督检验检疫总局	2014 年 12 月 26 日	2015 年 4 月 1 日
13	《质检总局关于调整进口旧机电产品检验监管的公告》	国家质量监督检验检疫总局	2014 年 12 月 31 日	2014 年 12 月 31 日

表5-1（续）

序号	名　　称	发布机构	发布时间	实施时间
国家质量监督检验检疫总局工作通知				
1	《起重机械安全管理人员和作业人员考核大纲》	国家质量监督检验检疫总局	2013年12月27日	2014年3月1日
其　　他				
1	《非道路机械用柴油机排气污染物限值及测量方法》（DB11/185—2013）	北京市人民政府	2013年2月16日	2013年7月1日
2	《在用非道路柴油机械烟度排放限值及测量方法》（DB11/184—2013）	北京市人民政府	2013年2月16日	2013年7月1日
3	《二手叉车流通技术要求》（SB/T 10860—2012）	中华人民共和国商务部	2013年1月4日	2013年7月1日
4	《中华人民共和国特种设备安全法》	全国人民代表大会常务委员会	2013年6月29日	2014年1月1日
5	《电池工业污染物排放标准》（GB 30484—2013）	中华人民共和国环境保护部	2013年12月27日	2014年3月1日
6	《非道路移动机械用柴油机排气污染物排放限值及测量方法（中国第三、四阶段）》（GB 20891—2014）	中华人民共和国环境保护部	2014年5月16日	2014年10月1日

第二节　工业车辆标准制定情况

一、标准现状

1. 国内标准现状

截至2014年12月31日，工业车辆行业共有现行有效标准52项，其中国家标准38项（包括2项强制性标准和36项推荐性标准），机械行业标准14项，工业车辆中量大面广的产品如平衡重式叉车、插腿式叉车、托盘搬运车等产品，标准基本上配套，满足市场需求。标准的构成情况见表5-2，详细标准目录见表5-3。

表5-2　工业车辆标准构成情况

标准类别	基　础	安　全	产　品	方　法	零部件	总　计
数量（项）	6	3	16	15	12	52
百分比（%）	11.5	5.8	30.8	28.8	23.1	100

表5-3　现行有效的国家标准及行业标准目录

序号	标准编号	标准名称	采标情况	代替标准
1	GB/T 5140—2005	《叉车　挂钩型货叉　术语》	ISO 2331：1974，IDT	GB/T 5140—1985
2	GB/T 5143—2008	《工业车辆　护顶架　技术要求和试验方法》	ISO 6055：2004，IDT	GB/T 5143—2001
3	GB/T 5182—2008	《叉车　货叉　技术要求和试验方法》	ISO 2330：2002，IDT	GB/T 5182—1996

表5-3（续）

序号	标准编号	标准名称	采标情况	代替标准
4	GB/T 5183—2005	《叉车　货叉　尺寸》		GB/T 5183—1985
5	GB/T 5184—2008	《叉车　挂钩型货叉和货叉架　安装尺寸》	ISO 2328：2007，IDT	GB/T 5184—1996
6	GB/T 6104—2005	《机动工业车辆　术语》	ISO 5053：1987，IDT	GB/T 6104—1985
7	GB/T 7593—2008	《机动工业车辆　驾驶员控制装置及其他显示装置用符号》	ISO 3287：1999，IDT	GB/T 7593—1987
8	GB 10827.1—2014	《工业车辆　安全要求和验证　第1部分：自行式工业车辆（除无人驾驶车辆、伸缩臂式叉车和载运车）》	ISO 3691-1：2011，IDT	GB 10827—1999
9	GB 10827.5—2013	《工业车辆　安全要求和验证　第5部分：步行式车辆》	ISO 3691-5：2009，IDT	
10	GB/T 14687—2011	《工业脚轮和车轮》		GB/T 14687—1993，GB/T 14688—1993
11	GB/T 17910—1999	《工业车辆　叉车货叉在使用中的检查和修复》	ISO 5057：1993，IDT	
12	GB/T 17938—1999	《工业车辆　电动车辆牵引用铅酸蓄电池　优先选用的电压》	ISO 1044：1993，IDT	
13	GB/T 18849—2011	《机动工业车辆　制动器性能和零件强度》	ISO 6292：2008，IDT	GB/T 18849—2002
14	GB/T 21467—2008	《工业车辆在门架前倾的特定条件下堆垛作业附加稳定性试验》	ISO 5767：1992，IDT	
15	GB/T 21468—2008	《托盘堆垛车和高起升平台堆垛车　稳定性试验》	ISO 5766：1990，IDT	
16	GB/T 22417—2008	《叉车　货叉叉套和伸缩式货叉　技术性能和强度要求》	ISO 13284：2003，IDT	
17	GB/T 22418—2008	《工业车辆　车辆自动功能的附加要求》	ISO 24134：2006，IDT	
18	GB/T 22419—2008	《工业车辆　集装箱吊具和抓臂操作用指示灯技术要求》	ISO 15871：2000，IDT	
19	GB/T 22420—2008	《两向和多向运行叉车　稳定性试验》	ISO 15794：2001，IDT	
20	GB/T 26560—2011	《机动工业车辆　安全标志和危险图示　通则》	ISO 15870：2000，IDT	
21	GB/T 26561—2011	《搬运6 m及其以上长度货运集装箱的平衡重式叉车　附加稳定性试验》	ISO 10525：1997，IDT	
22	GB/T 26562—2011	《自行式坐驾工业车辆踏板的结构与布置　踏板的结构与布置原则》	ISO 21281：2005，IDT	
23	GB/T 26945—2011	《集装箱空箱堆高机》		
24	GB/T 26946.1—2011	《侧面式叉车　第1部分：稳定性试验》	ISO 13563-1：2001，IDT	
25	GB/T 26946.2—2011	《侧面式叉车　第2部分：搬运6 m及其以上长度货运集装箱叉车的附加稳定性试验》	ISO 13563-2：2001，IDT	
26	GB/T 26947—2011	《手动托盘搬运车》		JB/T 3298—1996

表5-3（续）

序号	标准编号	标准名称	采标情况	代替标准
27	GB/T 26948.1—2011	《工业车辆　驾驶员约束系统技术要求及试验方法　第1部分：腰部安全带》	ISO 24135-1：2006，IDT	
28	GB/T 26949.1—2012	《工业车辆　稳定性验证　第1部分：总则》	ISO 22915-1：2008，IDT	
29	GB/T 26949.2—2013	《工业车辆　稳定性验证　第2部分：平衡重式叉车》	ISO 22915-2：2008，IDT	GB/T 5141—2005
30	GB/T 26949.3—2013	《工业车辆　稳定性验证　第3部分：前移式和插腿式叉车》	ISO 22915-3：2008，IDT	GB/T 5142—2005
31	GB/T 26949.10—2011	《工业车辆　稳定性验证　第10部分：在由动力装置侧移载荷条件下堆垛作业的附加稳定性试验》	ISO 22915-10：2008，IDT	
32	GB/T 26950.1—2011	《防爆工业车辆　第1部分：蓄电池工业车辆》		
33	GB/T 27542—2011	《蓄电池托盘搬运车》		JB/T 3773.1～3—1999
34	GB/T 27543—2011	《手推升降平台搬运车》		
35	GB/T 27544—2011	《工业车辆　电气要求》	ISO 20898：2008，IDT	
36	GB/T 27693—2011	《工业车辆安全　噪声辐射的测量方法》	EN 12053—2001，IDT	
37	GB/T 27694—2011	《工业车辆安全　振动的测量方法》	EN 13059—2002，IDT	
38	GB/T 30031—2013	《工业车辆　电磁兼容性》	EN 12895：2000，IDT	
39	JB/T 2390—2005	《平衡重式叉车　基本参数》		JB/T 2390—1984
40	JB/T 2391—2007	《500 kg～10000 kg平衡重式叉车 技术条件》		JB/T 2391—1994
41	JB/T 3244—2005	《蓄电池前移式叉车》		JB/T 3244—1999
42	JB/T 3299—2012	《手动插腿式液压叉车》		JB/T 3299—1999
43	JB/T 3300—2010	《平衡重式叉车　整机试验方法》		JB 3300—1992
44	JB/T 3340—2005	《插腿式叉车》		JB/T 3340—1999
45	JB/T 3341—2005	《托盘堆垛车》		JB/T 3341—1999
46	JB/T 3811—2013	《电动固定平台搬运车》		JB/T 3811.1—1999、JB/T 3811.2—1999
47	JB/T 9012—2011	《侧面式叉车》		JB/T 9012—1999
48	JB/T 10750—2007	《内燃牵引车》		ZB J81 003—1988
49	JB/T 10751—2007	《蓄电池牵引车》		
50	JB/T 11037—2010	《10000 kg～45000 kg内燃平衡重式叉车　技术条件》		
51	JB/T 11840—2014	《叉车　侧移器》		
52	JB/T 11988—2014	《内燃平衡重式叉车能效测试方法》		

2. 国际标准现状及国际标准转化情况

截至2013年12月31日，全国工业车辆标准化技术委员会对口的国际标准化组织ISO/TC110共有国际标准49项，不包括2个技术规范、1个技术报告、1个修改单和2个勘误表，标准的构成情况见表5－4。

表5－4 国际标准转化情况明细表

序号	国际标准编号（最新版本）	国际标准名称（中文）	转化为我国标准编号	转化程度	列入计划项目编号	不转化原因	转化旧版国际标准编号
1	ISO 938：1975	《手动托盘搬运车 基本尺寸》				规定的尺寸与我国的不一致，因此无法转化	
2	ISO 1044：1993	《工业车辆 电动车辆牵引用铅酸蓄电池 优先选用的电压》	GB/T 17938—1999	IDT			
3	ISO 1756：1975	《工业车辆 托盘的连接尺寸》				规定的尺寸与我国的不一致，因此无法转化	
4	ISO 2328：2011	《叉车 挂钩型货叉和货叉架安装尺寸》	GB/T 5184—2008	IDT	20131915－T－604		ISO 2328：2007
5	ISO 2330：2002	《叉车 货叉 技术要求和试验方法》	GB/T 5182—2008	IDT			
6	ISO 2331：1974	《叉车 挂钩型货叉 术语》	GB/T 5140—2005	IDT			
7	ISO 3287：1999	《机动工业车辆 驾驶员控制装置及其他图示装置用符号》	GB/T 7593—2008	IDT			
8	ISO 3691－1：2011	《工业车辆 安全要求及验证 第1部分：自行式工业车辆（除无人驾驶车辆、伸缩臂式车辆和载运车）》	GB 10827.1—2014	IDT			
9	ISO 3619－1：2011/Cor 1：2013	《ISO 3619－1：2011 2013版修改件》	GB 10827.1—2014	IDT			
10	ISO 3691－5：2014	《工业车辆 安全要求及验证 第5部分：步行式车辆》	GB 10827.5—2013	IDT			ISO 3691－5：2009
11	ISO 3691－6：2013	《工业车辆 安全要求和验证 第6部分：货物及人员载运车》					
12	ISO/TS 3691－7：2011	《工业车辆 安全要求和验证 第7部分：欧共体国家的区域要求》				欧盟区域性标准，不能转化为我国标准	
13	ISO/TS 3691－8：2012	《工业车辆 安全要求和验证 第8部分：非欧共体国家的区域要求》				其他区域性标准，不能转化为我国标准	
14	ISO 5053：1987	《机动工业车辆 术语》	GB/T 6104—2005	IDT	20140783－T－604		
15	ISO 5057：1993	《工业车辆 叉车货叉在使用中的检查和修复》	GB/T 17910—1999	IDT			
16	ISO 6055：2004	《工业车辆 护顶架 技术要求和试验方法》	GB/T 5143—2008	IDT			

表 5-4（续）

序号	国际标准编号（最新版本）	国际标准名称（中文）	转化为我国标准编号	转化程度	列入计划项目编号	不转化原因	转化旧版国际标准编号
17	ISO 6292：2008	《机动工业车辆和牵引车　制动器性能和零件强度》	GB/T 18849—2011	IDT			
18	ISO 10896-1：2012	《越野车辆　安全要求和验证　第1部分：伸缩臂式车辆》		IDT	20131154-Q-604		
19	ISO 11525-1：2012	《越野型叉车　使用人员要求　第1部分：总则》					
20	ISO 13284：2003	《叉车　货叉叉套和伸缩式货叉　技术性能和强度要求》	GB/T 22417—2008	IDT			
21	ISO 13562-1：2000	《伸缩臂式叉车　第1部分：稳定性试验》				将被ISO 22915-11：2011代替	
22	ISO 13562-2：2001	《伸缩臂式叉车　第2部分：搬运6 m及以上长度货运集装箱车辆的附加稳定性试验》				将被ISO/DIS 22915-12代替（Stage：40.20（2013-10-23））	
23	ISO 13563-2：2001	《侧面式叉车　第2部分：搬运6 m及以上长度货运集装箱车辆的附加稳定性试验》	GB/T 26946.2—2011	IDT			
24	ISO 13564-1：2012	《机动工业车辆　验证视野的试验方法　第1部分：起重量不小于10 t的坐驾式和站驾式车辆以及伸缩臂式车辆》		IDT	20121744-T-604		
25	ISO 15870：2000	《机动工业车辆　安全标志和危险图示　通则》	GB/T 26560—2011	IDT			
26	ISO 15871：2000	《工业车辆　集装箱吊具和抓臂操作用指示灯技术要求》	GB/T 22419—2008	IDT			
27	ISO 20898：2008	《工业车辆　电气要求》	GB/T 27544—2011	IDT			
28	ISO 21281：2005	《自行式坐驾工业车辆踏板的结构与布置　踏板的结构与布置原则》	GB/T 26562—2011	IDT			
29	ISO 22877：2004	《车轮和脚轮　术语、符号和多语种术语》				家具脚轮、转椅脚轮、用于公共设施的手动设备用车轮和脚轮及医院病床脚轮的要求，由于与工业车辆无关，没有必要转化为我国标准	
30	ISO 22878：2004	《车轮和脚轮　试验方法和设备》					
31	ISO 22881：2004	《车轮和脚轮　用于公共设施的手动设备用车轮和脚轮的技术要求》					
32	ISO 22883：2004	《车轮和脚轮　行走速度达到1.1 m/s（4 km/h）时的技术要求》					
33	ISO 22884：2004	《车轮和脚轮　行走速度达到1.1 m/s（4 km/h）以上至4.4 m/s（16 km/h）时的技术要求》					

表5-4（续）

序号	国际标准编号（最新版本）	国际标准名称（中文）	转化为我国标准编号	转化程度	列入计划项目编号	不转化原因	转化旧版国际标准编号
34	ISO 22915-1：2008	《工业车辆　稳定性验证　第1部分：总则》	GB/T 26949.1—2012	IDT			
35	ISO 22915-2：2008	《工业车辆　稳定性验证　第2部分：带门架的平衡重式车辆》	GB/T 26949.2—2013	IDT			
36	ISO 22915-3：2014	《工业车辆　稳定性验证　第3部分：前移式和插腿式叉车》	GB/T 26949.3—2013	IDT			
37	ISO 22915-4：2009	《工业车辆　稳定性验证　第4部分：托盘堆垛车、双层堆垛车和操作者位置起升高度不大于1200 mm的拣选车》	GB/T 21468—2008	IDT	20121742-T-604		ISO 5766：1990
38	ISO 22915-4：2009/Amd 1：2013	《ISO 22915-4：2009修改件2013》	GB/T 21468—2008	IDT	20121742-T-604		ISO 5766：1990
39	ISO 22915-5：2014	《工业车辆　稳定性验证　第5部分：侧面式叉车（单侧）》	GB/T 26946.1—2011	IDT			ISO 13563-1：2001
40	ISO 22915-7：2009	《工业车辆　稳定性验证　第7部分：双向和多向运行叉车》	GB/T 22420—2008	IDT	20121743-T-604		ISO 15794：2001
41	ISO 22915-8：2008	《工业车辆　稳定性验证　第8部分：在门架前倾和载荷起升条件下堆垛作业的附加稳定性试验》	GB/T 21467—2008	IDT	20131916-T-604		ISO 5767：1992
42	ISO 22915-9：2014	《工业车辆　稳定性验证　第9部分：搬运6 m及其以上长度货运集装箱的平衡重式叉车》	GB/T 26561—2011	IDT			ISO 10525：1997
43	ISO 22915-10：2008	《工业车辆　稳定性验证　第10部分：在由动力装置侧移载荷条件下堆垛作业的附加稳定性试验》	GB/T 26949.10—2011	IDT			
44	ISO 22915-11：2011	《工业车辆　稳定性验证　第11部分：工业伸缩臂式叉车》		IDT	20131917-T-604		
45	ISO 22915-13：2012	《工业车辆　稳定性验证　第13部分：带门架的越野叉车》		IDT	20140782-T-604		
46	ISO 22915-13：2012/Cor 1：2013	《ISO 22915-13：2012修改件2013》		IDT	20140782-T-604		
47	ISO 22915-14：2010	《工业车辆　稳定性验证　第14部分：伸缩臂式越野叉车》		IDT	20131918-T-604		
48	ISO 22915-15：2013	《工业车辆　稳定性验证　第15部分：带铰接转向的平衡重式车辆》		IDT	20142421-T-604		

表5-4（续）

序号	国际标准编号（最新版本）	国际标准名称（中文）	转化为我国标准编号	转化程度	列入计划项目编号	不转化原因	转化旧版国际标准编号
49	ISO 22915-16：2014	《工业车辆　稳定性验证　第16部分：步行式车辆》					
50	ISO 22915-20：2008	《工业车辆　稳定性验证　第20部分：在使用中载荷偏置条件下作业的附加稳定性试验》		IDT	20131919-T-604		
51	ISO 22915-21：2009	《工业车辆　稳定性验证　第21部分：操作者位置起升高度大于1200 mm的拣选车》		IDT	20121741-T-604		
52	ISO 22915-22：2014	《工业车辆　稳定性验证　第22部分：操作者位置可或不可起升的三向堆垛式叉车》					
53	ISO 24134：2006	《工业车辆　车辆自动功能的附加要求》	GB/T 22418—2008	IDT			
54	ISO 24135-1：2006	《工业车辆　驾驶员约束系统技术要求及试验方法　第1部分：腰部安全带》	GB/T 26948.1—2011	IDT			
55	ISO/TR 29944：2010	《机动工业车辆和牵引车　制动性能　测定程序的确定》				由于与国内测试程序差异大，没有必要转化为我国标准	

通过我国工业车辆标准与ISO/TC110国际标准的分析对比，发现存在如下主要差异：

（1）标准体系不同。国际标准的标准体系是以基础、方法、安全、零部件标准为主，产品标准几乎没有。而我国标准体系中产品标准居多，占标准总数的35%，方法标准占31%，安全标准仅占2%。

（2）标准内容不同。国际标准属于贸易型标准，标准内容除少数重要内容外，大部分规定得很粗，定量指标很少；标准中主要规定有关安全、卫生、环境保护和使用性能等要求，对产品的型号、材料的牌号、规格一般不作规定，能够满足贸易的需要。而我国过去的工业车辆标准内容偏重生产过程中的制造要求、工艺要求等，忽视了贸易方面的要求，因此不能满足我国加入WTO后对标准的需求。

（3）标准的属性不同。国际标准均是推荐性的标准，标准使用者自愿采用。而我国的标准分为推荐性标准和强制性标准。保护人身、财产安全的标准和法律、行政法规规定强制执行的标准是强制性标准，其他标准是推荐性标准。推荐性标准，企业自愿采用；强制性标准，必须执行，不符合强制性标准的产品，禁止生产、销售和进口。

因此，为了减少技术性贸易壁垒及满足国际贸易的需要，提高我国工业车辆产品质量和技术水平，应尽可能将国际标准等同或修改转化为我国标准。我国的工业车辆标准体系尽管在今后相当长的一段时间内，仍将以产品标准为主，但在标准体系中应加强安全、卫生及产品性能等方面的要求，使标准从生产型标准向贸易型标准过渡，以满足加入 WTO 后市场及贸易的需求；并且将逐渐增加安全、管理等方面的标准，使我国的工业车辆标准尽可能与国际标准接轨。

3. 本领域相关标准的实施情况

在现行有效的 52 项工业车辆标准中，平均标龄为 5.7 年，标准标龄分布见表 5－5。

表 5－5　标准标龄分布汇总表

序号	标准级别	强制性标准年代分布				推荐性标准年代分布			
		2014—2010	2009—2005	2004—2000	1999—1976	2014—2010	2009—2005	2004—2000	1999—1976
1	国家标准	2	0	0	0	21	13	0	2
2	行业标准	0	0	0	0	7	7	0	0
合　计		2	0	0	0	28	20	0	2

二、2014 年标准制修订工作完成情况

1. 国内标准制修订工作情况

1）年度标准计划项目立项情况

根据工业车辆行业“十二五”标准化规划以及工业车辆行业标准复审结论，并经过年会上标委会全体委员审议表决后，全国工业车辆标准化技术委员会已完成 2014 年国家标准和行业标准计划项目的编制，包括 3 项推荐性国家标准计划项目，以及 1 项行业标准计划项目，见表 5－6。

表 5－6　2014 年立项的标准计划项目

序号	项 目 编 号	项　目　名　称	标准级别	制定修订	标准性质
1	20140782－T－604	《工业车辆　稳定性验证　第 13 部分：带门架的越野型叉车》	国家标准	制定	推荐
2	20140783－T－604	《机动工业车辆　术语和分类　第 1 部分：工业车辆类型》	国家标准	修订	推荐
3	20142421－T－604	《工业车辆　稳定性验证　第 15 部分：铰接平衡重式叉车》	国家标准	修订	推荐
4	2014－0624T－JB	《500 kg～10000 kg 平衡重式叉车》	行业标准	修订	推荐

2）年度计划项目进展情况

根据国家标准和机械行业标准项目计划的安排，2014 年度，全国工业车辆标准化技术委员会组织完成了 11 项国家标准和 3 项机械行业标准的制修订工作；目前正在进行的国家标准项目有 1 项，机械行业标准项目有 2 项，见表 5－7。

表 5－7　制修订标准计划项目进展情况

序号	项 目 编 号	项　目　名　称	标准级别	制定修订	标准性质	正常进行	完成	备　注
1	20111063－T－604	《防爆工业车辆　第 2 部分：内燃工业车辆》	国家标准	制定	推荐		√	
2	20120113－Q－604	《工业车辆　使用、操作与维护安全规范》	国家标准	制定	强制		√	

表5-7（续）

序号	项 目 编 号	项 目 名 称	标准级别	制定修订	标准性质	正常进行	完成	备 注
3	20121741-T-604	《工业车辆 稳定性验证 第21部分：操作者位置起升高度大于1200 mm的拣选车》	国家标准	制定	推荐		√	
4	20121742-T-604	《工业车辆 稳定性验证 第4部分：托盘堆垛车、双层堆垛车和操作者位置起升高度不大于1200 mm的拣选车》	国家标准	修订	推荐		√	
5	20121743-T-604	《工业车辆 稳定性验证 第7部分：两向和多向运行叉车》	国家标准	修订	推荐		√	
6	20121744-T-604	《机动工业车辆 验证视野的试验方法 第1部分：起重量最大为10 t的坐驾式和站驾式车辆》	国家标准	制定	推荐		√	
7	20131154-Q-604	《越野型叉车 安全要求及验证 第1部分：伸缩臂式叉车》	国家标准	制定	推荐	√		初稿阶段
8	20131915-T-604	《叉车 挂钩型货叉和货叉架 安装尺寸》	国家标准	修订	推荐		√	
9	20131916-T-604	《工业车辆 稳定性验证 第8部分：在门架前倾和载荷起升条件下堆垛作业的附加稳定性试验》	国家标准	修订	推荐		√	
10	20131917-T-604	《工业车辆 稳定性验证 第11部分：伸缩臂式叉车》	国家标准	制定	推荐		√	
11	20131918-T-604	《工业车辆 稳定性验证 第14部分：越野型伸缩臂式叉车》	国家标准	制定	推荐		√	
12	20131919-T-604	《工业车辆 稳定性验证 第20部分：在使用中载荷偏置条件下作业的附加稳定性试验》	国家标准	制定	推荐		√	
13	2010-2500T-JB	《内燃平衡重式叉车 能效限定额》	行业标准	制定	推荐	√		初稿阶段
14	2011-1701T-JB	《自行式轮胎平板搬运车》	行业标准	制定	推荐		√	
15	2013-0430T-JB	《叉车属具 术语》	行业标准	制定	推荐		√	
16	2013-0431T-JB	《叉车属具 纸卷夹》	行业标准	制定	推荐		√	
17	2013-2315T-JB	《牵引车》	行业标准	修订	推荐	√		初稿阶段

3）标准审查会情况，如委员参加审查会比例、表决情况

全国工业车辆标准化技术委员会二届二次会议于2014年11月28日至12月1日在浙江省宁海县召开，出席此次会议的有标委会委员和委员代表35人及特邀代表4人，有2名委员请假，出席会议的委员人数超过委员总数的3/4（94.6%）。会议期间审查通过了《叉车属具 术语》和《叉车属具 纸卷夹》共2项机械行业标准送审稿。审查的2项机械行业标准中，在制定机械行业标准《叉

车属具　术语》时，参考了国内外叉车属具术语的惯例和用法，统一了叉车属具的名称，为属具行业开展国内外技术交流提供了技术依据，并为工业车辆体系中叉车属具子体系的建立奠定了重要基础。机械行业标准《叉车属具　纸卷夹》的制定，解决了纸卷夹无统一标准的现状，突出了自主创新技术标准的研制，完善了工业车辆标准体系，对提高纸卷夹的产品质量和技术水平，规范国内市场秩序，使纸卷夹能更好满足叉车的使用需要打下良好了基础。

4）本年度标准批准发布情况

工业车辆行业新发布了 1 项国家标准和 2 项机械行业标准，见表 5 – 8。

表 5 – 8　2014 年发布的国家标准和行业标准

序号	标　准　号	标　准　名　称	标准类别	发布日期/立项日期	实 施 日 期
1	GB 10827.1—2014	《工业车辆　安全要求和验证　第 1 部分：自行式工业车辆（除无人驾驶车辆、伸缩臂式叉车和载运车）》	国家标准	2014 年 7 月 24 日	2014 年 12 月 1 日
2	JB/T 11840—2014	《叉车　侧移器》	行业标准	2014 年 5 月 6 日	2014 年 10 月 1 日
3	JB/T 11988—2014	《内燃平衡重式叉车能效测试方法》	行业标准	2014 年 5 月 6 日	2014 年 10 月 1 日

2. 参与国际标准化工作情况

1）国际标准草案投票情况

2014 年度共组织对 ISO/TC110 的 25 个国际标准文件进行了投票，国际标准投票率为 100%。

（1）CIB（技术委员会内部 P 成员投票）：

① ISO/TC110 与 IEC/TC105“燃料电池”技术上的联络。

② ISO/TC110/SC4/WG1、WG10、WG11　召集人报名。

③ ISO/TC110/SC4/WG1、WG10、WG11　召集人任命。

④ ISO/TC110/SC5　“可持续性”联合分技术委员会主席任命。

（2）新工作项目提案（NP）：

ISO/TC110/SC4（越野工业车辆）/NP　10896 – 6《越野叉车　安全要求和验证　第 6 部分：司机室可倾斜》。

（3）工作草案（WD）：

无。

（4）委员会草案（CD）：

ISO/CD　10896 – 2《越野叉车　安全要求和验证　第 2 部分：回转伸缩臂式车辆》。

（5）征询意见草案（DIS）：

① ISO/DIS　11525 – 2《越野叉车　使用人员要求　第 2 部分：回转伸缩臂式叉车》。

② ISO/DIS　10896 – 4《越野叉车　安全要求和验证　第 4 部分：吊运可自由摆动载荷的伸缩臂式叉车的附加要求》。

③ ISO/DIS　10896 – 2《越野叉车　安全要求和验证　第 2 部分：回转伸缩臂式车辆》。

④ ISO/DIS　11525 – 4.2（第二稿）《越野叉车　使用人员要求　第 4 部分：吊运可自由摆动载荷

的伸缩臂式叉车的附加要求》。

⑤ ISO/DIS　18479－2.2（第二稿）《越野叉车　非综合载人工作平台　第2部分：使用人员要求》。

⑥ ISO/DIS　3691－2《工业车辆　安全要求及验证　第2部分：自行式伸缩臂式叉车》。

⑦ ISO/DIS　22915－24《工业车辆　稳定性验证　第24部分：回转伸缩臂式叉车》。

⑧ ISO/DIS　10896－5《越野叉车　安全要求和验证　第5部分：越野叉车与载人工作平台间的接口》。

⑨ ISO/DIS　18479－1《越野叉车　非综合载人工作平台　第1部分：设计、安全要求和验证》。

（6）最终国际标准草案（FDIS）：

① ISO/FDIS　22915－5《工业车辆　稳定性验证　第5部分：侧面式叉车（单侧）》。

② ISO/FDIS　22915－3《工业车辆　稳定性验证　第3部分：前移式和插腿式叉车》。

③ ISO/FDIS　22915－16《工业车辆　稳定性验证　第16部分：步行式车辆》。

④ ISO/FDIS　22915－9《工业车辆　稳定性验证　第9部分：搬运6 m及其以上长度货运集装箱的平衡重式叉车》。

⑤ ISO/FDIS　11525－5《越野叉车　使用人员要求　第5部分：越野叉车与载人工作平台间的连接》。

⑥ ISO/FDIS　22915－12《工业车辆　稳定性验证　第12部分：搬运6 m及其以上长度货运集装箱的伸缩臂式叉车》。

⑦ ISO/FDIS　22915－22《工业车辆　稳定性验证　第22部分：操作者位置可或不可起升的三向堆垛式叉车》。

⑧ ISO/FDIS　5053－1《机动工业车辆　术语和分类　第1部分：工业车辆类型》。

（7）系统复审（SR）：

① ISO　22915－7：2009《工业车辆　稳定性验证　第7部分：双向和多向运行叉车》。

② ISO　22915－21：2009《工业车辆　稳定性验证　第21部分：操作者位置起升高度大于1200 mm的拣选车》。

2）参与国际标准制修订情况

参与ISO　5053－1《工业车辆　术语和分类　第1部分：工业车辆类型》的制定工作，并将中文作为国际标准的一种语言。

3）主持或参加国际标准化会议情况

2014年ISO/TC110/SC1、SC2会议于2014年9月23—25日在意大利米兰召开，会议由意大利国家标准化协会（UNI）承办。来自澳大利亚、中国、德国、法国、日本、瑞典、英国、美国共8个国家的代表出席了会议。我国由北京起重运输机械设计研究院组成5人代表团（北京起重运输机械设计研究院2人、安徽合力股份有限公司2人、杭叉集团股份有限公司1人）代表国家标准化管理委员会（SAC）参加了系列会议。

本次系列会议包括ISO/TC110/ SC1“通用术语”分技术委员会会议、SC1/WG2“工业车辆承载属具术语”工作组会议、SC2“机动工业车辆安全”分技术委员会会议、ISO/TC110/SC2/WG11“稳定性”工作组会议及拟成立的SC5“可持续性分技术委员会”非正式预备会议，中国代表参加了所有会议。

此次是我国第九次组团参加 ISO/TC110 工业车辆技术委员会系列会议，作为 P 成员，在此次会议上，中国代表能够积极参与会上的讨论，代表中国发表更多的意见。尤其积极参与国际标准起草工作，值得一提的是，早在 2010 年 3 月，在法国巴黎召开的 ISO/TC110 系列会议上，中国代表经过努力，不仅成为 ISO 5053－1《工业车辆　术语和分类　第 1 部分：工业车辆类型》标准制定工作组成员之一，而且争取到把中文作为除官方语言英语和法语外的另一种文字增加到新修订的标准中。这是我国首次参与 ISO/TC110 标准的修订，是一个重大突破。

在 9 月 24 日召开的 ISO/TC110/SC1/WG2 “工业车辆承载属具术语” 工作组会议上，由于中国正在起草机械行业标准《叉车属具　术语》，中国代表在会上介绍了相关情况，表示愿意派专家参加工作组，并在 2014 年 11 月内部讨论最终草案后，尽快将标准译文发给工作组召集人。

在 ISO/TC110/SC2 “机动工业车辆安全” 分技术委员会会议上，北京起重运输机械设计研究院的赵春晖女士代表中国在会上介绍了 “中国工业车辆行业近两年批准发布的标准情况及 2014 年制修订标准情况”。与会代表对中国的报告给予高度赞扬，认为中国的报告条理清楚，近几年做了许多工作，特别是等同采用了许多国际标准。

此外，在制定工业车辆能效测试方法标准方面，我国已领先于其他国家。我国制定的机械行业标准 JB/T　11988—2014《内燃平衡重式叉车　能效测试方法》已于 2014 年 10 月 1 日正式实施，而欧洲标准化委员会（CEN）制定的能效测试方法标准正在起草中。这也为我国能与德国联合承担新成立的 SC5 “可持续性分技术委员会” 打下了基础。2014 年 9 月，ISO/TC110 “工业车辆技术委员会” 已正式同意由我国和德国联合承担新成立的 SC5 “可持续性分技术委员会”。我国能够与德国联合承担 “可持续性” 分技术委员会，将对提高我国工业车辆行业在国际标准化组织的影响力，实质性提升我国工业车辆行业国际标准化工作水平都具有非常重要的意义。更重要的是应借助这个平台，组织我国工业车辆行业的主要企业和专家研究国际标准的内容，尽快将我国具有优势的技术及工业车辆标准上升为国际标准提案，为使我国有更多的工业车辆产品进入和占领国际市场打下基础。

3. 标委会自身建设情况

为使标准主要负责起草人了解标准的编写要求，按时保质完成标准制修订计划项目，标委会自 2010 年开始，每年年初都要组织各标准负责起草人召开 “起重运输机械标准制修订会议”，主要内容包括：①由中国机械工业标准化技术协会于美梅介绍标准的制修订程序、标准编写要求及编制说明的内容和要求；②与各负责起草人落实项目计划进度。

4. 标准化技术服务情况

（1）为提高标准化工作的有效性，标委会继续利用网站，并建立了微信公众号、QQ 群和新的秘书处邮箱，加强了与委员、行业专家沟通和最新工业车辆标准动态的宣传效果。

（2）做好工业车辆专业国家标准或行业标准中技术内容的解释和咨询工作。

（3）为日常来秘书处的行业厂及用户提供国内、国外工业车辆标准的单行本以及书籍，并提供查找、复印及咨询业务。

第六章　大事记

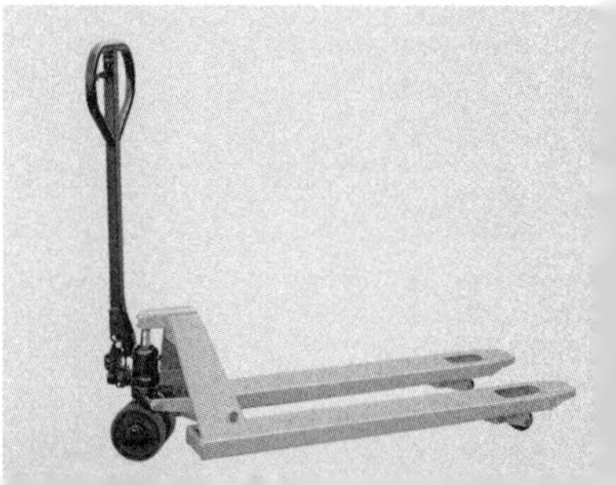

2013 年

1 月

• 广州天力叉车集团中山分公司被认定为国家机械行业特有工种职业技能鉴定广州点，成为华南地区具备叉车相关工种鉴定的资质企业。

• 厦门厦工机械股份有限公司与福州大学共建的“国家级工程实践教育中心”在厦工工业园落成。

• 丰田工业（昆山）有限公司新厂房投建，年产叉车车架、组装叉车各 1 万台，项目总投资 11596 万元。

• 全球首款搭载“铁电池”的比亚迪新能源电动叉车 2.5 吨平衡重系列在韶关比亚迪实业有限公司惠州生产基地下线，3.5 吨平衡重叉车新品首次揭幕。

• 中国物流技术装备峰会在北京钓鱼台国宾馆举办，安徽叉车集团有限责任公司董事长张德进和林德（中国）叉车有限公司总裁郭进鹏同获“2012 中国物流技术装备业十大年度人物”奖，安徽叉车集团有限责任公司和林德（中国）叉车有限公司同时获得“2012 中国物流技术装备业十大知名品牌”奖。

• 三一重工股份有限公司注册地改为北京。

• 浙江美科斯叉车有限公司生产的“美科斯”牌叉车产品被浙江省质量技术监督局评为 2012 年“浙江名牌产品”。

• 浙江省知识产权局、省经济和信息化委员会对浙江美科斯叉车有限公司上报的省专利示范企业复核情况进行了审核，认定浙江美科斯叉车有限公司为“2012 年浙江省专利示范企业”。

• 科尼起重机集团推出全球首台混合动力正面吊叉车。这款 SMV 4531 TB5 HLT 正面吊主要用于集装箱搬运，提升力达到 45 吨。

• 浙江宁波市特检院重点科研项目——叉车司机操作训练虚拟现实系统研发取得阶段性成果。作为该项目的重要成果——叉车司机操作模拟训练器在该市特种设备培训基地安装调试完毕。

• 中共中央、国务院举行 2012 年度国家科学技术奖励大会。广西玉柴机器集团有限公司“节能环保型柴油机关键技术及产业化”项目获得国家科学技术进步奖二等奖。

• 淄博火炬能源有限责任公司与杭叉集团股份有限公司通过深入洽谈，双方签订战略合作协议，并达成 2013 年更为密切合作的意向。

• 上海海斯特叉车制造有限公司采用无线管理系统来保持叉车运行的高效。

• 奇瑞 30 万台发动机扩产项目和奇瑞重工股份有限公司大型工程机械一期项目被列为全省“861 计划”投资项目。

• 中国出入境检验检疫协会（CIQA）正式公布 2012 年福建省质量管理先进企业名单，林德（中国）叉车有限公司荣获“中国质量诚信企业”荣誉称号。

● 由国家工信部、财政部联合发文，广西柳工机械股份有限公司被认定为“国家技术创新示范企业”。

● 杭叉集团股份有限公司与日本株式会社冈村制作所、绍兴金道齿轮箱有限公司签订合资设立“杭州冈村传动有限公司”的协议。

● 浙江佳力科技股份有限公司全液压电动交流叉车获得由中国国家知识产权局认证的国际发明专利。

● 安徽叉车集团有限责任公司、安徽合力股份有限公司董事长张德进荣获2012安徽年度十大经济人物称号，接受了中央电视台著名主持人王小丫的采访。

● 浙江美科斯叉车有限公司生产的“美科斯”叉车被浙江省商务厅授予2012年“浙江出口名牌”荣誉称号。

● 大连叉车有限责任公司“犀牛”商标被国家工商行政管理总局商标评审委员会认定为中国驰名商标。

● 合肥长源液压股份有限公司被认定为“工信部工程机械高端液压件及液压经济产业化协同工作平台”成员单位。

● 杭叉集团股份有限公司所生产的2～6吨电动牵引车被市科学技术委员会评为杭州市科学技术进步奖三等奖。

● 杭叉集团股份有限公司连续被浙江省工商行政管理局评为浙江省著名商标。

● 杭叉集团股份有限公司驾驶室公司正式开始运营。

2 月

● 在德国汉诺威举行的全球最大物流展CeMAT国际物流展改为2年一次。

● 专注于生产电动车的日本叉车生产商日本Yusoki有限公司（力至优）和三菱重工（MHI）签署合作制造协议。

● 国家工业和信息化部正式发文，认定安徽叉车集团有限责任公司为“国家级信息化和工业化深度融合示范企业（2012年）”。

● Crown－科朗设备公司RM 6000系列前移式叉车赢得了由芝加哥美术馆建筑与设计博物馆以及欧洲建筑艺术与城市研究中心共同颁发的具有广泛影响力的GOOD DESIGN™优秀设计大奖。

● 丰田自动织机株式会社与丰田汽车公司合作，开发出2台配备专用燃料电池系统的叉车，已开始在丰田合成公司的北九州工厂进行实证实验。

● 安徽叉车集团有限责任公司申报的管理成果“创建国际一流品牌的优化管理”获得安徽省一等奖并通过安徽省经信委的推荐，最终在全国441个项目中脱颖而出，荣获“国家级企业管理现代化创新成果”二等奖。

● 宁波如意股份有限公司被浙江省政协办公厅、浙江省政协社法委和浙江省残疾人福利基金会联合授予“爱心奖”，以表彰公司多年来对浙江省残疾人福利事业做出的贡献。

● 经浙江省机械工业科学技术奖评审委员会和浙江省机械工业联合会批准，宁波如意股份有限公司的“高效托盘堆垛车关键技术的研发及产业化”项目获2012年度浙江省机械工业科学技术奖二等奖。

• 世界两大叉车制造商 TCM 及日产达成合作，共同成立全球化的叉车公司 UniCarriers，并将总部设在日本东京。

• 天力叉车集团有限公司“中国叉车出租商城平台建设及客户管理系统开发”科研项目获广州市政府资金支持。

3 月

• 林德物料搬运在德国阿沙芬堡推出新一代 R14 和 R20 型前移式叉车，负载范围从 1.4 ~2 吨，最高可提升 13 米。

• 中国工业车辆发展史主要编写人员沟通会议在北京召开。

• 卡特 CatNPP16 –20N2 型叉车获得英国叉车协会人机工程学 2013 年卓越奖，该奖项由 FLTA 于 1995 年推出，旨在表彰行业创新企业。

• 力至优叉车（上海）有限公司平衡重叉车获得了日本 2012 年度优良设计奖。

• 哈尔滨博实自动化股份有限公司与哈尔滨工业大学联合申请承担国家“863 计划”先进制造技术领域“经济型物流搬运机器人及集成应用”项目——“经济型搬运机器人开发及产业化应用研究”的课题任务。

• 由浙江工业大学与浙江佳力科技股份有限公司共同组建的“过程装备及其再制造教育部工程研究中心”成果转化基地正式落户。

• 宁波如意股份有限公司经浙江省民营经济研究中心及浙江省民营经济专家委员会的共同推举、评选和投票，最终荣获“2012 年度浙江省优秀民营企业”称号。

• 全国第二届工程机械修理工（叉车）职业技能竞赛技术委员会第一次工作会议在河南开封召开。

•“博索尼奥拉茂（无锡）叉车属具有限公司开业典礼”在江苏省无锡市锡山区安镇举行。

• 杭州杭叉铸造有限公司正式开业。

• 由上海振华重工（集团）股份有限公司自主研发的首台集装箱正面起重机正式下线。

• 国家主席率团对俄罗斯进行了为期 6 天的国事访问。国家领导人陪同出访，宁波如意股份有限公司董事长等我国工商界人士和企业董事长、总经理随同出访。

• 江苏万达特种轴承有限公司荣获“江苏省中小企业创新能力建设示范企业”称号。

• 经山东省科学技术厅和山东省知识产权局的联合评定，山东山推机械有限公司荣获“中国专利山东明星企业”。

• 韶关比亚迪实业有限公司韶关生产基地正式落成，该基地占地 70 万平方米，其中厂房面积达 15 万平方米，可生产各种类型的电动叉车及其核心部件，年产能可达 3 万台。

4 月

• 由中国工程机械工业协会组织开展的“工程机械行业信用评价”工作正式启动。

• 由中国企业联合会、国务院国资委企业改革局、工信部产业政策司等主办的第 19 届全国企业管理现代化创新成果评出，安徽叉车集团有限责任公司在全国申报的 441 个项目中获创新成果奖。

• 安徽江淮银联重型工程机械有限公司“内燃平衡重式叉车”通过安徽省名牌产品推进委员会

的综合评价，获得安徽省质量监督局颁发的2012年“安徽省名牌产品”荣誉称号。

● 全国机械工业品牌战略推进工作会议在北京召开，安徽叉车集团有限责任公司、杭叉集团股份有限公司、柳州柳工叉车有限公司及台励福机器设备（青岛）有限公司共同被中国机械工业品牌战略推进委员会评为中国机械工业优质品牌。

● 北京市政府批准发布两项非道路机械排放地方标准——《非道路机械用柴油机排气污染物限值及测量方法》(DB11/185—2013）和《在用非道路柴油机械烟度排放限值及测量方法》(DB11/184—2013)，定于2013年7月1日起实施。

● 三菱重工集团叉车事业部与日本输送机株式会社合并，成立力至优三菱叉车株式会社，力至优叉车（上海）有限公司正式为三菱集团的一分子。

● 杭叉集团股份有限公司2~3吨站板式电动托盘车获浙江省机械工业科学技术奖三等奖。

● 山东山推机械有限公司技术中心被山东省经济和信息化委员会认定为“山东省企业技术中心”。

5 月

● 在2013年英国IMHX国际物流与运输展览会上，经过独立专家小组的层层筛选，Crown－科朗设备公司WT 3040型站驾式托盘搬运车最终摘得具有广泛影响力的工业车辆类安全设计大奖。该奖项由英国工业载重汽车协会（BITA）组织颁发。

● 科尼起重机集团完成对凯傲集团集装箱搬运设备业务的收购。

● 常柴股份有限公司迎来了百年华诞。

●《二手叉车流通技术要求》(SB/T 10860—2012）国内贸易行业标准已由商务部公告发布，于2013年7月1日起正式实施。

● 中国工程机械工业协会2013年统计工作会议在浙江省宁波市召开。

● 中国工业车辆发展史编写座谈会在河北固安召开。

● 安徽江淮银联重型工程机械有限公司的J系列CPD20~25和J系列CPD30蓄电池平衡重式叉车荣获安徽省省经信委颁发的“省级新产品”称号。

● 杭叉集团股份有限公司被中国机械工业联合会授予“2012年度中国机械工业百强企业”荣誉称号。

● 山东省经济和信息化委员会与山东省财政厅联合认定山东山推机械有限公司荣获“山东省重点领域技术装备奖”。

● 浙江诺力机械股份有限公司诺力研究院被浙江省人民政府批准为“浙江省重点企业研究院”。

6 月

● 牛力机械制造有限公司获由广东省科学技术厅等部门联合认证的广东省高新技术企业证书。

● 2013年第9届广州国际品牌叉车及配件展览会在广州举行。

● 凯傲集团公司在德国法兰克福证券交易所成功挂牌交易，股票开盘价24.19欧元。

● 潍柴动力股份有限公司通过行使凯傲认购期权，进一步增持凯傲股权达到其上市后总股本的30%。

• 《中华人民共和国特种设备安全法》由中华人民共和国第十二届全国人民代表大会常务委员会第三次会议于2013年6月29日通过，中华人民共和国主席令（第四号）公布，将于2014年1月1日起实施。

• 三菱重工（MHI）宣布完成对普惠动力系统公司（PWPS）的收购。被收购的公司将更名为PW Power Systems，成为全球发电行业著名领导企业的核心资产。

7 月

• 博索尼奥拉茂（无锡）叉车属具有限公司与迈耶在法国携手开展合作。

• 普拉格动力宣布其GenDrive 1000系列燃料电池再添新成员——GenDrive 1900型燃料电池。

• 中国工程机械工业协会工业车辆分会五届七次常务理事会议在苏州召开，分会会长、副会长、常务理事及代表共32人参会。

• 专注于物流产业基金的钟鼎创投正式注资上海臻智叉车租赁服务有限公司和广州佛朗斯机械集团，开始了中国叉车租赁和后市场行业与资本市场的对接。

• 中国机械工业科学技术奖工程机械专业组在北京举行一年一度的工程机械行业“中国机械工业科学技术奖”评审活动。来自工程机械行业协会、企业和专业院校、研究院所的13位专家集中通过网络评审的方式参加了项目的初审工作。

• 《中国工业车辆发展史》写作部分告一段落，审稿会议在北京香山饭店召开。业内老同志、专家和主要企业代表共21人参加了此次审稿会。

• 蚌埠液力机械有限公司液压油缸被安徽省人民政府办公厅授予“安徽名牌产品”称号。

• 杭叉集团股份有限公司被浙江省企业联合会认定为“浙江省制造业百强企业”。

• 江苏龙蟠石化有限公司荣获第十一届中国杰出营销奖的“最佳公益奖”。

8 月

• 韶关比亚迪实业有限公司韶关工业园开园仪式在韶关工业园开幕。

• 由中国工程机械工业协会工业车辆分会主办的第二届中国工业车辆优秀供应商评审会在内蒙古赤峰市召开。

• 位于上海市青浦区崧泽大道10888号的永恒力叉车（上海）有限公司新工厂正式开业，取代先前与之距离不远的生产工厂。新工厂按最新环保标准建设，叉车产能每年可达1万多台。

• 力至优叉车（上海）有限公司南方大区广州翻新工厂正式开业，这是力至优中国大区第三个正式开业的翻新工厂。

• 淄博火炬能源有限责任公司跻身山东省机械工业百强企业行列，同时也是全省进入百强企业的唯一一家蓄电池企业。

• 国务院印发《关于加快发展节能环保产业的意见》，提出近期三年的发展目标，“节能环保产业产值年均增速在15%以上，到2015年，总产值达到4.5万亿元，成为国民经济新的支柱产业。”

• 浙江省科技厅揭晓2013年度浙江省创新型试点企业成功转为示范企业的名单，杭叉集团股份有限公司顺利通过评审成为省级创新型示范企业。

• 安徽合力股份有限公司荣获首届中国质量奖提名奖。

- 合肥宝发动力技术有限公司经过与苏州聚成燃气动力科技有限公司友好协商，对苏州聚成燃气进行整体资产收购，提升公司的技术储备和公司实力。
- 杭州中力搬运设备有限公司产品“适用于狭小通道的1.5吨超小型轻量化电动搬运车”获浙江省科学技术进步奖二等奖。
- 杭叉集团股份有限公司入围由中国工商联发布的“2013中国民营500强”。
- 杭叉集团股份有限公司被浙江省经济和信息化委员会授予浙江省工业设计中心牌及杭州市工业设计中心牌。
- 搭载“铁电池”的比亚迪3.5吨电动叉车在韶关比亚迪实力有限公司韶关工业园下线。
- 天力叉车集团有限公司在江苏昆山召开公司成立20周年暨总部基地奠基仪式。

9 月

- 国家起重运输机械质量监督检验中心研制的起升机构试验台荣获2013年中国特种设备检验协会颁发的科学技术奖三等奖。
- 安徽省经信委、发改委和科技厅等七家单位联合发文［皖经信科技（2013）181号文件］，公布通过2013年度省级企业技术中心认定的企业名单，安徽合力股份有限公司合肥铸锻厂技术中心名列其中。
- 杭叉集团股份有限公司CPD10－35EX－C1型气体粉尘混合防爆蓄电池叉车获科学技术部授予的国家重点新产品证书。
- 浙江诺力机械股份有限公司马来西亚工厂建成投产。

10 月

- 厦门理工学院林德（中国）“国家级工程实践教育中心”授牌仪式在厦门举行。
- 杭州中力搬运设备有限公司获浙江省科学技术厅“省级高新技术企业研究开发中心”认证。
- 合力工业车辆（盘锦）有限公司投产暨首台叉车下线。
- 中国工程机械工业协会工业车辆分会第六届会员代表大会暨2013年年会召开，审议通过五届理事会的报告及财务报告和分会条例的修改；对26家获得优秀供应商的企业颁发奖牌和证书；进行理事会的换届选举；邀请相关领导对大家关注的行业问题进行专题的演讲。
- 第十六届世界工业车辆联盟会议在三亚召开，本次会议由中国工程机械工业协会工业车辆分会承办。来自欧洲物料搬运协会工业车辆分会（FEM IT）、美国工业车辆协会（ITA）、日本产业车辆协会（JIVA）和中国工程机械工业协会工业车辆分会（CITA）的制造商管理委员会成员共27人参加了本次会议。
- 安徽合力股份有限公司合肥铸锻厂被安徽省环境保护产业协会认定为“安徽省环保产业优秀企业”。

11 月

- 大连叉车有限责任公司被辽宁省科学技术厅等部门联合认定为“高新技术企业”。
- 由中国机械工业联合会、中国就业培训技术指导中心、中国机冶建材工会全国委员会联合主办，安徽叉车集团有限责任公司冠名承办，中国工程机械工业协会工业车辆分会承办的“合力杯”全国第二届工程机械修理工（叉车）职业技能竞赛决赛在安徽叉车集团有限责任公司合力工业园举行。

- 安徽省政府授予安徽合力股份有限公司等 5 家企业第二届“安徽省政府质量奖”。
- 杭州中力搬运设备有限公司被浙江省经济贸易委员会评为“浙江省专利示范企业”。
- 合力安庆联动属具股份有限公司被安徽省科技厅认定为“2013 年第一批高新技术企业”。
- 山东省第一批技术创新项目鉴定验收会在淄博火炬能源有限责任公司召开，公司三项新产品顺利通过省级鉴定验收。
- 国家发改委、科技部、财政部、海关总署和国家税务总局联合发布 2013 年第 41 号公告，杭叉集团股份有限公司被认定为“国家级企业技术中心”并获牌。
- 安徽合力股份有限公司合肥铸锻厂申报的“消失模铸造关键技术研究及产业化”项目通过安徽省科技厅省级科技成果鉴定。
- 中国工程机械工业协会在山东临沂召开协会四届三次会员代表大会暨第十二届工程机械发展高层论坛。

12 月

- 杭州中力搬运设备有限公司荣获第二届中国创新创业大赛浙江赛区“优秀企业奖”。
- 国家工信部、财政部公布 2013 年“国家技术创新示范企业”名单，安徽叉车集团有限责任公司荣获“2013 国家技术创新示范企业”称号。
- 首届中国质量奖获奖名单在北京公布，安徽合力股份有限公司、广西玉柴机器股份有限公司等 43 家组织和 3 名个人荣获中国质量奖提名奖。
- 财政部网站公布了 2014 年关税实施方案，方案明确指出，“叉车及装有升降或搬运装置的工作车用其他零件”执行 3% 的进口商品暂定税率，而此类零件最惠国税率是 6%。
- 2013 年中国工程机械工业协会年会为首批获得行业信用等级的企业颁发证书和牌匾。首批获得信用等级的企业包括中联重科股份有限公司、山推工程机械股份有限公司、厦门厦工机械股份有限公司、中国龙工控股有限公司、安徽合力股份有限公司。
- 江苏万达特种轴承有限公司“江苏省（万达）特种轴承工程技术研究中心”顺利通过江苏省科技厅复审。
- 国家起重运输机械质量监督检验中心荣获机械工业联合会 2013 年度质检机构先进集体和个人。
- 《电池工业污染物排放标准》（GB 30484—2013）获批，该标准于 2014 年 3 月 1 日实施。
- 凯傲宝骊（江苏）叉车有限公司广州销售公司成立。
- 台励福机器设备（青岛）有限公司被山东省科学技术厅等部门联合授予高新技术企业称号。

2014 年

1 月

• 经浙江省机械工业科学技术奖评审委员会和浙江省机械工业联合会批准，宁波如意股份有限公司的“托盘搬运车核心技术研发及产业化”项目获得浙江省机械工业科学技术奖三等奖。

• 中国工程机械工业协会召开新春媒体答谢会暨中国工程机械身份识别申报工作启动新闻发布会。

• 安徽叉车集团有限责任公司“1～3.5 吨内燃叉车抛丸涂装生产线”被省经信委、安徽工业经济联合会、省机械工业协会联合授予“省工业行业产业升级示范生产线”称号。

• 商务部进出口公平贸易局发布预警提示称，美国决定维持对中国非公路用轮胎的反倾销和反补贴税令。

• 在北京隆重举行国家科学技术奖励大会上，由广西玉柴机器股份有限公司与潍坊富源增压器有限公司、清华大学、山东富源动力设备有限公司共同完成的项目“内燃机全工况高增压关键技术及工程应用”获得 2013 年度国家科学技术进步奖二等奖。

• 潍柴动力股份有限公司 2013 年第三次临时股东大会和 2013 年第七次临时董事会批准《关于公司行使 Superlift 3.3% 认购期权的议案》。

• 浙江省工业车辆工程技术研究中心验收会议在杭叉集团股份有限公司展厅召开。

• 上海弘陆物流设备股份有限公司在全国中小企业股份转让系统（新三版）挂牌，股票简称弘陆股份（股票代码：430584）。

• 凯傲宝骊（江苏）叉车有限公司物料搬运（欧洲）公司正式挂牌成立。

• 安徽江淮银联重型工程机械有限公司两枚商标——“江淮重工”和“江淮叉车”成功注册。

• 合肥长源液压股份有限公司被安徽省经济和信息化委员会授予“2013 年度安徽省质量奖”。

• 杭叉集团股份有限公司被浙江省工商行政管理局评为“浙江知名商号”。

• 浙江省高新技术企业协会理事会会议在宁波举行，会上通报了 2013 年全省高新技术企业百强评价结果。杭叉集团股份有限公司荣获“2013 浙江省高新技术企业百强”称号。

• 江苏龙蟠石化有限公司更名为江苏龙蟠科技股份有限公司。

2 月

• 浙江美科斯叉车有限公司研发中心完成与军交学院合作开发的自制控制器试制工作。

• 合肥信仁液压机械有限公司与台励福机器设备（青岛）有限公司达成合作，台励福机器设备（青岛）有限公司首次采购信仁一百多台用于堆高车的叉车液压齿轮泵。

• 宁波如意股份有限公司“XILIN 西林”商标被国家工商行政管理总局认定为“驰名商标”。

• 在日本东京召开的 2013 年 ISO/TC110 工业车辆技术委员会系列会议上，中国由北京起重运输机械设计研究院组成 4 人代表团代表国家标准化管理委员会（SAC）参会。中国代表团在参与 ISO 5053－1《工业车辆　术语和分类　第 1 部分：工业车辆类型》标准起草工作中，争取到把中文作为另一种文字增加到新制定的标准中。

• 美国国务卿约翰·克里访问北京福田康明斯发动机有限公司的重型发动机工厂，参观了工厂生产线。

• Crown－科朗设备公司在近期的 FL100 名单中榜上有名。

• 蚌埠液力机械有限公司技能大师工作室以优异成绩被评为“安徽省十大技能工作室”。

• 中国龙工控股有限公司与山东重工有限公司战略联盟研讨会暨签约仪式，在上海世茂佘山艾美酒店举行。在活动中双方就行业发展趋势、企业运营战略、产品开发前景、战略联盟规划等内容进行了主题交流，代表各自企业共同订立了《战略合作协议》。

• 日本 UC 株式会社与安徽合叉叉车有限公司合资协议签约仪式在市政务中心举行。

• 宁波如意股份有限公司董事长储吉旺在由浙江省委、省人民政府主办，省委宣传部、省民政厅承办的第四届“浙江慈善奖”颁奖典礼上获得第四届“浙江慈善奖”个人捐赠奖。

3 月

• 由中国机械科学研究总院为课题责任单位，杭叉集团股份有限公司等为课题承担单位的“十二五”科技支撑计划“绿色制造技术与装备”——“典型工程机械轻量化设计技术及应用”课题验收会在杭叉集团股份有限公司展厅召开。

• 安徽省科技厅、省国资委对安徽合力承担的科技攻关计划“新能源系列 CPD10－70 型交流蓄电池叉车研发”组织召开了验收会。

• 凯傲宝骊（江苏）叉车有限公司山东办事处开业庆典仪式在山东省淄博市举行。

• 全国机械工业劳动模范表彰大会在北京京西宾馆召开，安徽合力股份有限公司和广西柳工机械股份有限公司共同荣获“全国机械工业先进集体”称号。

• 中国工程机械工业协会工业车辆分会六届一次常务理事会议在南京召开，分会会长、轮值会长、副会长、常务理事及代表共 30 人参会。

• 安徽江淮银联重型工程机械有限公司顺利通过由安徽省科学技术厅等部门联合认定的高新技术企业复审认定。

• 合肥长源液压股份有限公司荣获中国机械工业联合会授予的“全国机械工业先进集体”荣誉称号。

• 由环境保护部和国家质量监督检验检疫总局发布的《电池工业污染物排放标准》，于 2014 年 3 月 1 日实施。

• 中国工程机械工业协会工业车辆分会代表全国 30 多家叉车租赁和维修企业向特种设备主管部门提出《叉车维修资质证书》的修改建议。特种设备主管领导走进叉车后市场的基层企业进行调研。

4 月

• 经湖南省、衡阳市质量技术监督局审查评价，衡阳合力工业车辆有限公司被评为重点工业产品（防爆电气产品）A 类企业。

• 安徽叉车集团有限责任公司董事长张德进获得由中华全国总工会授予的“全国五一劳动奖章”。

● 杭叉集团股份有限公司董事长赵礼敏出席了在省人民大会堂举行的“庆祝‘五一’国际劳动节暨劳模先进表彰大会”并受到表彰。

● 龙工（上海）叉车有限公司获得上海科学技术厅等部门联合授予的“上海市高新技术企业”证书。

5 月

● 安徽蓝博旺机械集团精密液压件有限责任公司，研发生产的蓝博旺牌叉车液力传动系统用内啮合齿轮供油泵荣获由安徽省名牌战略推进委员会评选的2013年安徽名牌产品称号。

● 依托安徽合力股份有限公司建立的工业车辆安徽省重点实验室经安徽省科技厅绩效考核，被评为安徽省优秀重点实验室，列入“安徽省2014年度第一批科技计划项目”，并获相应资金奖励。

● 国家工业和信息化部正式对外发布“2014年国家两化融合管理体系贯标试点企业名单”，安徽合力股份有限公司等单位成功入选。

● 中国工程机械工业协会工业车辆分会组织“中国工业车辆代表团”赴德国参观汉诺威国际物流技术展览会（CeMAT 2014），代表团团员包括行业内叉车生产企业、配套件生产企业及行业媒体代表共计21人。

● 天力叉车集团有限公司在昆山举行总部建设开工仪式。

● 杭叉集团股份有限公司被浙江省经济和信息化委员会认定为2013年度社会管理综合治理考核优胜单位。

● 中国机械工业联合会按照公平、公正的原则认定杭叉集团股份有限公司获2013年度中国机械工业百强企业。

6 月

● 海斯特（中国）隆重举行十五周年庆典，同时进行了车队管理现场演示、32吨大车展示。

● 杭叉集团股份有限公司经国家认可委员会复审通过，获国家实验室认可证书。

7 月

● 经过16个月的持续建设，永恒力集团位于慕尼黑附近的Degernpoint生产工厂投入运营。新工厂主要用于生产高位仓储堆垛车以及拣选车，年产量最高达3500台。集团对这座新工厂的投资达到了4000万欧元。

● 合肥宝发动力技术有限公司荣获由安徽省科学技术厅等部门联合颁发的国家高新技术企业称号。

● 由中国工程机械工业协会主办的首届全国工程机械行业标准化工作会议在国家工程机械质量监督检验中心东花园培训中心举办。

● 安徽叉车集团有限责任公司暨安徽合力股份有限公司，经国家安全生产监督管理总局审核批准为“机械制造安全生产标准化一级企业”并授牌，此认定有效期三年。

● 国内最大的租赁公司远东租赁旗下的远东宏信设备租赁公司正式进入叉车租赁行业，进入叉车租赁行业，与永恒力叉车（上海）有限公司签订战略合作协议。

8 月

• 安徽省发展改革委批复安徽叉车集团有限责任公司设立合力欧洲中心项目。

• 环境保护部会同国家质检总局发布《非道路移动机械用柴油机排气污染物排放限值及测量方法（中国第三、四阶段）》（GB 20891—2014）。

• 中联重机股份有限公司以 20.88 亿元收购奇瑞重工股份有限公司占总股本 60% 的 18 亿股股份。

• 中国工程机械工业协会工业车辆分会统计工作会议在山东泰安召开。

• 由中国工程机械工业协会主办的“中国工程机械再制造产业发展路线图”研讨暨工程机械再制造产业联盟筹备会议在北京召开。

• 浙江吉鑫祥叉车制造有限公司在俄罗斯设立叉车生产基地。

• 北京现代京城工程机械有限公司的《叉车工岗位手册》编制定稿，交付机械出版社出版。

• 杭叉集团股份有限公司被浙江省工业经济联合会授予“浙江省制造业百强企业”称号。

• 杭叉集团股份有限公司被中华全国工商业联合会评为“中国民营企业 500 强”“中国民营企业制造业 500 强”。

9 月

• 江苏万达特种轴承有限公司通过江苏省科学技术厅等部门联合颁发的“高新技术企业”再认定。

• 第十七届世界工业车辆联盟会议在英国约克召开，本次会议由欧洲物料搬运协会工业车辆分会承办。来自中国工程机械工业协会工业车辆分会（CITA）、美国工业车辆协会（ITA）、日本产业车辆协会（JIVA）和欧洲物料搬运协会工业车辆分会（FEM IT）的制造商管理委员会成员共 27 人参加了本次会议。

• 广西柳工机械股份有限公司研发中心荣获由人力资源和社会保障部授予的“全国专业技术人才先进集体荣誉称号”。

• 杭叉集团股份有限公司被浙江省标准化协会授予标准化良好行为证书。

• 杭叉集团股份有限公司与被誉为“中国机器人之父”的蔡鹤皋院士签订合作协议，特聘其为首席技术总顾问，主持杭叉院士工作站工作。

• 山东山推机械有限公司技术项目被山东省科学技术厅授予山东省科技进步奖。

• 浙江诺力机械股份有限公司被浙江省安监局批准，获得“国家二级安全标准化企业”称号。

• 台励福机器设备（青岛）有限公司被山东省经济和信息化委员会等相关部门评为山东省百强台资企业。

• 台励福机器设备（青岛）有限公司发布与日本丰田自动织机株式会社合资事宜。

10 月

• 浙江美科斯叉车有限公司研发中心完成 6×6 万向叉车和 8×8 全方位移动叉车的设计开发和试制工作。

• 中国工程机械工业协会工业车辆分会六届二次会员代表大会暨2014年会在北京召开。在年会上，《中国工业车辆行业发展史》图书举行首发仪式。

• 合力工业车辆租赁（上海）股份有限公司在上海正式注册成立，总注册资金5000万元。

• 国务院印发《物流业发展中长期规划（2014—2020年）》，部署加快现代物流业发展，建立和完善现代物流服务体系，提升物流业发展水平，为全面建成小康社会提供物流服务保障。

• 宁波如意股份有限公司与部队军械所联合研究的“长体物料装卸搬运多向叉车系列及关键技术”项目在由中物联组织的“第七届现代物流科技创新大会”中荣获2014年度物联科技进步奖第一名。

• 亚洲国际物流技术与运输系统展览会（CeMAT ASIA）在上海新国际博览中心拉开序幕。

• 工业和信息化部节能司牵头组织在北京召开铅酸蓄电池和再生铅产业规范发展协调工作会第二次会议，印发《关于促进铅酸蓄电池和再生铅产业规范发展的意见》。

• 大连叉车有限责任公司“犀牛”牌叉车被辽宁省质量技术监督局授予辽宁名牌产品称号。

• 浙江诺力机械股份有限公司经国家科技部批准，再次获得“国家高新技术企业”称号。

• 浙江诺力机械股份有限公司被浙江省科技厅、浙江省科技发展战略研究院综合评定为“2014年度浙江省创新能力百强企业”。

11 月

• 安徽省经济和信息化委员会在安徽合力股份有限公司合肥铸锻厂召开省级新产品鉴定会。合肥铸锻厂研制开发的“树脂砂铸造工程机械CAT6230系列复杂箱体”等三种新产品顺利通过鉴定。

• 由中国工程机械工业协会主办的“第四届四次会员代表大会暨第十三届中国工程机械发展高层论坛”在安徽省合肥市隆重召开。来自国家及安徽省、市相关政府部门的领导、协会及所属各分支机构的负责人和行业各领域骨干企业的高层、行业媒体代表等300多人参会。

• 浙江美科斯叉车有限公司荣获科技部火炬中心授予的国家火炬计划重点高新技术企业称号。

• 两年一届的中国国际工程机械、建材机械、工程车辆及设备博览会（bauma China）在上海新国际博览中心举行。

• 浙江美科斯叉车有限公司二期年产30000台叉车扩建项目全面竣工。

• 大连叉车有限责任公司以优质的产品品质与服务赢得“辽宁省名牌产品”称号。

• 国家工业和信息化部在安徽合肥举行了2013—2014年认定的国家技术创新示范企业授牌仪式，安徽叉车集团有限责任公司获此殊荣。

• 全国工业车辆标准化技术委员会二届二次会议在宁波如意股份有限公司举行，出席会议的有标委会委员及特邀代表共计45人。

• 江苏万达特种轴承有限公司为浙江吉鑫祥叉车制造有限公司成功开发48吨叉车用门架轴承和车架轴承。

• 江苏万达特种轴承有限公司“采用特殊热处理工艺制造的滚轮轴承”通过江苏省高新技术产品认定。

• 江苏万达特种轴承有限公司叉车轴承被江苏省名牌战略推进委员会授予“江苏省名牌产品（企业）”称号。

● 由浙江省经信委、省企业联合会组织专家进行评审，并在网上公示，经省经信委审定，宁波如意股份有限公司上报的“以六换工程推进西林品牌建设”项目获得2014年度浙江省企业管理现代化创新成果二等奖。

● 杭叉集团股份有限公司被浙江省经济和信息化委员会评为2014年浙江省专利示范企业。

● 江苏龙蟠科技股份有限公司与埃克森美孚签订基础油采购战略合作协议。

● 天力叉车集团有限公司二手叉车网络管理平台建立。

12 月

● 天力叉车集团有限公司在天津注册成立“九天华夏机械租赁有限公司”，标志着公司正式进入高空作业平台租赁领域。

● 天力叉车集团有限公司昆山总部基地一期工程主体建筑完成。

● 浙江中力机械有限公司的中力电动叉车研发中心与杭叉集团股份有限公司一同获得由浙江省科学技术厅公示的浙江省省级企业研究院认定。

● 叉车企业杭州中力搬运设备有限公司入股10%叉车租赁公司上海弘陆股份有限公司。

● 合肥长源液压股份有限公司“合液”图文商标被中国国家工商行政管理局商标局认定为中国驰名商标。

● 杭叉集团股份有限公司通过中国工业行业排头兵专家委员会审议，获“2014中国工业行业排头兵企业”称号。

● 杭叉集团股份有限公司获由浙江省科学技术厅认定的“2014年浙江技术创新能力百强企业”称号。

● 杭叉集团股份有限公司大吨位XF系列内燃平衡重式叉车获由中国机械工业联合会授予的中国机械工业科学技术三等奖。

● 浙江美科斯叉车有限公司被浙江省科技厅评为“省级高新技术企业研发中心”。

附　　录

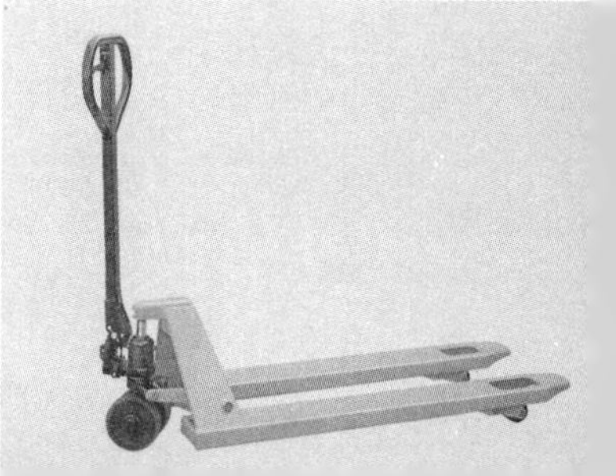

附录一　中国工程机械工业协会工业车辆分会第六届理事会工作条例

第一章　总　　则

第一条　中国工程机械工业协会工业车辆分会（以下简称分会）是中国工程机械工业协会的下属分支机构，是由全国从事工业车辆行业的制造企业、配套企业、科研、检测、维修、流通、使用单位和其他有关单位自愿组成的全国非营利性的行业组织。

第二条　分会的宗旨是：为行业服务、为会员服务；维护会员的合法权益和行业的共同利益，贯彻政府有关法规和政策，反映会员的要求和愿望，协助政府进行行业管理工作，在政府和企业之间起桥梁和纽带作用；促进我国工业车辆行业的发展。

第三条　分会接受中国工程机械工业协会的领导和监督，按照民主集中制的原则组建和开展工作。本分会会员可以同时参加其他协会。

第二章　业　务　范　围

第四条　分会具有组织协调、信息沟通、咨询服务、自律监督等职能。具体的业务范围是：

1. 对工业车辆行业情况进行基础资料的调查、收集和整理，开展生产销售及经济指标的统计汇总工作。向政府有关部门提供制定行业规划、技术经济政策和标准、经济立法等方面的建议并参与有关活动。

2. 推动横向经济联合，协调企业之间生产经营、技术合作和竞争中出现的问题，推进行业的技术进步和经营管理水平的提高。

3. 开展咨询服务，提供国内外技术、市场信息、组织交流活动，通过多种渠道对企业的技术及经营管理进行指导和诊断。

4. 采取多种形式为企业培训专业人员，推动行业管理水平、技术水平和职工队伍素质的提高。

5. 积极发展与国外民间组织的联系，开展经济、技术等方面的合作与交流活动。组织本行业国内外先进产品和技术展览会。通报对外出口、利用外资、引进技术等方面的情况并提出综合建议，促进企业形成统一对外立场。

6. 组织发展行业的公益事业，开展有益于本行业的其他活动。

7. 承办政府部门、其他团体以及中国工程机械工业协会委托的事项，包括产品质量升级、评定、企业管理升级、标准化工作以及行业之间的信息交流等方面的活动。

第三章　会　　员

第五条　本分会会员为单位会员和名誉会员：

1. 会员单位：境内依法取得工商营业执照的工业车辆产品制造及配件，中外合资，独资企业，大专院校，科研院所，设计检测，维修使用、经销及其他有关单位，承认分会工作条例，愿意加入本会的，可向分会秘书处提出入会申请。

2. 名誉会员：经专业组推荐、理事会批准聘请的有关专家、学者和对行业有重大贡献及有影响的同志。

第六条　申请入会者应填写入会申请表，提交秘书处，秘书处初审同意后，提交常务理事会审议通过（应获半数以上常务理事同意），再报总会审核备案后即成为会员；理事会闭幕期间，也可采用通信方式提交常务理事审议通过。

第七条　团体会员单位的代表，应为该单位的法人代表或法人代表委托的一名单位负责人，会员单位的法人代表变更时，新的法人代表自然成为分会会员单位的代表。

第八条　会员的权利：

1. 分会的选举权、被选举权以及分会决议事项的表决权。

2. 对分会的各项工作有建议、批评和监督权。

3. 优先、优惠享受分会提供的各项咨询服务。

第九条　会员义务：

1. 遵守协会章程及分会工作条例，执行分会会员大会和理事会的决议。

2. 积极参加分会组织的各项活动，认真完成本分会委托的工作。

3. 积极向分会反映情况和提供本单位的统计信息及其他供交流的资料，提出发展工业车辆生产、科研、标准、经营等工作建议。

4. 遵守行规行约，遵守商业道德。

5. 按规定缴纳会费（会费每年 4 月底前缴到分会），秘书处每年向全体会员公布会费缴纳情况，包括已交会费和未交会费会员单位名单。

第十条　会员有退出分会的自由，经向分会书面提出退会申请后准予退会。每届理事会期间两年不履行会员义务的，视为自动退会。

第十一条　会员如有严重违反本条例和商业道德的行为，经理事会或常务理事会表决通过，予以除名。

第四章　组　织　机　构

第十二条　分会最高权力机构为会员大会，分会设理事会。特殊情况由理事会决定提前或推迟召开。会员大会闭会期间由理事会负责分会工作。

第十三条　会员大会的职权是：

1. 审查和通过协会工作报告，工作方针和财务预决算。

2. 制订和修改分会工作条例，行规行约，团体会员管理办法等。

3. 选举产生分会理事单位，组成理事会，并根据分会工作需要以及加入世界工业车辆联盟后与国际相关协会对话需要，建立专业工作组［制造商管理委员会、技术专家工作组、配套件（供应商）工作组、代理与租赁专业工作组］，组长由理事担任。

4. 讨论并决定分会的其他重大事项。

第十四条　会员代表大会每届四年。因特殊情况需提前或者延期换届的，须由理事会表决通过，报业务主管单位审查批准。延期换届最长不超过一年。

第十五条　分会理事会由会员大会选举产生。当选理事单位的条件是在行业中有一定影响并热心分会工作。会员大会闭幕期间由理事会领导分会工作，理事会每年召开一次会议，常务理事会每年召开两次。

第十六条　理事会的职权是：

1. 执行会员大会的决议。

2. 推选常务理事及会长、轮值会长、副会长、秘书长。

3. 向会员代表大会报告工作和财务状况。

4. 审查专业组的设立和调整。

5. 常务理事会审定理事单位的临时增补和变更。

6. 常务理事会审批新入会会员。

7. 讨论并决定在会员大会闭会期间的重大事项。

第十七条　分会会长由理事产生，是分会的主要负责人。分会会长的职权是：组织贯彻会员大会和理事会的决议，并督促检查落实情况；代表分会签署有关重要文件。

第十八条　轮值会长由理事中最具影响力的企业领导担任，任期两年。轮值会长的职责是：负责在任职期内召集并主持会员大会和理事会，提出会议议题的建议。

第十九条　副会长协助会长、轮值会长的工作。

第二十条　分会秘书长主持秘书处工作。秘书处为分会的常设办事机构。

第二十一条　秘书长的职责是：

1. 执行会员代表大会及理事会的决议。

2. 编制分会的工作计划、工作总结，并向理事会及代表大会报告。

3. 聘任工作人员。

4. 主持秘书处日常工作。

5. 办理会员入会手续及会籍管理工作。

6. 收取会费，并负责日常开支的审批手续。

第二十二条　分会秘书处挂靠单位应为秘书处提供必要的办公用房及通讯文印等工作条件。

第五章　经费及资产管理

第二十三条　分会的经费来源是：

1. 会员缴纳的会费。

会费标准：

会长单位：30000 元

轮值会长单位：20000 元

副会长单位：10000 元

常务理事单位：8000 元

理事单位：6000 元

会员单位：5000 元

2. 分会开展的有偿服务工作的收入。

3. 政府资助。

4. 国内外团体和个人的捐赠。

5. 利息和其他合法收入。

第二十四条 分会的经费开支用于：

1. 分会组织的行业活动经费。

2. 秘书处的办公经费及工作人员补贴费、旅差费。

3. 对分会工作做出贡献的团体或个人的奖励。

4. 其他必要的经费开支。

第二十五条 分会的资产，任何单位、任何个人不得侵占、私分。

第六章 附 则

第二十六条 分会办公地址设于北京。

第二十七条 本条例如有和中国工程机械工业协会章程相悖处，以总会章程为准。

二〇一三年十月二十五日

附录二 中国工程机械工业协会工业车辆分会第六届理事会

会长、轮值会长、副会长、秘书长及秘书处工作人员

分会任职	姓名	单位名称	职务
会长	陆大明	北京起重运输机械设计研究院	院长
轮值会长	张德进	安徽叉车集团有限责任公司	董事长
	赵礼敏	杭叉集团股份有限公司	董事长
副会长	孟祥亭	大连叉车有限责任公司	董事长
	郭进鹏	林德（中国）叉车有限公司	首席执行官
	丁　毅	浙江诺力机械股份有限公司	董事长
	储　江	宁波如意股份有限公司	副董事长
	林溪文	台励福机器设备（青岛）有限公司	董事长
	谢英华	龙工（上海）叉车有限公司	总经理
	王太平	柳州柳工叉车有限公司	总经理
	雷晓卫	国家工程机械质量监督检验中心	副主任
	王顺亭	国家起重运输机械质量监督检验中心	主任
秘书长	张　洁	中国工程机械工业协会工业车辆分会秘书处	秘书长
秘书处工作人员	高　山 郑旭冉	中国工程机械工业协会工业车辆分会秘书处	

中国工程机械工业协会工业车辆分会第六届理事会常务理事单位（按笔画顺序）

序号	单位名称
1	上海力至优叉车制造有限公司
2	上海海斯特叉车制造有限公司
3	大连叉车有限责任公司
4	山东山推机械有限公司
5	中国工程机械工业协会工业车辆分会秘书处
6	丰田产业车辆（上海）有限公司
7	斗山叉车（烟台）有限公司
8	无锡汇丰机器有限公司

（续）

序　号	单　位　名　称
9	北京现代京城工程机械有限公司
10	北京起重运输机械设计研究院
11	台励福机器设备（青岛）有限公司
12	宁波如意股份有限公司
13	永恒力叉车（上海）有限公司
14	龙工（上海）叉车有限公司
15	安徽叉车集团有限公司
16	安徽江淮银联重型工程机械有限公司
17	凯傲宝骊（江苏）叉车有限公司
18	国家工程机械质量监督检验中心
19	国家质量监督检验检疫总局
20	国家起重运输机械质量监督检验中心
21	杭叉集团股份有限公司
22	杭州友高精密机械有限公司
23	林德（中国）叉车有限公司
24	柳州柳工叉车有限公司
25	科朗叉车商贸（上海）有限公司
26	浙江吉鑫祥叉车制造有限公司
27	浙江美科斯叉车有限公司
28	浙江诺力机械股份有限公司
29	厦门厦工机械股份有限公司

附录三　第二届中国工业车辆优秀供应商名单

中国工业车辆优秀供应商

序　号	单　位　名　称
1	浙江新柴股份有限公司
2	安徽英科智控股份有限公司
3	卡斯卡特（厦门）叉车属具有限公司
4	卡斯卡特（河北）货叉有限公司
5	浙江亚太机电股份有限公司
6	江苏万达特种轴承有限公司
7	淄博火炬能源有限责任公司
8	镇江液压件厂有限责任公司
9	蚌埠液力机械有限公司
10	合肥长源液压件有限责任公司
11	佛山市顺德区金泰德胜电机有限公司
12	天津岛津液压有限公司
13	江苏华骋科技有限公司
14	安徽全柴动力股份有限公司
15	靠普一东方（厦门）叉车属具有限公司
16	江苏龙蟠石化有限公司
17	安徽合力股份有限公司安庆车桥厂
18	郑州嘉晨电器有限公司
19	蚌埠江淮车轮有限公司
20	赣州五环机器有限责任公司
21	科蒂斯仪器（中国）有限公司
22	广西玉柴机器股份有限公司
23	采埃孚传动技术（杭州）有限公司
24	上海施能电器设备有限公司
25	伊顿流体动力（上海）有限公司
26	浙江恒久机械集团有限公司

图书在版编目（CIP）数据

中国工业车辆年鉴．2013～2014／中国工业机械工业协会工业车辆分会编．－－北京：煤炭工业出版社，2015

ISBN 978－7－5020－4993－5

Ⅰ．①中…　Ⅱ．①中…　Ⅲ．①叉车—租赁业—中国—2013～2014—年鉴　Ⅳ．①F426．472－54

中国版本图书馆 CIP 数据核字（2015）第 215760 号

中国工业车辆年鉴（2013—2014）

编　　者　中国工程机械工业协会工业车辆分会
责任编辑　曹　靓
编　　辑　孟　楠　康　维
责任校对　邢蕾严
封面设计　安德馨

出版发行　煤炭工业出版社（北京市朝阳区芍药居 35 号　100029）
电　　话　010－84657898（总编室）
010－64018321（发行部）　010－84657880（读者服务部）
电子信箱　cciph612@126.com
网　　址　www.cciph.com.cn
印　　刷　煤炭工业出版社印刷厂
经　　销　全国新华书店

开　　本　889mm×1194mm $^1/_{16}$　**印张**　$14^1/_4$　**插页**　14　**字数**　260 千字
版　　次　2015 年 10 月第 1 版　2015 年 10 月第 1 次印刷
社内编号　7839　　**定价**　180.00 元

CeMAT
ASIA
亚洲国际物流技术与
运输系统展览会
物料搬运、自动化技术、运输系统和物流的国际盛会
2015年10月27 - 30日 / 2016年11月1 - 4日
上海新国际博览中心
www.cemat-asia.com
现在登记参观，
免30元门票费。
2015年观众门票：30元/人/展期
预登记观众免费入场*(必须登记成功并经现场验证条码，方可免30元门票费用)
扫描二维码关注官方微信，或访问www.cemat-asia.com，开始预登记！
更多信息请咨询主办单位：
Deutsche Messe
FIERA MILANO
汉诺威米兰展览(上海)有限公司
联系人：汪萍 女士/朱海昆 先生/陈飞 先生/王宸 先生
电话：021-5045 6700转227/331/313/283
传真：021-5045 9355/6886 2355
邮箱：cemat-asia@hmf-china.com
网址：www.cemat-asia.com
CFLP 中国物流与采购联合会
中国物流与采购联合会
联系人：马增荣 先生
电话：010-6839 2236
传真：010-6839 2289
邮箱：hzb@cflp.org.cn
网址：www.chinawuliu.com.cn
中国机械工程学会
中国机械工程学会
联系人：张伟光 先生
电话：010-6879 9042
传真：010-6879 9026
邮箱：zhangwg@cmes.org
网址：www.cmes.org.cn

Liuzhou Liugong Forklift Co.,Ltd

柳州柳工叉车有限公司

- 提供全系列搬运设备以及全面解决方案
- 智能巧妙的设计带来简明易用的最佳体验
- 五十多年专业制造让产品高效性、可靠性发挥得淋漓尽致

No.1 Yanghe Road, Liuzhou, Guangxi 545006, PR China
中国广西柳州市阳和工业新区阳和大道1号
邮编 Postcode：545006
销售热线 Telephone：0772-3591703　3591181
传真 Fox：0772-3591557
服务热线 Telephone：0772-3591668
www.lgforklift.cn

柳工叉车微信二维码

LIUGONG 柳工

JUNGHEINRICH
Machines. Ideas. Solutions.
JUNGHEINRICH